OEUVRES

COMPLÈTES

D'ÉTIENNE JOUY.

TOME XI.

ON SOUSCRIT A PARIS:

Chez JULES DIDOT AINÉ, rue du Pont-de-Lodi, n° 6;
BOSSANGE père, rue de Richelieu, n° 60;
PILLET aîné, imprimeur-libraire, rue Christine, n° 5;
AIMÉ-ANDRE, quai des Augustins, n° 59;
Et chez l'AUTEUR, rue des Trois-Frères, n° 11.

ŒUVRES

COMPLÈTES

D'ÉTIENNE JOUY,

DE L'ACADEMIE FRANÇAISE;

AVEC DES ÉCLAIRCISSEMENTS ET DES NOTES.

Essais sur les mœurs.

TOME XI.

PARIS

IMPRIMERIE DE JULES DIDOT AINÉ,

RUE DU PONT-DE-LODI, n° 6

1823.

OBSERVATIONS

SUR

LES MŒURS FRANÇAISES

AU COMMENCEMENT DU 19ᵉ SIÈCLE.

VOLUME XI.

L'ERMITE
EN PROVINCE.

N° XCIII. [28 AVRIL 1820.]

COUP-D'OEIL SUR LE JURA.
LA MAISON DE JEAN-JACQUES.

> Tout homme qui s'élève s'isole, et je comparerais volontiers la hiérarchie des esprits à une pyramide : ceux qui sont vers la base répondent aux plus grands cercles et ont beaucoup d'égaux : à mesure qu'on s'élève on répond à des cercles plus resserrés. Enfin la pierre qui surmonte et termine la pyramide est seule et ne répond à rien.
>
> RIVAROL.

Si le lecteur fait la remarque que j'ai quitté Ferney au mois de décembre 1819, et qu'il me trouve à Genève, c'est-à-dire à deux petites lieues de mon point de départ au mois d'avril 1820, je me verrai forcé de lui apprendre qu'une ophtalmie, que la saison des neiges n'était pas propre à guérir, m'a forcé d'attendre le retour du printemps pour me remettre en route.

Huit ans plus tôt *Genève*, et le département du Léman, auraient eu des droits à figurer dans le cours de mes observations sur les provinces de France; mais les *magnifiques seigneurs* sont aujourd'hui hors de mon domaine ; le traité de Paris en a fait des Suisses, et je n'ai plus à m'inquiéter de leurs vertus ni de leurs vices dans l'intérêt d'une patrie dont ils ont répudié l'adoption. Il est cependant un homme qui semble avoir établi entre Genève et la France un lien qu'aucun traité ne saurait rompre. Rousseau est Français par son génie, par sa langue, par ses œuvres, et par sa gloire. Je n'étais qu'à deux lieues des murs qui l'ont vu naître ; pouvais-je me dispenser de visiter le berceau de l'auteur d'*Émile*.

C'est dans la rue des Étuves, à la porte de J. J. Rousseau, que je me suis fait directement conduire en arrivant à Genève, où j'étais bien résolu de ne pas voir autre chose. Rien ne paraît avoir été changé à la disposition première de cette maison : celui qui l'a rendue si célèbre la reverrait encore avec joie, occupée par trois ou quatre familles d'artisans. L'appartement où il est né, au troisième étage, n'a subi aucun changement, et l'on peut s'y livrer a toute l'illusion des souvenirs en y voyant travailler encore un habile horloger et son fils. Le contraste de la maison de Rousseau et du château de

Ferney entraîna ma pensée du rapprochement des choses à celui des personnes; et tout en crayonnant en regard la façade de ces deux habitations, j'établis à part moi le parallèle suivant entre les deux hommes qui ont exercé par la seule force du génie le plus d'influence sur leur siècle et sur l'espèce humaine.

Tous deux avaient pour but d'écraser le despotisme et la superstition; ils y marchèrent par des voies différentes; Voltaire seul y parvint. Né avec tous les talents, avec l'ambition de toutes les gloires, il voulut tous les succès, et les obtint au théâtre, dans les salons, auprès du peuple, auprès des grands, dans le bruit des cités, dans le silence du cabinet.

Rousseau, plus sévère dans sa doctrine, plus conséquent dans ses principes, et peut-être plus occupé d'en prouver l'excellence par le raisonnement que par les résultats, non seulement ne voulut faire aucune concession aux préjugés de l'ordre social, mais ne voulut pas même en reconnaître les nécessités. Celui-ci, en partant du principe que tout est bien en sortant des mains de la nature, et que tout est mal dans l'état social, a voulu, pour ainsi dire, recommencer sur d'autres bases la civilisation que l'autre voulait perfectionner sur ses anciens fondements. L'un, en consacrant sa vie à la recherche de cette vérité absolue dont il est douteux que la découverte complète contribuât au bonheur des hommes, accomplit, au milieu des persécutions et des revers, la destinée trop ordinaire des hommes de génie. L'autre, né pour être en tout genre un modèle d'exceptions, a offert au monde un spectacle unique, celui d'un philosophe comblé à-la-fois des faveurs des peuples, des rois, des muses et de la fortune. Voltaire fit école, et Rousseau fit secte. Le premier eut pour admirateurs les hommes de tous les âges et de tous les rangs; le second eut pour adorateurs les jeunes gens et les femmes. Chacun d'eux a conservé ses conquêtes. La philosophie du poète est plus pratique, parcequ'elle s'adresse aux hommes tels qu'ils sont; celle de l'orateur est trop souvent chimérique, parcequ'elle se dérobe à toute application, et qu'elle est faite pour un monde imaginaire dont elle suppose l'existence. Voltaire, ami d'une société à laquelle il devait ses succès et ses plaisirs, s'était imposé la tâche de l'éclairer et de la réformer en l'amusant. Rousseau, aigri par la solitude et l'infortune, ennemi d'un ordre de choses dans lequel le hasard lui avait assigné une place si fort au-dessous de celle où il se sentait appelé, n'éprouva le besoin d'aucun ménagement, et dans ses profondes abstractions il détruisit l'édifice social pour élever à la vertu un temple sur ses ruines. Rousseau aimait l'humanité; Voltaire aimait les hommes; celui-là ne leur a fait connaître que leurs droits; celui-ci les a instruits en même temps de leurs devoirs.

La nuit qui me surprit au milieu de ces réflexions ne me permit pas d'aller porter le tribut de mes regrets sur le tombeau de cette femme étonnante qui forme en quelque sorte la liaison philosophique entre le dix-huitième et le dix-neuvième siècle : madame de Staël repose près de son père dans les bosquets de Copet, à quelques lieues de Genève ; et le départ du voiturin qui devait me conduire à Dôle, et qui vint me prendre à la pointe du jour, ne me laissa pas le temps de faire cette nouvelle excursion.

Les premiers rayons du soleil éclairèrent ma rentrée en France. Je ne sais si l'idée ou plutôt le sentiment de la patrie n'entrait pas pour quelque chose dans l'enthousiasme dont je me trouvai tout-à-coup saisi, mais il me sembla que je n'avais jamais eu sous les yeux un plus ravissant spectacle. Je ne pouvais me lasser d'admirer cette chaîne de rochers, ces torrents qui se précipitent en cascades écumantes, ces fortifications naturelles, ces grottes où jaillissent des sources d'eaux souterraines qui minent la base des montagnes, et vont ensuite alimenter une foule d'usines construites sur leur passage, ces cavernes remplies de stalactites et de pétrifications de formes les plus variées et les plus bizarres. Le Jura se montrait à mes yeux comme un des chefs-d'œuvre de la création, et je ne demande à ceux qui seraient tentés de récuser mon témoignage que de visiter, entre Orgelet et Saint-Claude, *la gorge de la tour du Métix*; près de Salins, *les sources du Sarrazin et du Lison, et les grottes de Balerne*; à deux lieues de Nozeroy, *la source de l'Ain, ses gouffres, ses chutes, les sources de la Seille, la Langouette, les rochers de Sirod, le torrent perpétuel, les fortifications naturelles de Clairvaux, les grottes de Loisia, le jet d'eau de Chatagna*; en un mot tous les aspects de ce Jura où la nature semble préluder aux sublimes beautés des Alpes.

Entre les hautes cimes du Jura, celle de *la Dole* s'élève de dix-huit cents mètres au-dessus du niveau de la Méditerranée, et domine en souveraine tous les monts qui l'environnent. On s'aperçoit de la grande élévation de cette montagne, si bien décrite par M. Cordienne, par le nombre et l'espèce des plantes nouvelles que l'on découvre à chaque pas.

Je me déterminai à gravir ce pic. Je fis mon ascension du côté occidental de la montagne : les rochers qui forment l'arête presque tranchante du sommet se prolongent du nord au sud. Parvenu au point culminant, sur lequel on a placé un signal pour des opérations géodésiques, je fus frappé d'admiration à la vue du plus magnifique tableau que la nature puisse offrir. Le côté de la France ne m'avait présenté jusque-là qu'un horizon peu varié, où des roches plus ou moins boisées se groupaient en désordre: tout-à-coup se déroule à mes regards, comme par l'effet d'un enchantement soudain, une plaine dont l'œil ne peut mesurer l'étendue; c'est la plus belle et la plus fertile portion de l'Helvétie. Dans son immensité, des villes, des villages du plus gracieux aspect, s'éloignent ou se pressent; de vertes forêts les unissent; des lacs développent leurs nappes de cristal; des rivières se promènent en tout sens. Ici le majestueux Léman, semblable à une mer, baigne de ses eaux des cités opulentes, de riantes campagnes, et le pied des premières montagnes de la Savoie et du Valais. Plus loin s'étendent, comme une ceinture éclatante, des cimes couvertes de neige et de glace, et s'élance au-dessus des nues le triple sommet du Mont-Blanc, demeure éternelle de l'hiver. Ce pic, le plus élevé de l'ancien continent, à quatre mille neuf cents mètres de hauteur; et au-dessus de trois mille six cents mètres il n'offre plus aucun être vivant, aucune apparence de végétation.

SAINT-CLAUDE, où nous arrivons, est une petite ville assez bien bâtie, et presque toute manufacturière. Elle est particulièrement intéressante par le débordement des fléaux dont elle a été victime, et par la constance de ses habitants à en réparer les désastres. Ravagée deux fois par la peste en 1630 et en 1641, elle a été quatre fois la proie des flammes en 1520, en 1579, en 1699 et en 1799. Ce dernier incendie fut si complétement destructeur, que cette malheureuse ville n'aurait pu renaître de ses cendres si le gouvernement, à la tête duquel se trouvait alors le premier consul, ne lui eût accordé un secours de huit cent mille francs. Au nombre des malheurs qui ont pesé sur Saint-Claude, le plus grand sans doute est d'avoir vécu pendant cinq ou six siècles dans l'esclavage des enfants de Saint-Benoît, qui avaient établi sur tout le pays de Gex un odieux droit de main-morte et de servitude, auquel Voltaire a eu l'honneur de porter les derniers coups.

Saint-Claude est la patrie de quelques hommes dont les noms méritent d'être conservés dans les archives des sciences, des lettres et des arts.

De ce nombre sont le malheureux Lucien Tournier; Dunod, jurisconsulte et l'historien de la Franche-Comté; le père Joly, qui a publié des lettres sur cette même province et une géographie ancienne et moderne comparée; Chevassu, auteur de plusieurs ouvrages ascétiques; Basset, sculpteur, et Christin, avocat et savant antiquaire, membre de l'assemblée constituante, et qui dut l'amitié de Voltaire au zèle et au talent qu'il déploya dans ses réclamations en faveur de l'affranchissement des serfs du Mont-Jura.

Saint-Claude et ses environs se glorifient encore d'avoir donné le jour à MM. *Nicod*, avocat; *Bavoux*, ex-professeur à l'école de droit de Paris; *Dalloz*, avocat à la cour de cassation, rédacteur des audiences de cette cour; l'érudit abbé Mermét; le savant horloger du roi, Janvier; *Molard* de l'Institut, l'un des fondateurs du Conservatoire des arts et métiers.

C'est à la bienfaisance de Louis XVI, et aux éloquentes représentations de Voltaire, aidé de l'avocat Christin, mort en 1799 dans l'incendie de Saint-Claude, que l'on doit l'affranchissement de ce malheureux pays, dont les habitants étaient devenus serfs et esclaves des moines auxquels primitivement ils avaient donné l'hospitalité. L'abbaye de Saint-Claude n'avait dans le principe d'autre privilège que d'anoblir, et d'accorder la grace aux criminels; mais ces ambitieux solitaires en ajoutèrent beaucoup d'autres; ils s'emparèrent peu à peu des terres et de la liberté des habitants, et poussèrent l'abus de la féodalité jusqu'à faire couper les deux mains du *serf* après sa mort; ils les clouaient sur les portes de leurs donjons parmi des têtes d'animaux; ce hideux assemblage aurait pu faire croire à l'étranger que des anthropophages étaient les souverains du pays. Leur barbare superstition était telle qu'un certain Boguet, grand juge de l'abbaye de Saint-Claude, se vantait au commencement du dix-septième siècle d'avoir fait brûler, pour sa part, *quinze cents sorciers*, dont les *échutes* avaient fait entrer environ quinze cent mille francs dans les coffres du seigneur abbé : et l'Europe n'élève pas un temple à ce bienfaiteur des hommes, à ce Voltaire dont le bras a foudroyé ces monstres en capuchon qui ont couvert la France d'esclaves et de mendiants pendant plus de quinze siècles !

C'est à Morey (arrondissement de Saint-Claude) que se fabrique l'horlogerie dite *de comté*, en fer, cuivre, acier ou bois, et la clouterie de toute espèce. C'est là que se trouvent situés les établissements de MM. Jobez et Monnier, les riches manufactures de MM. Vandel et Reverchon : les premiers dirigent et font valoir plusieurs forges qui leur appartiennent dans le Jura et sur le Doubs.

M. Jobez, ancien député, est un homme d'esprit, d'une imagination prompte. Son caractère franc et généreux l'a toujours maintenu dans le rang des amis de la liberté constitutionnelle; il cultive les lettres, et l'on trouve de la verve et du mouvement dans son poëme sur les forges.

Parmi les curiosités naturelles que l'on trouve dans les environs de Morey, n'oublions pas l'*écho singulier* de la forêt de sapins près de *Sept-Moncel;* il remplit l'air d'une multitude de sons qui vont toujours se répétant, et forment, quand on donne du cor, une sorte d'harmonie que l'on ne peut entendre sans une vive émotion.

A deux lieues de Morey, le village de *Chassal* offre une carrière de marbre aussi beau que celui de Tripoli, veiné de bleu, violet, rouge et jonquille ; et près de ce village une autre carrière de très bon ocre.

Tandis que je crayonnais sur mes tablettes les notes que me fournissent les lieux par où je passe, ou les observations que me suggèrent les personnes avec lesquelles je voyage, je fus distrait par les cris joyeux d'une troupe de bergers; ils chantaient dans leur patois, et paraissaient animés de la plus vive gaieté ; la joie naïve et champêtre est si attrayante, si communicative, que nous nous arrêtâmes pour jouir de leur bonheur. L'un d'eux s'en aperçut, et nous engagea à prendre part à leurs plaisirs : c'était toute une famille réunie pour célébrer la fête de leur père, sexagénaire, il est vrai, mais encore vigoureux et dispos. Celui qui nous avait adressé la parole, nous expliqua du mieux qu'il put la manière de vivre de ces bergers; ils passent une partie de l'année, quand vient la belle saison, dans des *chalets*, habitations solidement construites en pierre et en chaux au pied des montagnes. Il y a dans l'intérieur une division pour les hommes, et c'est là que se préparent les fromages; une autre division sert à mettre les fromages faits; le reste du *chalet* est composé d'étables pour les troupeaux qui redescendent à *la Saint-Denis* dans le pays de plaine.

« D'ici vous apercevez le sommet de *la Dole*, nous dit le jeune berger en nous le montrant du doigt : c'est là que tous les ans, aux deux premiers dimanches d'août, se réunit la jeunesse du pays de *Vaud* et des environs; les bergers gardent pour ces jours de fête du lait, de la crème, et en composent toutes sortes de mets délicieux.

« Les uns se livrent à des jeux d'exercice, ou dansent sur le gazon du terre-plein qui forme une belle terrasse; d'autres se reposent sur le bord d'un rocher pour jouir du spectacle de la nature, ou, s'excitant à qui montrera le plus de hardiesse, marchent sur le bord du précipice situé de ce côté; tandis qu'un autre aussi agile, mais moins imprudent, va de rochers en rochers cueillir l'élégant *Cyclamen* pour celle que son cœur a choisie.

« Un jour, hélas! ces plaisirs et ces jeux furent troublés par la catastrophe la plus funeste; chaque année nous rappelle cet affreux malheur. Deux jeunes époux étaient venus à cette fête; ils voulurent s'approcher du bord de l'abyme pour s'entretenir avec plus de liberté. Le pied glisse à la jeune mariée; son époux veut en vain la retenir, elle l'entraîne dans sa chute, et là finit leur vie le second jour de leur hymen. »

Nous écoutions avec intérêt ce montagnard, quand tout-à-coup le temps se couvrit, les nuages s'amoncelèrent; nous allions être surpris par l'orage, mais les bergers nous engageaient de si bonne grace à venir chercher un abri sous leur toit hospitalier! nous nous rendîmes à leur invitation.

A peine arrivés, ils ne songèrent qu'à se dédommager des plaisirs dont le mauvais temps leur imposait la privation; un repas copieux fut servi; nos hôtes en firent les honneurs, et nous bûmes à la santé du bon vieillard; peu à peu les têtes s'échauffèrent, et la gaieté devint bruyante. Il fut question, pour parler le langage du pays, de s'*aboffer*, c'est-à-dire de se *divertir*. On se réunit en groupe pour conter des historiettes.

L'un assurait qu'ayant un jour marché dans la forêt sur l'*herbe qui égare*, il n'avait pu retrouver son chemin; un autre, qui revenait de conduire ses voyageurs pendant la nuit, avait entendu en passant près des ruines du *château d'Oliferne* le bruit des cors de chasse, et vu paraître et disparaître une grande compagnie de cavaliers et de dames.

Un troisième enfin racontait que son oncle avait vu de ses propres yeux la *vouivre* du vieux château d'Orgelet sous la forme d'un serpent ailé, allant se désaltérer dans un ruisseau voisin des ruines.

Nous cherchâmes à éloigner la terreur qui commençait à se peindre sur les visages, et à ramener la conversation sur un sujet plus agréable, en engageant une jeune fille des montagnes de Saint-Claude à nous faire entendre sa jolie voix; elle céda à nos instances avec une simplicité touchante et gracieuse, et nous chanta de naïfs couplets en patois, dont voici le commencement :

>Vini cai, pitet maouton,
>Vini, que dre tu caressa,
>Que n'é-te bardri megnou
>Per que seye ta metressa!

La bergère en caressant son mouton se plaint de n'être jamais appelée que la *pitota*, c'est-à-dire la *petite*, tandis qu'en faisant la cour à sa sœur, on lui donne le nom de ma *gneilletta*, ma *poulette*. Tout-à-coup elle entend prononcer par un *drolon* caché dans le buisson le mot si doux de ma *gneilletta*. Ce *drolon* était un amant.

Une autre paysanne nous chanta les plaintes d'une femme mariée; en voici le refrain :

>Io! que les feilles sont de grandes bêtes
>D'acouté les loign' des gachons!

>Dieu! que les filles sont bêtes
>D'écouter les contes des garçons!

Mon compagnon de voyage et moi nous ne pouvions nous lasser d'admirer la simplicité et la bonhomie de ces braves gens; mais l'orage était passé, il était temps de partir, et nous prîmes congé de l'honnête famille.

Nous arrivâmes à Orgelet, patrie de Cordier, ingénieur en chef des ponts et chaussées du département du Nord. Cet excellent citoyen, dont les vues tendent toutes au bien de son pays, a fait, sous les auspices de son gouvernement, et à l'exemple du célèbre Charles Dupin, un voyage dans la Grande-Bretagne dont il a rendu compte dans son histoire de la navigation intérieure. Il a publié aussi un mémoire sur l'agriculture de la Flandre française et sur l'économie rurale, imprimé en 1823.

Orgelet, situé sur la *Valouse*, n'a d'autre industrie et d'autre commerce que la tannerie. Cette petite ville fut détruite en grande partie à la fin de 1752 ; elle est bâtie au pied de la montagne qui termine l'une des dix chaînes du Jura.

Quelques auteurs font remonter son origine à *Ogier le Danois*, l'un des preux de la cour de Charlemagne; d'autres lui donnent une origine plus vraisemblable, quoique plus ancienne. Ils fondent leur opinion sur ce que la montagne qui domine Orgelet s'appelle *Orgies*, et que l'on y trouve deux plaines appelées les *grande* et *petite Danses*. Ils infèrent de ces différentes inductions que ces lieux étaient consacrés au culte de Bacchus.

Orgelet obtint, en 1266, des lettres de franchises de Jean de Châlons, avec droit de chasse et de pêche. Ce prince y faisait battre monnaie, ce qui occasiona de grandes contestations entre lui et l'archevêque de Besançon, Hugues IV.

A une lieue de la ville se trouve la grotte de *Mérangéa*, qui a cent mètres de profondeur, et de laquelle on passe dans des cavernes profondes où les habitants d'Orgelet cherchèrent un refuge contre les ennemis qui incendiaient les villes et ravageaient leur territoire après les guerres de 1636 et 1674.

Dans la commune de *Chatagna* (canton d'Orgelet), nous allâmes voir le *jet d'eau naturel*, phénomène qui mérite à juste titre l'attention du voyageur.

Au bas d'une côte rapide d'environ trois cent trente mètres est un canal souterrain par lequel la montagne vomit l'hiver, un petit torrent, et donne dans la belle saison, un courant d'air toujours sensible. La fissure est dans la roche solide; elle a quatre mètres de long sur cinquante centimètres de large. L'eau qui en sort l'hiver s'élance avec force, et forme un jet fort large de la hauteur de trois à quatre mètres; elle retombe ensuite dans un lit de deux mètres de large parsemé de grosses pierres, au milieu desquelles elle se précipite comme un torrent. L'été, ce lit est parfaitement sec, et il ne sort plus une goutte d'eau du rocher, tandis qu'un vent continuel qui s'en échappe fait flotter le mouchoir que l'on met devant l'ouverture. Je dois l'exactitude de tous ces détails à l'un de mes compagnons de voyage; mais la connaissance des localités ne me suffisait pas; je le questionnai sur les usages du pays, il répondit avec complaisance à toutes mes questions.

« Dans le canton d'Orgelet, me dit-il, et dans celui d'Arinthod, les momeries superstitieuses font encore partie des mœurs des habitants. Lorsqu'un homme meurt, s'il a su lire, on l'ensevelit avec un livre de prières à la main, tourné du côté de ses yeux; dans le cas contraire, on lui fait tenir un chapelet. Dans plusieurs communes de ces mêmes cantons on place sur la tête du mort une petite croix de bois, à laquelle est attachée une pièce de monnaie, offrande jadis destinée à Caron!....

« Le 2 février, jour de la Chandeleur, au retour de l'office, le père de famille, après avoir récité le *Pater* et l'*Ave*, fait découvrir l'épaule à toutes les personnes de la maison, et y forme une croix au moyen de quatre à cinq gouttes de cire; il en fait autant dans le fond des chapeaux; puis, avec la fumée du cierge, il dessine d'autres croix aux seuils supérieurs des portes et fenêtres.

« On pratiquait jadis les mêmes cérémonies le 1er des *calendes* de février en l'honneur de *Junon Sospita*, qui présidait à la salubrité de l'air.

« La cire du *cierge pascal* préserve de toute espéce de maléfices. Le chasseur en met dans la crosse de son fusil; sans cela le coup ne partirait pas sur le *loup-garou* s'il venait à paraître.

« Dans le canton d'Orgelet la *fougère mâle*, cueillie à jeun, en état de grace, avant le lever du soleil, le jour de la Saint-Jean (24 juin), est un préservatif contre toute incantation et tout sortilége.

« On a grand soin de ne pas laisser de l'*œuvre* à la quenouille la veille de Noël, le diable la filerait.

« Si, au lieu d'aller à la messe de minuit, on va se coucher, la *chaucheville* ou *chauche-paille* descend par la cheminée, et vous lutine sans pitié. La *chaucheville* n'est autre que le *cauchemar*.

« Les fidèles qui assistent à la messe de minuit, en état de grace, y reconnaissent les *sorciers* à leurs têtes de *cavales*.

« Cette malheureuse crédulité, cet abrutissement de la raison, loin de diminuer, reprend tout son empire. Parmi les curés du pays il en est peu d'assez instruits eux-mêmes pour chercher à éclairer les esprits, et les autres se gardent bien de détruire des erreurs qui s'opposent si efficacement au progrès dangereux des lumières.

« Je vous ai déja cité la coutume de marquer les portes et les fenêtres à la Chandeleur; je vous ai dit que nos antiquaires font remonter la source de cet usage jusqu'aux *calendes de février;* ce n'est pas le seul qui rappelle quelques unes des cérémonies païennes, et qui atteste le règne des *dieux des Romains* dans ces contrées.

« Dans les lieux où, pour la première fois, s'établit une foire, on promène par les rues et sur toutes les places le *bœuf fleuri*.

« A Saint-Amand, lorsque les jeunes époux reviennent à la maison, ils en trouvent la porte fermée, et on leur jette par les fenêtres différentes sortes de graines, du blé, de l'avoine, des fèves et du gland, symboles de la prospérité que l'on desire pour leur union.

« Aux funérailles, le cercueil est placé dans la principale chambre de la maison ; une table chargée de vin et de viande est à côté ; tous les voisins et voisines qui arrivent jettent de l'eau bénite sur le corps ; puis les femmes entourent la veuve pour la consoler, et les hommes prennent place à table.

« Le dimanche des *brandons*, premier dimanche de carême, à l'instant où la nuit commence, les montagnes et les plaines se couvrent de mille feux. Ce spectacle dure environ une heure. Ce sont des enfants qui courent çà et là en agitant de longues torches de paille allumée, suspendues à des perches, et en criant de toute la force de leurs poumons : *Plus de fruits que de feuilles.* »

Mon co-voyageur avait quelques affaires à *Clairvaux*, il m'engagea à en visiter les forges dirigées par MM. *Noël* et *Lemire*. Il me parla de la beauté du lac; nous n'en étions qu'à deux petites lieues ; je ne me refusai au plaisir de l'y accompagner. Près de Clairvaux nous remarquâmes des rochers d'une forme singulière ; il nous semblait voir une vieille forteresse ; nous distinguions des parapets, des tours, des murs élevés ; tout cela était naturel ; et ce n'est que lorsque nous fûmes très près, que nous nous en assurâmes. Les poissons du lac sont très estimés. Dans une vallée assez profonde sur les eaux de la *Drouenne* et des lacs réunis en cet endroit, à un quart d'heure de la ville, sont placées des usines connues sous le nom de *forges de Clairvaux;* elles se composent d'un haut fourneau de deux feux de forges, d'un martinet et de plusieurs scies à eau. Il s'y trouve aussi une fabrique de cloux faits à froid et par un procédé mécanique, pour lequel les propriétaires de cet établissement ont obtenus un brevet d'invention.

Après avoir parcouru les bords du lac et ses environs, nous revînmes à Clairvaux souper à l'hôtel de M. Prost. Un vieil habitué de la table *d'hôte* nous raconta un fait historique assez remarquable. A l'endroit où la gorge de Clairvaux se partage en deux, était autrefois situé le château de Crilla. Après l'invasion de la Franche-Comté par Louis XIV, un partisan des Espagnols, nommé *Lacuson*, s'y défendit avec opiniâtreté contre les Français ; enfin, abandonné par l'Espagne et proscrit par la France, il erra dans ces montagnes sauvages, et se cacha dans les cavernes. Un squelette et une épée espagnole trouvés il n'y a pas long-temps dans la Baume ou caverne du mont Crilla ont fait présumer que ce chef y était mort de faim, de froid ou de misère.

Le lendemain, quoique un peu fatigué des courses de la veille, nous partimes pour le chef-lieu du Jura.

Un peu avant d'arriver à la ville on aperçoit le village de *Montaigu*, qui, de loin, semble être la citadelle de Lons-le-Saulnier, et où se trouvent les restes d'un temple des druides.

N° XCIV. [10 MAI 1820.]

LONS-LE-SAULNIER.

> Pourquoi de tout temps a-t-on crié contre la société et contre le sacerdoce, et jamais contre la magistrature? c'est que la magistrature est fondée sur l'équité que tout le monde aime.
>
> VOLTAIRE.

A notre arrivée à Lons-le-Saulnier nous descendîmes à la place Royale, chez le restaurateur Robert, où après un fort bon déjeuner je pris congé de mon compagnon de voyage. Il était de bonne heure; je me mis à parcourir la ville. Elle est située sur la *Vaille*, au fond d'un bassin formé par des montagnes d'environ trois à quatre cents mètres de hauteur verticale, à l'entrée d'une gorge qui conduit à la basse plaine. Le terrain sur lequel elle est bâtie manque de solidité, en sorte qu'on ne peut y construire de grands édifices. On ne doit pas être étonné de cet effet dans une chaîne de montagnes calcaires coupées en plusieurs endroits par des filons de *sel gemme* que les eaux dissolvent.

Je remarquai plusieurs jolies fontaines artificielles

qui décorent et assainissent la ville; je visitai la bibliothèque qui me parut bien composée, le musée départemental, la salle de spectacle, et enfin le collége, où, chose extraordinaire, au moment où j'écris, l'instruction publique n'est pas moins bonne que bien dirigée.

Un des édifices les plus remarquables est l'*Hôtel-Dieu*. Il est bâti en pierre de taille; son architecture est simple et régulière; mais son véritable mérite est dans l'ordre et la propreté qui y régnent, et dans les soins assidus et minutieux que les sœurs y prodiguent aux malades; aussi l'hôpital de Lons-le-Saulnier est-il le but de l'ambition de tous les pauvres infirmes de cette contrée. Après avoir passé une partie de la journée à examiner tous les monuments publics et leur intérieur, je retournai à mon auberge où je trouvai *bonne table, bon gîte,* et *le reste.* Le restaurateur Robert est le *Véry*, le *Félix* du département du Jura : sa réputation, comme pâtissier, comme traiteur, est célèbre à dix lieues à la ronde ; les *gastronomes* du pays abandonnent souvent le dîner conjugal pour sa table d'hôte; et le riche célibataire la préfère au repas délicat préparé par l'attentive gouvernante. J'étais étranger; on me fit les honneurs, et un ancien avocat veuf, et habitué de la maison, voulut bien me répondre aux questions que je lui adressai sur cette ville qu'il habite depuis vingt ans.

« Les habitants de Lons-le-Saulnier, étaient naguère gais et amis du plaisir; mais depuis la dernière mission, tout est changé; nous sommes devenus tristes et monotones: notre jeunesse si vive, si folâtre, et qui avait montré un si beau mouvement d'indignation à l'époque de la terreur, est dispersée, comprimée, ou sous l'influence des jésuites.

« Nous étions amateurs de musique, et nous formions de temps à autre de petits concerts qui plaisaient d'autant mieux à nos jeunes demoiselles qu'ils étaient ordinairement suivis d'un bal impromptu; nos grands dîners se terminaient de même; mais notre préfet n'aime plus la musique ni les musiciens, depuis qu'ils se sont avisés de donner une sérénade à M. *Jobez*, député du côté gauche: nous ne dansons plus, le préfet et les missionnaires y ont mis bon ordre! Comus et Bacchus sont les seuls dieux qu'il nous soit encore permis de fêter; et quoique les plaisirs qu'ils procurent ne soient pas sans attrait pour un homme de mon âge, je ne disconviens pas qu'il résulte de ce nouvel ordre de choses une espèce d'engourdissement, d'indifférence, un *laissé aller* fâcheux, sur-tout en Franche-Comté où il y a en général peu de goût pour les beaux-arts, et partant peu de desir d'instruction; nous avons au reste un monument sensible de leurs progrès rétrogrades dans le calvaire élevé, lors de la dernière mission, sur la grande place au centre même des *jeunes ruines* d'une église entreprise sur de trop vastes dimensions, et que le manque de fonds a forcé d'abandonner. Ce calvaire est une espèce de perron du plus mauvais goût; il soutient un sapin d'une hauteur prodigieuse auquel est attaché un *Christ* que l'on prendrait pour un enfant, et qui se balance au gré du vent sur sa croix démesurée; je n'ai rien vu de ma vie qui portât mieux l'empreinte des siècles gothiques.

« L'esprit des habitants de notre ville est en général tourné vers les idées constitutionnelles; nous ne manquons pas d'imagination, mais cette imagination, cette vivacité d'esprit, ne pouvant s'échapper d'un cercle très étroit, se replie sur elle-même; de là cette foule de pamphlets, de satires, d'épigrammes, dont nous nous accablons mutuellement depuis quelques années.

« Je vous trace, continua mon vieil avocat, le tableau *moral* et *critique* de notre cité; élevé dans la chicane, je suis peu propre à la louange; je remets donc le soin de vous faire connaître ce qu'il y *a de bon* à l'aimable et savant jeune homme qui vient d'entrer dans cette salle, beaucoup plus occupé des plantes qu'il rapporte de nos montagnes, que du dîner auquel il arrive toujours un peu tard. Quoiqu'il ait abandonné la *Bazoche* pour se livrer entièrement à la science de *Linnée* et de *Tournefort*, je rends justice à ses aimables qualités, et je

suis certain que non seulement il vous accompagnera dans vos courses *extrà muros*, mais encore qu'il se fera un grand plaisir de vous présenter à plusieurs des hommes qui honorent notre pays. »
En achevant ces mots, il me remit sans plus de cérémonies au soin de M. Cordienne jeune botaniste, né à Jussey, qui dès l'âge de douze ans parcourait le jardin des plantes, suivait les cours du célèbre et modeste Thouin, du savant Desfontaines, et qui a publié lui-même d'excellents mémoires sur la *Flore du Jura*. Il promit de me conduire aux *salines,* et vint me prendre le lendemain au lever du soleil.

Peu d'établissements méritent mieux l'attention du voyageur. A l'angle septentrional de la ville est un puits de forme carrée ; il a vingt mètres de profondeur et environ cinq mètres de côté. Un *tournant* mu par un courant d'eau douce fait jouer quatre pompes qui tirent sans interruption l'eau salée du puits, la versent dans un auge de bois en forme de canal qui la porte aux *salines*, à une petite demi-lieue de là dans la gorge, à l'ouest de la ville.

L'eau douce qui a mis la machine en jeu fait aussi mouvoir d'autres *tournants* à la saline même, afin de faire monter les eaux salées à plus de dix mètres de haut, d'où elles se répandent sous trois ailes de bâtiment de plus de quatre cents mètres de façades chacune. C'est de ces bâtiments de *graduation* qu'elles filtrent, pour ainsi dire, goutte à goutte à travers des épines amoncelées avec art, et qu'elles se dépouillent par cette infiltration de leurs parties hétérogènes; elles parviennent à la longue dans les canaux souterrains d'où elles coulent dans d'immenses chaudières, sous lesquelles un feu toujours égal les évapore, les cristalise, et les réduit en sel. Tout l'établissement des salines est hors de Lons-le Saulnier et sur la commune de *Mont-Morot*, qui touche aux murs de la première; mais le nom et l'inspection de la localité prouvent assez que c'est à *Lons-le-Saulnier* qu'il faut attribuer ce bel établissement qu'on fait remonter au quatrième siècle.

« On a découvert, en 1761, me dit mon jeune conducteur, près de Lons-le-Saulnier une mine de bois fossile qui se rapproche beaucoup de la nature du charbon de pierre ; il se trouve à un mètre de la surface de la terre dans une étendue de deux lieues ; l'épaisseur de la couche est d'un mètre à un mètre trente-trois centimètres. Les veines de cette espèce de charbon paraissent autant de piles de bois où l'on reconnaît encore les espèces qui sont du chêne, du charme, du hêtre, et du tremble, les seules qui croissent dans ce canton de la Franche-Comté. On distingue facilement les cercles de la sève, et jusqu'aux coups de hache donnés pour façonner les bûches. Le charbon dans lequel le bois s'est changé est excellent pour souder le fer; on a aussi réussi à en extraire de l'alun. M. de Ruffey attribue cet amas de bois abandonnés à la cessation du travail des salines de Mont-Morot, qui fournissaient avant le huitième siècle tout le sel nécessaire à la province. On a recommencé leur exploitation, et on brûle à présent sous les chaudières de cette saline plus de cinquante mille cordes de bois par an. On trouve aussi dans ce canton des mines de plomb, de fer, de cuivre, et des eaux minérales. »

Mon jeune guide m'accompagna le lendemain dans une nouvelle excursion hors de la ville, et après un trajet de deux lieues, pendant lequel je remarquai avec plaisir des coteaux fertiles et bien cultivés, et de bons vignobles, nous arrivâmes à *Beaume-les-Messieurs*. De là, en longeant la *Seille*, nous descendîmes dans une espèce de précipice où se trouve bâti l'ancien monastère qui donne son nom au village. Rien de si affreux que cette solitude; le soleil n'y pénétre jamais; on ne voit que sources, que rochers, que cavernes. Fondée vers l'an 300 de Jésus-Christ par saint Colombeau, et ruinée en 1732 par les Sarrazins, cette abbaye a été rétablie, et est devenue *chapitre noble*. C'est encore dans les environs de *Beaume-les-Messieurs* qu'étaient situé le château de *Mirbel* et celui de *Dramelsi*; celui-ci, à en juger par ses ruines, devait être vaste et bien fortifié. Non loin de là, de l'autre côté de la route, se trouve le village de l'Étoile, renommé pour son vin blanc. Le nom de ce village provient d'une quantité prodigieuse de petites étoiles en pierre qui se trouve sur son territoire.

Nous visitâmes près de Beaume-les-Messieurs les *sources de la Seille*. Le lieu où coule cette rivière est des plus agrestes et des plus solitaires; tout y représente la nature sauvage et inculte : une petite prairie est la seule portion de terrain où se trouve quelque verdure. De toutes parts s'élèvent des coteaux couverts de rocailles de plus de soixante-dix mètres de hauteur; et au-dessus de ces coteaux s'élèvent encore près de cent mètres de rochers nus et à pic; ces rochers sont calcaires et divisés en quatre lits horizontaux de vingt-cinq mètres d'épaisseur chacun. L'eau s'échappe de plusieurs endroits entre ces lits. La vallée se termine en fer-à-cheval, et les sources de la Seille sont à la branche droite. Quand on est en face de la culée, la plus basse de ces sources offre une masse d'eau de deux mètres de large, et de seize centimètres d'épaisseur, qui sort continuellement avec la même force; on y remarque quelques glaçons formés par la vapeur que ses eaux élèvent contre le rocher. A trente pas de cette source, on en voit une seconde fort différente : celle-ci jaillit du sein des rochers par une ouverture qui paraît avoir six mètres de haut, sur trente-trois centimètres de large. Elle est élevée, au-dessus du coteau, de huit à dix mètres; en tombant l'eau s'est creusée dans la roche et dans le coteau, un demi-canal en forme de cheminée de dix-sept mètres de profondeur. Après une seconde chute de vingt-trois mètres, l'eau serpente dans une masse de tuf de cent cinquante mètres de long et de soixante-sept de haut. Les deux sources réunies sillonnent ce terrain en différents sens, et font mouvoir plus bas deux moulins, seules habitations de ces tristes lieux. Dans les temps ordinaires, en posant une échelle contre le rocher, on peut entrer par l'ouverture d'où sort la seconde source. Depuis l'orifice vertical, qui donne ordinairement issue à l'eau, jusqu'au coteau, ce n'est qu'un gros glaçon ; les filets d'eau qui se montrent en plusieurs endroits en forment également d'autres petits, parceque leur mouvement n'est pas assez fort pour résister à la puissance coagulante du froid.

Un spectacle singulier, dont Lequinio jouit lorsqu'il visita ces lieux, fut celui d'une congélation en forme de rideau, de vingt mètres de long sur quatre mètres de large, et de dix-sept centimètres d'épaisseur. Imaginez dans ces proportions une glace de miroir mal polie, sans étamage, et placée verticalement pour faire une cloison transparante entre de vastes appartements, et vous aurez une idée de ce spectacle singulier. La masse de tuf qui forme la base de la montagne est criblée de cavernes, toutes pleines de stalactites; ce sont des habitations naturelles toutes faites. Les meuniers de cette solitude n'ont point d'autres écuries, ni d'autres étables, ni d'autres poulaillers.

Le contre-fort, derrière les moulins, est d'une hauteur et d'un aplomb qui excitent une secrète horreur; c'est en vain qu'au temps de la canicule, le soleil embrase de ses feux toute l'atmosphère; jamais ce coin de la terre ne sera touché de ses rayons : l'étoile du nord est presque le seul astre que les regards y puissent atteindre; le jour n'y est, pour ainsi dire, qu'un éternel crépuscule. Par où sortirons-nous de cet affreux précipice? c'est la question que je fis naturellement, après avoir tout observé; vainement regardai-je autour de moi, nulle issue praticable ne s'offrait à ma vue ; cependant mon conducteur me fit apercevoir une déchirure dans la partie gauche du rocher; c'est ce qu'on appelle les *échelles;* on y a pratiqué des degrés, et quelque rapides qu'ils soient, les ânes et les mulets les remontent tous les jours pour le service des moulins; arrivé en haut, j'éprouvai un sentiment de plaisir en revoyant le soleil, et ne pus me défendre d'un mouvement de terreur, en contemplant cette fosse large et profonde, dont on ne peut s'expliquer l'origine que par un affouillement dans la montagne.

Ce que je venais de voir avait laissé dans mon ame une impression grave et profonde, telle que les beautés mâles et sévères de la nature ont seules le pouvoir de l'inspirer. Mes pensées, élevées vers l'auteur de tant de merveilles, avaient peine à redescendre sur les choses de ce monde; mon guide sut m'y ramener, non par une transition brusque et qui aurait froissé mon ame, mais en l'occupant de nouveaux motifs d'admiration puisés dans cette belle, dans cette inépuisable végétation qui nous entourait. « La grande variété du sol de ces contrées, me dit-il, rend la Franche-Comté, l'une de nos provinces les plus riches en végétaux de toutes les espèces; cependant son histoire naturelle, ou plutôt sa *Flore* est non seulement restée en arrière, mais a été presque entièrement oubliée : une femme, que des savants distingués ont qualifiée de *Flore du Châtillonnais,* nous a fait rougir de notre apathie en publiant un ouvrage intitulé *Calendrier de Flore.* Descriptions élégantes, graces de style, observations délicates et judicieuses, tout aurait fait croire que cette charmante production était échappée de la plume de *Jean-Jacques* ou de Bernardin de Saint-Pierre, si quelques amis n'eussent découvert l'aimable anonyme. Plusieurs de nos savants s'occupent, dit-on, à réparer ce long oubli de tout un règne de la nature, moi-même je veux y consacrer mes faibles lumières dans un travail qui mettra mes compatriotes à même d'étudier autour d'eux parmi les plantes qui portent des fleurs, et dont la plupart sont d'un usage salutaire, plus de douze cents espèces comprises dans quatre cents genres; c'est au moins les deux tiers des végétaux que notre France produit spontanément. »

L'attrait de cette conversation intéressante m'avait ramené aux portes de Lons-le-Saulnier sans que je m'en fusse aperçu. Le lendemain j'allai déjeuner chez M. M***, membre de la société des antiquaires de France, à qui l'on doit des recherches aussi curieuses qu'intéressantes sur les sites, les coutumes et les mœurs de la Franche-Comté : je mis ses lumières et son obligeance à contribution.

« Le caractère du Jurassien est fortement dessiné. Ici la passion vit dans les souvenirs, et la haine nationale se perpétue sans perdre de son énergie; il semble qu'elle résiste encore à toute domination étrangère, même à celles qui ne sont plus.

« La haine des Romains s'est transmise de père en fils dans une partie de la montagne de Saint-Claude d'une manière si vigoureuse, que le nom de *Romain* est devenu le synonyme de *méchant*. En 1817, un maire de la commune de *Cinquetral* ayant été desservi près de l'autorité supérieure, exposa dans sa défense que ses délateurs méritaient si peu d'estime, qu'on les avait de tout temps surnommés *Romains*.

« La même antipathie a régné et règne encore entre les habitants du duché et du comté de Bourgogne, principalement dans les communes situées entre *Auxonne* et *Dôle*, ainsi que dans celles des *Granges-de-Noms* et de *Champagne-sur-Cuiseaux*. Ces inimitiés remontent à des temps antérieurs à la conquête de *César :* elles ont leur source dans les guerres perpétuelles que se livrèrent les *Séquaniens* et les *Éduens* au sujet du *péage* de la *Saône;* les écrivains latins en ont souvent parlé. (*Cæsar, de bello gallico.*)

« J'ai moi-même entendu, continua M. M***, des habitants de l'une de ces dernières communes se plaindre amèrement de la mauvaise foi des *Français*, désignant sous ce nom leurs adversaires du département de Saône-et-Loire, plus anciens Français que les Jurassiens. Ce ressentiment date du treizième siècle, et conserve toujours la même vivacité. *Je te marierai en Comté,* dit à sa fille un Bourguignon en colère; et les paysans francs-comtois qui vont aider aux Bourguignons à moissonner, disent qu'*ils vont moissonner en France.*

« Quoique la Franche-Comté fût heureuse d'être réunie à la France sous le règne de Louis XIV, ses nouveaux sujets n'apprécièrent pas d'abord tout leur bonheur. Le souvenir des pillages, des incendies, des exactions commises par les troupes ennemies pendant les siècles précédents aigrit long-temps les esprits : peu à peu il s'effaça, mais d'une manière si incertaine, si lente, qu'il existait, il y a peu d'années, des vieillards restés Espagnols au fond du cœur. La ténacité de quelques uns à cet égard est remarquable. On rapporte qu'un individu de V***, arrondissement de Lons-le-Saulnier, refusa jusqu'au dernier soupir de prononcer le cri de *vive le roi* qu'on exigeait jadis de tout moribond comme un acte de soumission au nouveau gouvernement. Un homme de Poligny recommanda dans son testament, en dictant ses dernières volontés, qu'on l'enterrât la face contre terre et le derrière élevé, pour marquer le mépris qu'il faisait de ses nouveaux maîtres.

« Vous avez pu déjà remarquer notre extrême superstition ; voici quelques usages bizarres qui s'y rattachent.

« A *Courbouzon*, près de Lons-le-Saulnier, et dans quelques villages de cet arrondissement, dès qu'un individu, homme ou femme est expiré, on répand avec soin tous les vases remplis d'eau qui se trouvent dans la maison ; on croit que l'ame, en quittant sa dépouille mortelle, s'est plongée dans cette eau pour s'y purifier.

« A Lons-le-Saulnier, à Château-Châlon, le premier jour de *mai*, les jeunes filles de douze à quinze ans prennent le plus joli enfant du pays, le parent de ses plus beaux habits, le couronnent de fleurs, et le portent de maison en maison en chantant :

Étrennez notre épousée,

Voici le mois, le joli mois de mai,
Étrennez notre épousée
En bonne étrenne,
Voici le mois, le joli mois de mai
Qu'on vous amène.

« De là ce vieux proverbe comtois : *Elle est belle comme l'épousée du mois de mai.*

« Lons-le-Saulnier, continua le savant antiquaire, s'honorera toujours d'avoir vu naître le lieutenant-général *Lecourbe :* jugé habile et vaillant capitaine par les chefs les plus renommés dans la tactique militaire, il mourut par suite des fatigues de la campagne de 1815 ; et en cela son desir ne fut pas accompli, car il disait souvent : *Je ne demande qu'à mourir sur un champ de bataille.* Sa grande maxime était *qu'un bon général devait se regarder comme le père d'une grande famille, et être plus avare du sang de ses soldats que du sien propre.* Ses dépouilles mortelles furent transportées près de Lons-le-Saulnier, dans une de ses terres, le 23 octobre 1815.

« Notre ville est aussi la patrie de *Rouget de Lisle,* poëte lyrique et musicien, auteur de l'air et des paroles de la fameuse *Marseillaise ;* de *Roux de Rochelle,* ministre plénipotentiaire à Hambourg, auteur du poëme de la *Bysantiade,* et d'un petit poëme fort agréable, *les trois Ages;* du médecin *Guyetant*, qui a publié des recherches sur la botanique et sur l'agriculture du Jura; de l'ancien sénateur *Vernier*, comte de *Montorient*, auteur de plusieurs ouvrages estimés; et enfin de madame *de Tercy*, née *Ménageot*, belle-sœur de M. Charles Nodier, et auteur de plusieurs romans agréables. »

Grace à la complaisance de M. M***, j'étais suffisamment instruit de ce qui regarde le chef-lieu du Jura. Après avoir donné rendez-vous à M. A** à Dôle, je montai en voiture pour me rendre à *Poligny*.

Nous traversâmes *Château-Châlon,* situé sur la pointe d'un rocher escarpé dont la *Seille* baigne le pied. Ortellius attribue la fondation de cette ville à Charlemagne, d'où l'on prétend qu'elle a tiré son nom : *Castrum Caroli, château de Charles.* Elle produit de fort bon vin.

Je laissai sur ma gauche *Arlay*, patrie de Bourdon de Segrais, et je visitai à deux lieues de Château-Châlon, sur la droite, les forges de *Champagnole* et des environs. Les plus importantes sont celles du bourg de *Syrod*, parceque le bois et le minerai s'y rencontrent partout : elles forment une petite population. Chaque ouvrier a sa famille, sa maison, son jardin; c'est une sorte de petite cité où les habitudes, les vêtements, la couleur, et la vie, contrastent également avec les habits, les travaux, la nourriture, et le teint des villageois agricoles des environs.

C'est près de là que se trouve le fameux château appelé *Château-Villain*, situé sur un roc d'environ cent cinquante mètres au-dessus du vallon; c'est le dernier, et presque le seul qui ait échappé à la démolition générale qui fut faite de ces anciennes forteresses lors de la réunion définitive de la ci-devant Franche-Comté à la France. Bâti sur un plateau étroit du rocher qui n'a de largeur que ce qu'il en fallait pour *implanter* les bâtiments, cet antique château forme le point central d'un vaste panorama, lequel présente, au spectateur enchanté, la ville de *Nozeroy*, le village de Syrod, plusieurs bourgs, des hameaux, d'immenses forêts et de hautes montagnes qui se perdent à l'horizon. Je ne quittai pas ce gothique manoir sans visiter la prison, et le puits qui ne tarit jamais.

C'est à une demi-lieue de Syrod que l'Ain prend sa source.

Après une heure de marche j'arrivai à Nozeroi.

Le grand commerce de noisettes qui se fait dans ce bourg lui a probablement valu le nom de *Nucillum* que lui donnent les vieux chroniqueurs: toutefois les savants du pays lui supposent une autre étymologie; ils prétendent que Louis de Châlons, à son retour des croisades, trouva que ce bourg avait une telle ressemblance avec le *plateau* de *Nazareth* en Galilée, qu'il lui en donna le nom, d'où s'est formé par altération celui de Nozeroy. Quoi qu'il en soit, cette ville doit son origine aux princes d'Orange, qui avaient fait construire sur son territoire une maison de chasse, autour de laquelle on établit par la suite d'autres habitations. On voit encore à Nozeroy un vaste édifice qui servit de résidence à ces mêmes princes; l'une des tours, appelée *tour de plomb*, parcequ'elle en était couverte, s'écroula avec un fracas épouvantable. « Nozeroy était moins célèbre pour la beauté de son église et les miracles qui en faisaient le but de beaucoup de pèlerinages, que par l'alliance des fêtes religieuses avec des actes de licence auxquels se livraient les pèlerins. *Gilbert Cousin*, membre du chapitre de Nozeroy, s'éleva contre ces abus; il avait été disciple ou même secrétaire d'Érasme, qui demeura quelque temps avec lui. Le père Joly, capucin, dit avoir vu dans la maison du chapitre, devenue curiale, et qu'avaient habité Érasme et Gilbert, une peinture à fresque, un peu mutilée, qui les représentait tous les deux, vêtus d'un habit blanc, avec un scapulaire noir, écrivant ensemble sur la même table; il ajoute qu'anciennement une autre peinture à fresque représentait l'église de Saint-Antoine avec une truie qui nourrissait six petits; c'était, dit ce bon père, une dérision emblématique du chapitre, composé d'un doyen et de six chanoines. Gilbert mourut en 1567 dans les prisons de l'archevêché de Besançon, où le pape Pie V l'avait fait enfermer.

« Parmi les hommes qui ont illustré Nozeroy, n'oublions pas *Alexandre-Xavier Panel*, jésuite, précepteur des infants, garde du cabinet du roi d'Espagne, et auteur de plusieurs ouvrages; *Joseph Menoux*, prédicateur de Stanislas Ier, roi de Pologne; *Jean Masson*, et l'ex-sénateur *Démeunier*, ancien secrétaire des commandements de Monsieur, depuis Louis XVIII, et député de la ville de Paris à l'assemblée constituante. Il a traduit les voyages de *Cook*, de concert avec M. Suard son compatriote, et a composé plusieurs autres ouvrages. »

Nozeroy est situé sur une montagne qui se termine au couchant par un rocher, d'où la *Serpentine* se précipite : l'une des cascades de ce torrent a trente-cinq mètres de chute; des moulins y sont établis, et forment avec les cascades environnantes, un aspect très pittoresque vivifié par la turbulence des eaux.

Près de la ville est une place de trente-trois mètres de côté, entourée par l'eau que fournit une fontaine qui descend de la colline. C'est sur cette place que *Philibert de Châlon* donna en 1419 une *fête d'armes*, la dernière qui ait eu lieu en France.

Le territoire de Nozeroy, contient des eaux minérales. On retire des carrières voisines de *Mignon-Villars* des marbres d'une couleur mélangée de bleu, de jaune, et de blanc, qui sont fort recherchés.

Le lendemain je retournai de fort bonne heure à Champagnole, où j'étais passé sans m'arrêter, sachant que je serais obligé d'y revenir pour reprendre la route de Poligny.

Champagnole est un grand et joli bourg, situé sur l'*Ain*, à trois lieues de sa source; bâti au pied d'une montagne qui le cache, le menace et le protége, il est placé sur la ligne de démarcation qui sépare les forêts communales, de celles de sapins toujours verts; son air est pur, et de tous côtés, on y jouit de l'aspect le plus agréable.

Ce bourg par lui-même n'offrirait rien de remarquable sans les beaux établissements des frères *Müller*, qui répandent dans le pays le bien-être et l'abondance, en donnant de l'occupation à un nombre considérable d'ouvriers des deux sexes. *La filerie de fer* (qu'on pourrait appeler une *filature* depuis que ces habiles manufacturiers, en remplaçant les *tenailles* par des *bobines*, font tourner le *métal*, par les mêmes procédés que le coton ou la laine); cette filerie est une des plus belles de la France.

Je connaissais MM. Müller de réputation : ces deux citoyens, aussi recommandables par leurs qualités personnelles que par leur industrie, me reçurent avec beaucoup de cordialité; une journée passée au sein de cette aimable famille amena la confiance...

Le mariage du plus jeune des frères offre quelques circonstances d'un grand intérêt. En 1816, une jeune demoiselle dont l'esprit, les talents, l'instruction, égalaient l'amabilité, avait été mise en surveillance à Champagnole : on la disait fille naturelle de l'auguste captif de Sainte-Hélène, et on avait répandu et accrédité le bruit qu'elle avait fait avant la seconde restauration un voyage à l'île d'Elbe. M. Müller (Jacob) la voit, est charmé de son entretien, et en devient éperdument amoureux. Il prend la résolution d'unir irrévocablement sa destinée à celle de cette jeune et intéressante personne. Sa famille, ses amis, de puissants personnages s'y opposent; les obstacles ne font qu'irriter sa passion. Les circonstances sont critiques et il est impossible d'en triompher. Les amants contrariés s'expatrient; ils vont se réfugier dans le pays de *Vaud*, près *Lauzanne*, et y sont d'autant mieux accueillis que le sujet des contrariétés qu'ils éprouvent est mieux connu.

Les *Vaudois* délivrés de la tyrannie des magnifiques seigneurs de Berne par l'empereur Napoléon s'honorent de lui vouer une éternelle reconnaissance; une demoiselle réputée sa fille, à tort ou à raison, leur inspire le plus vif intérêt. Les amants sont unis, et leur mariage est célébré dans l'église catholique de Lauzanne. Les époux rentrent dans leur domicile en France. Cette union a prospéré. Madame Müller, aujourd'hui mère de quatre enfants, n'est pas moins distinguée par ses vertus civiques que par les qualités qui la rendent si recommandable comme épouse et comme mère ; elle a justifié la persévérance de son époux en faisant son bonheur et celui d'une famille dont elle est adorée.

En parcourant Champagnole, je fus frappé de la quantité de cafés et d'auberges qui se trouvent dans un bourg où l'on compte à peine dix-sept cents habitants. « Ce n'est pas la classe industrielle, me dit M. Müller, qui fréquente et fait fructifier ces lieux consacrés entièrement à la commodité des voyageurs. Ce *bourg* est le lieu de passage et le marché principal des *grands valliers*, nom donné aux habitants des montagnes du pays du *Grand-Vaud*. Ces habitants sont à-peu-près les seuls qui se livrent à une espèce de roulage particulier à ce pays. Vous n'avez pas été sans rencontrer sur nos grandes routes de petits convois de quinze à vingt voitures ou chariots à quatre roues, d'une délicatesse remarquable, et tellement légers que l'homme le moins fort les mettrait en mouvement. Un seul homme conduit ordinairement quatre, cinq et même six de ces voitures; elles se tiennent à la file l'une de l'autre et se suivent avec une régularité qui ne souffre presque jamais d'altération: les chevaux n'ont besoin d'aucun cri, d'aucun ordre; ils n'ont d'autre lien que celui de l'habitude, et font ainsi des routes de cent lieues et plus, sans se déranger une seule fois, ni sans jamais se laisser *couper* par d'autres voitures.

« Tout devient objet de spéculation pour ces industrieux montagnards; avant la saison des frimas ils attellent leurs chevaux, se rassemblent et transportent leurs fromages, leurs planches, leurs longues *sapines*, dans les villes qui les leur ont commandés l'année précédente; dès qu'ils ont livré, leurs calculs s'attachent à d'autres objets; ils achètent, colportent, changent, revendent, et rechangent vingt fois de routes et de marchandises. Pendant cette expatriation ils ne donnent aucun signe de vie à leurs familles; mais aussitôt que le soleil du printemps vient fondre l'immense couche de neige qui couvre le sol qui les a vus naître, ils regagnent leurs foyers, chargés de nouvelles marchandises sur lesquelles ils bénéficient encore; ce sont ordinairement des objets nécessaires à la consommation locale: rentrés chez eux, ils cultivent leurs champs pendant la belle saison, rétablissent leurs voitures et leurs harnais, veillent à la fabrication de leurs fromages et de leurs planches, et recommencent avec l'hiver leurs courses annuelles. D'autres habitants achètent ou réunissent par commission ce que leurs communes ont d'objets fabriqués et disponibles; ils en chargent leurs voitures, et se dirigent, à l'approche des neiges, vers les départements méridionaux; là ils débitent leurs marchandises, nettoient ou raccommodent les pendules qu'ils ont vendues l'année précédente, recueillent les fonds des objets livrés à terme, et regagnent leur foyer domestique à l'approche du printemps. »

La peinture de cette vie *nomade* me parut avoir quelques rapports avec celle des Arabes; je suivis dans ma voiture un de leurs convois, et j'arrivai, après deux heures de marche, à Poligny.

Cette ville est adossée au pied d'une montagne qui fait partie de la chaîne du Jura, et située près de la source de la rivière de Glantine. C'était, au neuvième siècle, une des villes les plus considérables de la Franche-Comté, mais un incendie en 1673, et le siège qu'en fit le duc de Longueville, en détruisit les deux tiers: elle est traversée par trois rues parallèles, on y trouve quelques jolies fontaines; mais en général les édifices semblent petits, sans doute par la comparaison qu'établit, sans qu'on y pense, leur adossement à des monts très élevés. Les boucheries sont remarquables : elles sont bâties sur une voûte sous laquelle passe un ruisseau qui prend sa source à Poligny; dans l'intérieur de cette voûte on a ménagé plusieurs trappes sur lesquelles l'animal est mis à mort; le sang et les immondices, emportés à l'instant par l'eau courante, ne révoltent pas la vue et l'odorat comme dans tant d'autres villes. Les grains, les vins, les fromages, et les bestiaux, forment le principal commerce de Poligny. Son origine remonte, selon quelques auteurs, à la plus haute antiquité; ils prétendent qu'elle portait jadis le nom de *Polis Solis*, cité du soleil, ou *Polignan*, petite cité. Les habitants de Persépolis adoraient le soleil, et Persépolis fut consumée par les flammes. Les habitants de Poligny adoraient-ils le soleil? On l'ignore; mais ce qu'il y a de certain, c'est que cette ville a été brûlée, en tout ou en partie, à quatorze époques différentes. Un historien moderne, M. *Chevalier*, de Poligny, gendre du fameux jurisconsulte Dunod, dont nous avons parlé à Saint-Claude, a prouvé d'une manière certaine que cette ville était désignée dans la notice de l'empire romain sous le nom de *Castrum Olinum;* qu'elle était la résidence du gouverneur de la province *Séquanaise*, et qu'avant de tomber sous la puissance romaine, elle avait, comme toutes les villes principales à cette époque, des institutions druidiques. C'est au moins ce qui semble résulter de la découverte des monuments celtiques et romains dont elle était entourée, et parmi lesquels on remarque encore un reste de voie romaine, connue sous le nom de *chemin pavé*.

La belle situation de Poligny en fit une des habitations favorites des ducs et comtes de Bourgogne;

on y voit encore des vestiges du *fort Griemod* où étaient déposés les titres de leur maison; la ville et le château terminaient l'ancien comté des Varasques, dans le Mont-Jura. On trouve à une demi-lieue de là, près du village de Miéry, une carrière de marbre noir, qui a fourni une partie des marbres employés aux mausolées des ducs de Bourgogne dans la chartreuse de Dijon.

Poligny est la patrie du célèbre et malheureux général *Travot*, qui, après avoir gagné à la pointe de son épée ses grades, ses honneurs, ses titres, s'en vit dépouiller d'une manière si cruelle, et qui fut condamné à mort comme traître à sa patrie, après avoir versé tant de sang pour elle!... L'histoire ne saurait oublier ces paroles révoltantes de l'acte d'accusation dirigé contre ce général :

« La modération ne fut point une des armes les moins redoutables entre ses mains; la clémence elle-même fut un de ses moyens de succès. »

Ainsi donc les vertus elles-mêmes devenaient un délit criminel!

Qui ne se rappelle la conduite honorable du barreau de Rennes! Treize de ses plus célèbres avocats s'offrirent spontanément pour la défense du général Travot, et tous les treize signèrent un mémoire où l'intérêt le plus touchant se mêle aux plus beaux mouvements d'éloquence.

La peine de mort prononcée par la commission

fut commuée en vingt années de réclusion ; mais le coup était porté ; la raison du héros l'abandonna, et ce fut dans un état d'aliénation complète que l'infortuné fut conduit au château fort de *Ham*. Il y fut accompagné par sa jeune épouse qui figurera parmi les héroïnes dont la France s'honore. Elle partagea en quelque sorte ses fers, et lui prodigua sans relâche les soins les plus tendres, les consolations les plus touchantes.... Après deux ans de captivité le général Travot fut rendu à sa famille ; la douleur avait pesé trop fortement sur son ame ; sa raison ne revint plus ; et le général Travot languit encore aujourd'hui dans une maison de santé, où s'achève sa glorieuse et déplorable vie.

N° XCV. [20 MAI 1820.]

LA GLOIRE EN RETRAITE.

Hoc erat in votis.
HORACE.
Leurs vœux sont satisfaits

De Poligny à *Arbois* il n'y a qu'une promenade ; je m'arrêtai à l'auberge de la *Pomme d'or*, chez M. Coutouly ; et, après un léger repas, je visitai l'intérieur de la ville : elle est flanquée de quatre grands faubourgs presque entièrement habités par des vignerons. On croit qu'elle a reçu son nom de la grande quantité d'arbres qui couvrent les bords de la *Cuisance*, et font un véritable jardin du vallon traversé par cette rivière. Arbois renferme environ six mille cinq cents habitants.

J'étais attendu au château de *Verreux* chez le vainqueur de Tarragone, le lieutenant-général *Delort*. Ce brave militaire, né à Arbois en 1774, entra comme simple soldat en 1791 dans le quatrième bataillon du Jura, assista à presque toutes les campagnes de la guerre de la révolution, et fut un de ceux qui disputèrent avec le plus d'intrépidité aux Anglo-Prussiens la fatale victoire de *Waterloo*. Après avoir servi son pays avec ardeur, le général Delort passe sa vie dans une retraite embellie par les arts et l'amitié: célibataire et philosophe, ses jours s'écoulent dans les douceurs du repos et de l'étude; cependant on ne saurait lui reprocher l'*inertibus horis;* peu d'hommes emploient aussi utilement leurs loisirs. Il a déja traduit deux livres des odes d'Horace, où l'on retrouve quelque chose de la mollesse épicurienne et du gracieux abandon de l'ami de Mécène.

Le général Delort n'est pas seulement recommandable par ses services et par ses talents; il a des droits non moins sacrés au respect et à la reconnaissance des citoyens d'Arbois. Du champ de bataille, à l'armée d'Aragon dont il commandait l'avant-garde, il envoya une somme de huit mille francs destinée à l'acquisition d'un bien immeuble convenable à un hospice; ce don a été d'autant plus précieux à ses concitoyens que l'on savait qu'il était peu riche; aujourd'hui qu'il est dépouillé de ses dotations, de la moitié de son traitement comme commandant de la Légion-d'Honneur, et mis à la réforme, son bienfait n'en a que plus de prix aux yeux de ses concitoyens. Le général m'accueillit comme un vieux camarade, et les témoignages d'estime et d'amitié dont il me combla ont laissé dans mon cœur un souvenir ineffaçable. Nous nous entretînmes délicieusement et longuement du passé, du présent, de l'avenir; de l'avenir sur-tout de cette chère patrie à laquelle nous avons, l'un et l'autre, consacré nos beaux jours. Après une promenade dans les dépendances du château de Verreux j'allai chercher le sommeil qui fuit rarement le voyageur.

Le lendemain je me levai comme à mon ordinaire avec le jour; j'étais impatient de parcourir la belle campagne que je n'avais fait qu'entrevoir la veille; le général qui a conservé toute son activité se lève matin; il m'attendait, et nous partîmes par le plus beau temps du monde, pour explorer le vaste et riche vignoble d'Arbois.

« Cultivés par un peuple également laborieux et plein d'industrie, ces fertiles coteaux, me dit le général, produisent des vins rouges comparables à ceux de la Côte-d'Or, et des vins blancs plus doux et non moins mousseux, non moins petillants que le Champagne; ce même vin blanc quand on le laisse vieillir devient, sous le nom de *vin jaune*, aussi généreux que le Madère. C'est le vin du pays par excellence. En faisant sécher, pendant l'hiver, sur des planches, un raisin délicieux qu'on nomme *poulsart*, on en fait un vin de paille très liquoreux et qui ne le cède point aux vins muscats de Frontignan et d'Espagne. » Je m'arrêtai pour admirer la beauté de plusieurs sites pittoresques, et principalement les sources de la *Cuisance;* cette petite rivière arrose, en serpentant, un fertile vallon, et va se jeter dans la *Loue* au pont de *Parcey*, à deux lieues de Dôle. Elle alimente plusieurs papeteries et plusieurs moulins à huile et à blé.

« Dernièrement en faisant des fouilles dans la caverne d'où s'épanche l'une des sources de cette rivière, dominée par les ruines d'un vieux château fort, nommé *la Châtelaine*, dans lequel Mahaut d'Arbois, veuve d'Othon V, a long-temps résidé, on trouva dans le creux d'un rocher, où l'on ne peut parvenir qu'à l'aide d'une échelle de huit à dix mètres, beaucoup d'ossements humains, deux épingles en cuivre jaune de vingt à vingt-cinq centimètres de long, et une espèce de poignard de même métal. »

En revenant de cette longue promenade, M. Delort me conduisit à la chapelle dite de Saint-Roch, en face et très près du château de Verreux. Cette chapelle, aujourd'hui environnée d'un beau jardin planté d'arbres, et habitée par le jardinier, a été érigée, en 1595, à la mémoire de Morel, commandant de la ville d'Arbois.

Mon hôte m'en raconta en peu de mots la déplorable histoire.

« Avec les cent fantassins espagnols qu'il commandait, cet officier osa, dans une place peu fortifiée, et qui n'était pas tenable, arrêter toute l'armée aux ordres du duc de Biron. Le canon ouvrit une brèche, et le commandant fut pris en défendant son poste avec la plus courageuse opiniâtreté. Le maréchal Biron, indigné d'une résistance qui avait arrêté sa marche pendant quelques jours, fit pendre Morel à cet arbre qui, bien que très vieux, et n'ayant plus que l'écorce, reverdit encore chaque printemps. La mère de Morel avait fait construire en face de cet arbre un oratoire qu'elle consacra à un *Dieu de pitié.*

« Elle fit en même temps ériger cette chapelle, où, chaque année, après la procession du 15 août, les prêtres de l'église paroissiale venaient célébrer un service funèbre et solennel pour le patriote Morel.

« Enterré dans cette même chapelle, on lisait sur son tombeau l'inscription suivante :

> Ne vous travaillez point à me faire un tombeau,
> Mes chers amis d'Arbois, de porphyre et de marbre ;
> Assez m'honorera où je fus pendu l'arbre,
> Point ne pourriez m'en bâtir un plus beau.

« La pierre sur laquelle était gravée cette inscription a été transportée dans l'église d'Arbois. Les cendres de Morel, surnommé *le Petit-Prince,* y ont été également transférées en pompe, lorsque la chapelle a été convertie en une habitation particulière.

« Voici l'inscription latine que l'on grava ensuite sur la tombe de ce brave capitaine :

> *Dùm patriam, fortis princeps Morelle, tueris,*
> *Solus pro patriá victima sacra cadis;*

*Sic patriæ cœlestus factus es hospes, et hostis
Dùm tulit, æternum nomen habere dedit.*

« N'oubliez pas, cher ermite, continua le général, que notre petite ville d'Arbois peut présenter dans ses annales les noms de plusieurs hommes célèbres.

« Claude de la Beaume, cardinal, neveu de Pierre, aussi cardinal, et neveu du vice-roi de Naples, mort ici en 1584.

« Rouet, habile sculpteur; Perrin, premier peintre d'un roi du Nord; Coulon, prêtre, prédicateur du roi à Paris.

« Elle s'estimerait heureuse de pouvoir ajouter aux hommes illustres des temps modernes le guerrier fameux qui reprit en 1793 les lignes de Weissembourg, et fit ensuite avec tant d'éclat, et au milieu d'un hiver rigoureux, la conquête des Pays-Bas, si *Pichegru*, né à Arbois, eût terminé sa carrière sur les glaces de la Hollande.

« La persévérance avec laquelle on avait sollicité l'érection d'un monument à la mémoire du compagnon de George Cadoudal, me fait souvenir, ajouta le général Delort, que personne ici n'a encore manifesté le vœu de consacrer la mémoire d'un intrépide officier, né dans cette ville le 9 novembre 1767 (du général David), qui a constamment honoré son pays par son patriotisme, son dévouement, ses actions d'éclat, et qui a été tué sur le champ de bataille d'*Alkmaër*, en repoussant les Russes et les Anglais. Ce brave homme, qui avait fait avec tant de succès la guerre dans des pays riches, n'a laissé à ses parents, pauvres eux-mêmes, qu'une somme de huit cents francs; encore provenait-elle de la vente de ses équipages. A peine trouva-t-on dans ses effets le linge nécessaire pour panser ses blessures. Il est vrai que le général David n'avait combattu que pour la gloire, la liberté et l'indépendance de son pays. Toujours guidée par le noble élan du patriotisme, sa ville natale lui décerna un hommage solennel en faisant célébrer un service funèbre en son honneur, et en présence de sa respectable famille, au moment où l'on apprit son glorieux trépas; le digne maire d'alors rappela dans un discours touchant, écouté avec le plus vif intérêt, les vertus publiques et privées de l'illustre général. » Ce monument de la reconnaissance de ses concitoyens durera plus long-temps que le bronze de la statue élevée à son compatriote.

Je réfléchissais à l'injustice des hommes qui, suivant leur opinion ou leur intérêt, laissent dans l'oubli ceux dont les services devraient être consignés dans l'histoire, et consacrés par le génie des arts, lorsque le général Delort me tira de ma rêverie en me donnant de nouveaux détails sur Arbois, et sur les *avanies* auxquelles les habitants des provinces sont beaucoup plus exposés que ceux de la capitale. « Bien qu'en tout temps, me dit-il, cette petite ville soit animée du meilleur esprit, elle a été comme tant d'autres le théâtre d'une foule de vexations. Le désarmement des particuliers les plus notables a d'abord signalé, en 1815, une réaction odieuse. Un beau jour des gendarmes, dont aucune autorité n'a voulu depuis avouer la mission, se transportent au domicile des citoyens désignés comme suspects, c'est-à-dire libéraux, et leur demandent insolemment leurs armes, qui n'ont jamais été rendues aux propriétaires; ils ont forcé un ancien colonel de l'armée à rendre même son épée; des prêtres respectables, des avoués en robe d'audience, ont été traînés en prison, ou parcequ'ils n'avaient réellement aucune arme à remettre à ceux qui osaient exécuter ce cruel abus de pouvoir, ou parcequ'ils avaient le courage de ne pas se soumettre à un ordre aussi arbitraire et aussi humiliant.

« Enfin les braves gens qui dirigeaient cette grande expédition, voulant à tout prix fixer sur eux l'attention du gouvernement, ont mis le comble à leur impertinente audace en faisant fouiller et les tombeaux et les cellules des pauvres religieuses de l'hospice pour y chercher des armes.

« Après cette belle équipée, des prolétaires bien endoctrinés, armés à grands frais aux dépens d'une ville dont le revenu est très modique, veillaient, sous le nom de garde nationale, à la tranquillité publique, et au respect de l'ordre et des propriétés ; et lorsque les habitants, victimes de cette vexation, ont porté, dans des termes modérés, leurs réclamations à la chambre des députés, en demandant à juste titre qu'on leur rendît leurs armes, la chambre introuvable a passé à l'ordre du jour.

« Il fallait voir ressusciter, à l'aspect des baïonnettes étrangères, quelques gentillâtres bien nuls, bien ignorés pendant le régime impérial, et parfaitement résignés à leur sort! Après les désastres de la France, ils se sont crus véritablement les restaurateurs de la monarchie légitime ; et Dieu sait de quel beau zèle, sans courir le moindre danger, ils ont inopinément fait parade !

« Je le vois, cher ermite, vous rougissez pour notre pauvre France de honte et de colère ; eh bien, frémissez maintenant au récit d'un fait dont le souvenir après dix ans me glace encore d'horreur.

« L'un de mes frères, capitaine de cuirassiers, membre de la Légion-d'Honneur, à son retour de l'armée en 1815, a été assassiné à coups de poignard, par un scélérat nommé *Gautier*, alors adjudant de la prétendue garde nationale, et qui revenait des provinces du midi, où il se vantait d'avoir égorgé lui-même plusieurs soldats français. Traduit à la cour d'assises du Jura pour un assassinat consommé, mais dont la victime avait heureusement survécu aux blessures qui lui avaient été faites, ce misérable se vit acquitté par suite de l'intérêt que les *honnêtes gens* lui témoignèrent. Croiriez-vous, bon ermite, qu'échappé à la peine capitale, ou du moins à celle des fers à perpétuité, cet homme, à son retour de la cour d'assises, s'est vu choyé, caressé, presque solennellement fêté, et que des *gentilshommes*, de nobles chevaliers, poussèrent l'oubli des convenances jusqu'à faire asseoir à leur table un misérable assassin !

« Je me hâte d'ajouter que le général *Vandedem*, alors commandant du Jura, indigné à bon droit de la protection ouverte accordée à un pareil homme, le fit arrêter par les ordres du ministre de la guerre, et conduire enchaîné, pour délit militaire, aux îles Saint-Marcouf. A l'expiration du temps fixé pour *son service*, Gautier revint dans cette ville; mais, par un événement singulier, où l'on aime à reconnaître le doigt de la Providence, cet asssassin tomba malade le jour de son arrivée à Arbois, et mourut dans la nuit même.

« Vous pensez bien, mon cher hôte, ajouta le général, que mes bons et braves concitoyens ne prirent aucune part à ces désordres : ne suffit-il pas, pour bouleverser un pays, de trois ou quatre têtes fanatiques à qui tout moyen est bon pour parvenir à leur but !

« Je passe sous silence les révoltantes injustices dont j'ai été l'objet, et les hommes dont je n'ai eu que personnellement âme plaindre. C'est de l'intérêt général, c'est de la chose publique que je continuerai à vous entretenir. Je vous dirai donc quelques mots du directeur de l'enseignement mutuel, M. Sarron, homme d'un vrai mérite, d'une conduite exemplaire, qui a fait preuve d'un talent remarquable et a obtenu le prix, sur un grand nombre de concurrents, pour une question proposée par l'académie des sciences. Cette circonstance honorable n'a pas empêché, si même elle n'a été cause, que M. Sarron indignement persécuté a été contraint de s'expatrier : il a été accueilli à ma recommandation, dans la petite ville de Morez, au pied du Jura, où il remplit maintenant ses devoirs d'instituteur à la satisfaction de tous les pères de famille, et des autorités du lieu. »

Moins fatigués de la longue promenade que nous venions de faire, que du triste récit que je venais d'entendre, nous rentrâmes, et pendant un de ces dîners où la bonne chère, le bon vin, la cordialité et le charme d'une conversation agréable nous retinrent à table deux heures entières, le général Delort me cita ce passage latin d'une thèse du célèbre *Attalin*, ancien professeur de l'École de Médecine à Besançon. C'est l'historique des vignobles de cette contrée :

Sequanorum colles amat Bacchus, Bacchum amant Sequani.

Nulla est urbs, nullum oppidum quod tam Ditavit suis donis quàm arbosianam urbem.

Ista duo potissimùm popinat vina quorum rubescat unum, albescat alterum. Illud vetustate ambrosiacum acquirit saporem, istud dulcissimus nympharum potus. Verùm proh dolor! mel ori, fel capiti, sapit in ore, ardet in ventre.

Quoi qu'en dise l'Esculape franc-comtois, la liqueur arboisienne, si agréable au goût, ne fait mal à la tête et ne brûle les entrailles que lorsqu'on en boit avec excès. Le vin du général était fort bon, et nous provoqua à plus d'un' toast en l'honneur de nos braves et à la prospérité de notre beau pays. Je ne craignis pas d'abuser de la douce hospitalité qui m'était offerte avec tant de grace et de cordialité, et je ne refusai aucune des courses, aux environs d'Arbois, que me proposa le général, et dans lesquelles il voulut bien me servir de guide. Je ne parlerai que de celles qui présentent quelque intérêt.

Vadans est un village remarquable par son antique château dont il ne reste d'autres vestiges qu'une tour démantelée dont les fragments ont encore quelque chose d'imposant. Une tradition assure que l'on y voit de temps à autre revenir la *fée Mélusine*, amie et souche de la maison de Poitiers.

Les habitants du pays regardent ce fait comme certain. Cette antique forteresse a soutenu un siége en 1634, et, selon les chroniques du temps, elle a d'abord appartenu à la maison de *Vadans*, à celle de *Vergy*, et enfin à Diane-de-Poitiers, en 1539.

Le célèbre sculpteur Dejoux a pris naissance dans ce village. Né dans la pauvreté il ne dut son talent et son élévation qu'à son opiniâtre persévérance. Devenu membre de l'Institut et de la Légion-d'Honneur, il conserva dans une honnête opulence toute la simplicité, toute la bonhomie de son caractère. Il n'oublia pas le village où s'écoula ses premiers ans, et en devint le bienfaiteur.

« Vous m'avez appris, cher ermite, me dit le général, que le Jura vous avait donné un généreux asile pendant la terreur de 1793; cela me rappelle que notre ancien maire, M. *Petit-Jean*, proscrit comme vous, se réfugia vers la même époque dans les ruines du château de Vadans, où heureusement il échappa à toutes les recherches; il ne quitta sa retraite que pour se sauver en Suisse, où, comme vous encore, il fut forcé de rester jusqu'à la chute de Robespierre : ce digne magistrat, destitué en 1815, a été victime des deux terreurs. Je ne passerai pas non plus sous silence le vénérable curé, abbé Plumey, autrefois grand vicaire de l'évêque constitutionnel du Jura (Moyse), ancien principal du collége d'Arbois, excellent professeur de mathématiques, et bon prédicateur; en un mot l'un des prêtres qui honorent le plus l'Église et la religion : on l'a relégué à Vadans à la grande satisfaction des habitants qui le chérissent comme un tendre père. »

Ne devant plus rentrer dans Arbois, le général me signala encore un de ses concitoyens non moins recommandable par ses qualités personnelles que par son intégrité et ses connaissances profondes dans la législation civile, M. Bouvenot, président du tribunal de Lons-le-Saulnier : ancien membre de l'assemblée législative, ce magistrat a toujours défendu les bons principes, et une liberté sage fondée sur une constitution qui donnât au pouvoir exécutif les moyens de la faire respecter. Âgé de quatre-vingts ans, il jouit encore de toute la plénitude de ses facultés physiques et intellectuelles; c'est le plus digne organe de la *Thémis* du Jura, le plus respecté des citoyens, et le plus aimable des vieillards.

Tout en causant ainsi des hommes dont il s'honore d'être le concitoyen, mon aimable hôte dirigeait nos pas vers la demeure d'un illustre frère d'armes, du lieutenant-général Bachelu, qui vit ici dans une honorable retraite après s'être distingué dans les quatre parties du monde où il a porté nos armes victorieuses. Dans toute la force de l'âge, du courage, et des talents, il lui restait de longues années à consacrer au service de son pays; mais, atteint par l'ordonnance de 1824, il vit heureux et tranquille sur la terre natale, des faibles débris d'un riche patrimoine dépensé en grande partie dans une carrière où les caractères de cette trempe trouvent ordinairement plus de gloire que de fortune. J'avais connu le général Bachelu à Paris où il vient passer les hivers, et j'étais charmé de le revoir dans une solitude dont il m'avait souvent tracé le séduisant tableau.

La Grange Perey est située entre Arbois et Salins sur une montagne environnée de forêts épaisses; j'y passai vingt-quatre heures dans la société de ces deux illustres généraux, qui m'accompagnèrent le lendemain jusqu'à Salins, où je ne tardai pas à arriver.

¹ Cette ville, située entre deux montagnes es-

---

¹ INCENDIE DE SALINS arrivé le 27 juillet 1825.

La ville de Salins avait déja été brûlée il y a près d'un siècle, et devait finir par être tôt ou tard la proie des flammes.

Qu'on se figure deux longues lignes de maisons resserrées dans une gorge étroite, et couvertes de *bardeaux* d'un bois de sapin léger et résineux. Ce fut le 27 juillet à deux heures de l'après-midi que commença l'incendie. La flamme excitée par le vent du nord courut en un clin d'œil sur cet amas de toits combustibles, qui s'embrasèrent tous à-la-fois et ne formèrent bientôt plus qu'une voûte de feu sous laquelle on n'osait pénétrer. C'était un spectacle étrange et terrible que celui d'une ville entière brûlant *par-dessus*,

carpées et arrosée par la *Furieuse* dont les sources naissent dans ces montagnes mêmes, n'est remarquable que par les *salines* dont elle tire son origine et son nom. La principale, dite saline royale,

tandis que *par-dessous* le feu épargnait encore le rez-de-chaussée et même le premier étage des maisons. Tout-à-coup la violence de l'incendie devint telle, que tout secours fut inutile; les maisons s'écroulaient par centaines, les voûtes des caves étaient enfoncées, et tous les meubles qu'on y avait entassés brûlaient pêle-mêle avec les maies et les futailles, malgré le jeu continuel des pompes que l'on alimentait à l'aide de *flots de vin*. Des tourbillons de cendres et d'étincelles franchissant les montagnes venaient tomber en pluie de feu sur Arbois, comme s'ils se fussent échappés d'un volcan; des flammèches ont même été portées jusqu'au petit village de Toulouse à une distance de cinq lieues. Les pompes de Salins étaient par malheur en fort mauvais état; celles des villes voisines les ont remplacées. Peu à peu la flamme s'est apaisée, mais les débris ont fumé long-temps. On porte à trois cent trente le nombre des maisons détruites, et la perte à huit millions de francs; trois personnes ont péri, ce qui doit paraître extraordinaire dans un désastre si subit et dans une ville presque sans issue. Une pauvre *servante* a été retrouvée pleine de vie au fond d'une cave où la chute d'un mur l'avait renfermée; là pendant cinq jours, privée de lumière et n'attendant plus que la mort, elle a vécu du pain qui se trouvait par bonheur dans des cerceaux suspendus à la voûte de la cave.

Le notaire *Chappuis*, qui a perdu tout ce qu'il possédait, a sauvé tous les dépôts d'argent qui lui étaient confiés, et qui s'élevaient à des sommes considérables; il a laissé dans le feu une forte somme qui lui appartenait, et tout son mobilier. On cite avec éloge M. Considérant père, professeur de rhétorique au collège de Salins, et l'un des hommes les plus spirituels et les plus modestes du dont M. Bossu est directeur, se trouve au milieu de la grande rue ; c'est une espèce de forteresse longue de deux cent quatre-vingts mètres, entourée d'épaisses murailles, flanquée de tours et couronnée d'une espèce de parapet. Son enceinte renferme

département; il a réuni les jeunes pensionnaires et a sauvé le collège sans le secours des pompes ni des ouvriers : tandis qu'il apportait tous ses soins à préserver un bâtiment qui ne lui appartenait point, il a laissé brûler sa propre *maison* et n'a pas fait un pas pour la secourir.

Le collège, l'hôpital, et une partie des salines, ont été préservées; mais l'église de *Notre-Dame* a été brûlée, et les cloches ont été fondues.

Salins offre un spectacle singulier : comme les maisons se sont écroulées les unes sur les autres, et que la pierre de Salins est fusible, cette ville semble avoir été détruite par un tremblement de terre plutôt que par un incendie. Il ne reste pas un mur debout : les débris entassés inégalement paraissent extraits d'une carrière. Les métaux ont été fondus comme à Corinthe, à Moscou, etc.; on y retrouve la vaisselle d'argent et les bijoux en lingots; mais les voleurs qui couraient de maison en maison pendant l'incendie en ont emporté tout ce qu'ils ont pu. Au milieu de cet horrible désastre, il est doux de pouvoir reposer son esprit sur les actes de bienfaisance qu'il a fait naître.

Des souscriptions ont été ouvertes dans toutes les villes de France; on ne saurait trop louer l'empressement avec lequel les citoyens de toutes les classes y ont apporté le fruit de leurs épargnes ou de leurs travaux. Dieu veuille que les distributeurs de ces sommes sachent répondre aux intentions généreuses de la nation. Au moment où nous écrivons, novembre 1825, le montant de la souscription générale s'élève à plus de *douze cent mille francs.*

les bâtiments destinés aux divers ateliers pour sécher le sel et forger le fer ; mais ce qui est fort curieux dans ce vaste établissement, ce sont les souterrains ; quelques uns ont plus de deux cents mètres de longueur sur vingt de largeur ; ils datent du neuvième ou dixième siècle, et prouvent l'antiquité de la ville. Leur solidité et sur-tout l'élégance de leur construction sont admirables ; on prétend qu'ils dépendaient autrefois d'un vieux château très fortifié, dont on voit encore les vestiges, et qui rappelle celui où Richard Cœur-de-Lion fut détenu : c'est dans ce château que Louis XI, maître de la Bourgogne, assigna à *Salins* la tenue des états-généraux. Cette ville fut prise en 1479 par le sire de Chaumont ; en 1668 par le duc de Luxembourg, et enfin le 22 juin 1674 par La Feuillade ; depuis, le comté de Bourgogne dont elle fait partie a été réuni irrévocablement à la France, par le traité de Nimègue.

Salins possède une bibliothèque, un collége, un hôpital, de belles casernes, et une salle de spectacle.

Non loin de son enceinte est le *mont Poupet* qui surpasse en hauteur tous les monts d'alentour ; il a huit cents mètres de hauteur au-dessus du fond de la gorge où Salins est assise ; ses coteaux tapissés de vignes, de bois et de rochers, font ressortir sa cime. On jouit du haut de cette montagne d'une perspective immense; l'œil plane et embrasse tour-à-tour les Alpes, la fertile plaine de la Bresse, le cours tortueux du Doubs, des vignobles et de riches campagnes : c'est l'un des plateaux les plus majestueux du Jura, c'est un panorama d'un diamètre de plus de vingt lieues.

Au sommet d'une des montagnes qui couronnent Salins sont les ruines de l'ancien fort *Belin* ; sur l'autre s'élève le fort *Saint-André* très bien entretenu et en état de défense. Des vestiges d'anciennes fortifications se rencontrent autour de la ville, et démontrent l'importance qu'on attachait autrefois à la défense de cette gorge, où viennent aboutir plusieurs des grandes routes qui conduisent de l'intérieur de la France en Suisse, en franchissant la barrière des monts escarpés du Jura.

La célèbre saline d'Arc, distante de Salins de quatre lieues, mérite d'être examinée avec soin : elle fut construite en 1777 d'après les dessins et sous la surveillance de l'architecte Ledoux. Elle est située au milieu d'une plaine fertile, et touche à la forêt de Chaux. C'est sans contredit le plus bel établissement de ce genre; cette saline, quoique appartenant au département du Doubs, touche à celui du Jura. Deux files de conduites de vingt-un mille cinq cent trente-cinq mètres de longueur amènent les eaux de Salins à Arc.

Depuis dix ans, à-peu-près, la quantité de sel

vendu a augmenté d'un tiers dans cette saline. Il n'est pas douteux aujourd'hui que les sources d'eau salée qui alimentent l'usine ne soient produites par des infiltrations qui traversent un banc de sel gemme; on doit s'occuper incessamment de faire des recherches [1]; cette nouvelle source de prospérité augmentera sans doute le commerce de la ville, mais rendra inutiles ces belles salines construites à tant de frais!... La ville de Salins était, dit-on, déja célèbre du temps de *Strabon* par les viandes *salées* qu'elle envoyait à Rome.

Après le sel, le vin est la plus grande richesse du pays; on y distingue sur-tout celui appelé *vin des Arsures*. Salins est à cet égard l'entrepôt général des montagnes environnantes; les vins et les eaux-de-vie s'y expédient pour les Vosges, l'Alsace et la Suisse. On y vend aussi beaucoup de cire et de miel; celui des montagnes est très renommé pour la médecine. Les carrières de gypse y sont nombreuses, et leur exploitation est l'objet d'un commerce très productif; quelques carrières à plâtre y sont aussi fort abondantes, et depuis quelques années leurs produits ont plus que triplé par l'emploi considérable que l'on en fait dans la culture des prairies

---

[1] Des recherches ont déja été faites à Vic, dans le département de la Meurthe: la mine de sel gemme a été découverte, et son exploitation commencée a détruit tous les établissements des salines de l'est.

artificielles. On doit cette utile amélioration à M. Brune de *Souvans*, habile agronome, qui, depuis plus de vingt ans occupé à la culture de ses champs, essaie de nouveaux procédés, rectifie les anciennes routines, et enrichit la contrée qu'il habite de ses heureuses innovations : mais on remarque que les bonnes méthodes se sont sur-tout propagées depuis le licenciement de l'armée en 1815, et la rentrée des soldats dans leurs foyers; c'est le fruit des observations qu'ils ont été à même de faire à l'époque glorieuse où l'armée française occupait l'Europe entière.

Le commerce et l'industrie ne sont pas les seuls titres à la célébrité de Salins; cette ville a produit plusieurs hommes distingués, tels que le baron de Lisola, diplomate habile, chargé d'importantes négociations en 1613; Fenouillot de Falbaire, auteur de *l'Honnête Criminel*, de l'opéra des *Deux Avares*, et d'une tragédie appelée les *Jammabos* ou *Prêtres Japonais* : c'est une critique sanglante des jésuites; L'abbé d'Olivet, connu par son *Traité de la Prosodie Française* et la continuation de *l'Histoire de l'Académie Française*, où il fut reçu en 1723. C'était un homme laborieux, bon grammairien, écrivain très lourd et voulant être plaisant. Il prétendait que c'est manquer de respect à l'*Académie*, que d'applaudir aux discours qu'on y prononce, dans les séances publiques. Il n'a personnellement jamais eu de reproches à faire à ses auditeurs;

M. Pertusier, officier supérieur d'artillerie, auteur des *Promenades pittoresques à Constantinople;* M. Béchet, secrétaire perpétuel de l'académie de Besançon, littérateur aussi modeste que recommandable.

En quittant Salins, les généraux Delort et Bachelu me conduisirent à Montigny, chez le général d'artillerie Lepin, un des vétérans de la gloire française. Il est impossible de ne pas être frappé de l'ordre et de la bonne tenue de cette maison; tout s'y exécute avec une précision et une régularité qui rappellent les talents administratifs que le maître a déployés à la tête des arsenaux, dont il dirigea pendant tant d'années les travaux. Le baron Lepin me reçut avec cette cordialité franche que la politesse la plus exquise ne saurait remplacer; nous parcourûmes ses vastes domaines, ou plutôt ceux de son fils, car le général ne se considère que comme le régisseur des biens immenses qui proviennent de la succession de sa femme. A travers toute la grace de son accueil, il m'était facile de démêler sur son mâle visage les traces d'un chagrin que le temps peut adoucir, et ne saurait effacer entièrement.

Après s'être distingué dans toutes nos guerres, et notamment à la grande-armée en 1809, où il remplissait les fonctions de chef d'état major d'artillerie; à *Dantzig*, où il commanda cette arme de

1810 à 1813, il rentra dans ses foyers, et bientôt l'amour vint y semer de fleurs des jours jusque-là consacrés à la gloire: ses nobles qualités inspirèrent un vif et sincère attachement à la fille de M. Caron, l'un des plus riches et des plus estimables maîtres de forges de la province. Les liens de cette union, commencée sous les plus heureux auspices, se rompirent bientôt! Madame Lepin mourut, laissant à son inconsolable époux, un fils, objet de toute ses affections, à l'éducation duquel il a dévoué le reste de sa vie.

« Vous ne quitterez pas ce pays, me dit à son tour le général Lepin, sans visiter l'honorable retraite du comte Morand; vous y trouverez tout ce qui attirait le respect et l'admiration chez les anciens Romains; un brave qui après s'être illustré dans cent combats, après avoir acquis, par ses brillantes vertus civiques, l'opulence, les honneurs et les titres, en a été tout-à-coup dépouillé; une femme, belle, jeune, d'une illustre maison de Pologne, qui a tout quitté, rang, patrie, fortune, pour se dévouer à son noble époux et à ses enfants. » Partons, partons, répondis-je, on n'a pas souvent de ces bonnes fortunes! et je me mis en route sous la conduite et sous la protection de mes trois honorables guides.

Mont-Benoît, séjour du comte Morand, et lieu de sa naissance, est situé sur les bords du *Doubs*, entre Morteau et Pontarlier. Le sol en est aride et sec; il ne produit que des sapins, point de fruits, peu de légumes : tout dans cette sauvage et triste habitation (qui a pris le nom de *Moranval* par respect pour son possesseur), tout, dis-je, rappelle les déserts de la Thébaïde; mais les illustres solitaires qui l'habitent ne s'y livrent pas à une vaine et inutile contemplation; le travail, l'étude, l'agriculture, les soins domestiques, partagent tour-à-tour les moments de cette nombreuse famille. Le général a sept enfants, et consacre à leur éducation, à leur avenir, toutes ses pensées et toutes ses économies. Nouveau Cincinnatus, il cultive lui-même le modeste héritage qu'il tient de ses pères; c'est le seul débris qu'il ait conservé de sa brillante fortune et de ses nombreuses dotations.

C'est au milieu de ses travaux agricoles que nous le trouvâmes!... Son aspect répondit parfaitement à tout ce que m'avaient dit ses trois frères d'armes : c'est un homme très distingué sous tous les rapports. Proscrit, condamné à mort par contumace, il se réfugia en Pologne, où il vécut plusieurs années jusqu'à ce qu'il lui fût permis de rentrer dans sa patrie.

Son ame élevée sut honorer sa disgrace; plein d'esprit et d'instruction, versé dans les sciences exactes, peu d'hommes en France ont fait une étude plus approfondie de l'histoire. Il a voyagé avec fruit, et raconte avec autant de clarté que de grace ce qu'il a bien observé.

Le général Morand a présidé à la construction de la maison qu'il occupe ; elle est modeste, et ne se distingue que par une simplicité plus élégante, des bâtiments d'exploitation qui l'environnent. J'ai passé une journée entière chez le moderne Cincinnatus, et ce jour a laissé des traces profondes dans mon souvenir. Je ne puis penser sans attendrissement à ce couple respectable qui tour-à-tour s'est prodigué les preuves d'un amour si pur et d'un si noble dévouement. Entouré de titres, d'honneurs, comblé de richesses, le comte Morand offrit sa main à la *belle Polonaise*, fille du comte Pâris ; mais le bonheur est indépendant de ces dons fragiles du sort ; il a suivi madame Morand dans la retraite qu'elle embellit de ses vertus. Heureuse épouse, heureuse mère, la tendresse de son époux, les aimables qualités de ses enfants sont pour elle les garants certains de l'avenir. Pourrai-je perdre la mémoire de ce dîner dont elle faisait les honneurs avec tant de charmes, de ces toasts patriotiques portés par ces quatre guerriers, encore dans la force de l'âge ; des jeux de ces jolis enfants dont le folâtre entretien égayait nos anciens souvenirs !...... Le comte Morand voulut bien me faire la description de tous les lieux qui nous entouraient, et que je ne pouvais visiter moi-même. Ses connaissances statistiques, et l'amour qu'il porte à la contrée qui l'a vu naître, animaient ses récits d'un intérêt que j'essaierai en vain de reproduire.

« Le Doubs, nous dit-il, est la principale rivière du département ; son cours est très sinueux, et sa source très abondante. Après avoir formé les lacs de *Remoray* et de *Saint-Point*, il disparaît presque entièrement, auprès de *Remonot*, où l'on voit une église élevée au-dessus d'une grotte naturelle qui lui sert de fondements. La partie la plus remarquable de cette rivière est le *Saut*, à l'extrémité de la jolie vallée de Morteau, sur la frontière de la Suisse. On peut, dans de petites barques, suivre le cours de la rivière jusqu'auprès de la cascade ; l'eau coule lentement dans un lit resserré par des rochers escarpés, dans lesquels on voit de distance en distance des grottes qui forment des échos prolongés. La chute de la rivière est de vingt-cinq mètres : c'est, je crois, la plus haute cascade de France.

« Tous les ans, le second ou le troisième dimanche du mois de juillet, on célèbre une fête charmante auprès de la cascade. *Morteau* se remplit alors d'une foule d'étrangers, et les rochers d'alentour se couvrent de monde ; une foule de barques glissent sur le Doubs ; on voit arriver de larges bateaux plats qui contiennent trente à quarante personnes ; la gaieté la plus vive règne sur ces embarcations ; quelques unes font retentir les rochers du son des instruments qui se répète à l'infini par les échos; des tentes élevées çà et là dans la plaine, dans la vallée, offrent des tables couvertes de rafraîchissements et de mets variés. La source et la vallée de la *Loue* ou *Louve* (Lupa) ne sont pas moins dignes de l'attention du voyageur. J'emprunterai, continua le général, la description de sa source jusqu'à *Cléron*, à l'aimable auteur *d'Yseult de Dôle*[1].

« On prétend que le vallon de la Loue n'était autrefois qu'un grand lac traversé par cette rivière. Le château de *Cadmen* s'élevait sur la rive droite, et celui de Cléron sur la rive gauche. Toutes les nuits le sire de Cadmen allait, nouveau Léandre, voir la dame de Cléron; mais sa témérité fut enfin punie, et l'amoureux chevalier se noya. La châtelaine au désespoir jura de le retrouver mort ou vif; elle fit percer les rochers en toute hâte; les eaux s'écoulèrent, mais on ne retrouva qu'un cadavre au fond de l'abyme. Ce serait dommage, en vérité, que le vallon et les collines, garnis de cerisiers et de pampres, où sont situés les villages de Mouthier, de Mongesoye, et de Maisières, fussent restés couverts par les eaux.

« Qu'on se représente ce que la nature a de plus gracieux et de plus sévère; des bois, des champs, des prés fleuris sous des rochers noirs et sauvages, enfin toute la nudité d'un sol aride, et toute la ri-

---

[1] M. Dusillet, maire actuel de Dôle

chesse d'une terre cultivée ; à droite, des jardins, des vergers, et des vignes ; à gauche, des champs, des prés, des bois, où paissent de nombreux troupeaux. Des deux côtés, une large bande de roches vives, murs solides, immenses, que de vastes forêts couronnent. A travers les détours du vallon, des roches d'aspect et de formes bizarres, telles que la statue du *Moine à genoux*, qui semble prier pour le village de Lod. La plus imposante des ruines que l'on y trouvait naguère était le manoir de Scey; mais quelques pans de murs grisâtres, une tour presque démolie, sont tout ce qui reste de cette grandeur détruite ; on est encore frappé de la hauteur de ces débris, de leur masse, de leur aplomb, et de la dureté de leur ciment indestructible.

« La Loue, resserrée dans un canal étroit, roule avec rapidité ses eaux limpides, où la *truite* et l'*ombre* se plaisent à l'abri des bancs de rochers et des arbrisseaux du rivage.

« Un grand nombre d'usines et de moulins ont été construits sur cette rivière ; sa source est infiniment plus belle que la fontaine de Vaucluse (elle a aussi son Pétrarque pour la chanter). Le Lara sort d'un rocher coupé à pic, creusé en voûte et surmonté d'un bois touffu, pareil à un dais de verdure un peu sombre.

« Figurez-vous un vaste bassin, une large nappe d'eau, un fleuve tout entier qui jaillit, bouillonne, écume, et forme trois cascades sur un amas de blocs de pierres où il se brise avec fracas.

« Pourquoi faut-il que la main des hommes gâte si souvent l'œuvre de la nature ! Des forges bâties trop près de la source la dérobent presque à l'air qui la cherche ; cependant il en résulte quelquefois un bel effet de lumière : quand on ferme la *huche* placée au-devant du bassin, à la hauteur de la première cascade, l'eau qui soudain regorge en innombrables filets d'argent retombe comme une gaze liquide, au travers de laquelle on voit reluire le cristal de la source, et briller l'écume des flots.

« Cette caverne qui vomit une rivière, ces torrents de poussière humide, ces vieux rochers dont mille arbustes ceignent les âpres flancs, cet horizon étroit que blanchit une lumière décolorée, ce bruit continuel des marteaux et de l'onde, le rugissement au fond du gouffre, et le silence sur la montagne, tout ici pénètre l'ame d'admiration et de terreur. »

La précipitation avec laquelle nous nous étions rendus chez le général Morand ne m'avait permis que de jeter un coup d'œil rapide sur Pontarlier ; je ne pouvais m'y arrêter à mon retour, je dus recueillir avec empressement les notions que ces messieurs voulurent bien me communiquer à ce sujet.

Pontarlier est située dans une plaine large et spacieuse, bornée par des collines dont l'ensemble forme un coup d'œil agréable; elle doit son origine à des Bourguignons qui vinrent se fixer dans la Séquanie, vers la fin du cinquième siècle : son voisinage de la Suisse lui procure un commerce considérable en grains, vins, fromages, fers, et cuirs travaillés.

Incendiée en 1330, en 1639, en 1656, 1680, 1736, et 1754, cette ville a été reconstruite assez régulièrement depuis le dernier désastre : les rues sont larges et les maisons bien bâties; elle possède une bibliothèque, un collège, une jolie promenade, de belles forges, des usines, des fourneaux, des martinets pour la fabrique des fusils à canon tordu, et une papeterie.

Pontarlier est la patrie du général du génie Lemichaud d'Arçon, auteur de ces fameuses batteries flottantes employées au siège de Gibraltar; et du célèbre lieutenant-général Michaud, général en chef des troupes françaises en Hollande en 1805.

A quelque distance de Pontarlier, près de *Jougne*, on voit le fameux passage taillé dans le roc par Jules-César, lorsqu'il traversa les Alpes pour se rendre en Allemagne. On y trouve aussi un chemin de communication entre la France et la Suisse.

La fontaine *Ronde* est une curiosité naturelle assez remarquable. Située au bord d'un pré, dont la terre est marécageuse, elle prend sa source dans un endroit rocailleux; ce qu'il y a de singulier, c'est qu'elle consiste en deux bassins circulaires de cinq à six mètres de large; l'un plus haut que l'autre et où l'eau s'élève d'une manière intermittente autour d'une pierre centrale. Ces deux fontaines alimentent un ruisseau par l'effet de leurs croissance et décroissance alternatives qui durent environ cinq minutes : de sorte que l'un des bassins verse l'excédant de son eau, tandis que l'autre qui a versé le sien se remplit pour lui procurer des eaux nouvelles; c'est une balance hydrostatique naturelle très curieuse et qui s'annonce à chaque alternative, par un bruit sourd qui sort de la source; ce singulier effet n'a pas lieu durant la fonte des neiges et au temps des inondations.

Près de la petite ville d'*Ornans*, patrie du célèbre médecin *Tissot*, se voit encore un phénomène intéressant; c'est le puits de *Brême:* d'une extrême profondeur, quand il déborde, il couvre la plaine de ses eaux, rejetant avec elles une multitude de *truites* et d'*ombres* qui vont s'engraisser dans la *Loue*, et y reprendre une nouvelle vie.

On voit encore au village de *Chenecey*, une grotte très curieuse; on assure qu'une quantité de rochers y figurent des hommes ou des animaux, tels qu'en ébauche parfois l'art grossier des sauvages; mais pour arriver au fond de cette cavité il faudrait se traîner long-temps sous une voûte qui n'a pas au-delà de deux pieds d'élévation; après avoir fait à plat-ventre cette route si pénible, on se trouve, dit-on, comme au milieu d'un bâtiment spacieux, que des murs de rochers divisent en plusieurs appartements. Peu de personnes ont eu assez de courage ou de persévérance pour pénétrer jusque-là. Cependant *on dit* encore qu'un de ces savants, qui, à l'exemple de Pline, s'exposent à tous les dangers dans l'intérêt de la science, s'y est traîné avec un flambeau, qu'il a reconnu parfaitement une forêt pétrifiée, et que, pour expliquer ce phénomène, il a fait une hypothèse : il suppose que le ruisseau qui coule au fond de la grotte a miné anciennement la montagne de manière à faire crouler la forêt qui était au-dessus, et que celle-ci, rencontrant sous le rocher des sucs pétrifiants, a été convertie en pierre avec le terrain qu'elle occupait. Avant de discuter ce système de pétrification, ne conviendrait-il pas de s'assurer si la forêt pétrifiée existe ?

« A une lieue de Pontarlier, me dit le général Lepin, vous auriez vu le château fort de Joux, prison d'état. Ce fort, situé à l'extrême frontière, et construit sur un mamelon isolé d'environ deux cents mètres de haut, a trois enceintes entourées de larges fossés, sur lesquels sont jetés trois ponts-levis ; c'est dans la troisième enceinte qu'ont été renfermés *Toussaint-Louverture* et *Mirabeau ;* et dans la seconde, plus récemment, le général ex-ministre de la guerre Dupont, après son affaire de Baylen. Il s'amusait pendant sa captivité à prendre des leçons de tour, du garde du génie de la forteresse. Voici ce qu'on raconte sur la mort de Toussaint-Louverture : « Lorsqu'il fut trouvé expirant, une coupe vide était à ses côtés, une Bible était ouverte devant lui au livre d'*Isaïe*, et sa main défaillante avait tracé ces mots sur la muraille :

« Je meurs empoisonné. »

Les charmes d'un entretien aussi instructif que varié nous avaient conduits bien avant dans la nuit ; en songeant que le lendemain il fallait se séparer, chacun hésitait à se lever de table ; mais sur l'observation que je devais me remettre en route le lendemain matin à six ou sept heures, le maître du logis donna le signal, et, après avoir embrassé les quatre illustres guerriers que je quittais avec tant de peine, après avoir salué la belle et aimable hôtesse dont j'emportais un si doux souvenir, j'allai chercher quelques heures de repos.

Mon voyage du lendemain n'est susceptible d'aucune observation. Un domestique du comte Morand m'accompagne jusqu'à Pontarlier, où je prends la voiture qui doit me conduire à Dôle. J'y arrive vers le soir, par le faubourg de la *Béduque*, espèce d'amphithéâtre que lie à la ville un beau pont en pierres, précédé d'une avenue plantée de superbes peupliers d'Italie. J'entre à Dôle par la porte du pont, démolie il y a environ vingt ans; je prends à gauche la rue du Rempart, pour gagner celle des *Arènes*, où demeure M. Joly, chez lequel je suis attendu.

N° XCVI [1ᵉʳ JUIN 1820.]

DOLE ET LES JÉSUITES.

Arcum Dola dedit patribus; dedit alma sagittam
Gallia: quis funem, quem meruere, dabit?
DABO

Dôle a donné l'Arc aux jésuites; la France leur a donné la Flèche: qui leur donnera la corde qu'ils ont si bien méritée?

Beaucoup de gens à Paris, comme en province, prennent le titre d'*homme de lettres*, avec bien moins de droit que M. Joly, qui ne prend que celui d'imprimeur-libraire. Le savant M. Droz m'avait parlé de cet homme laborieux et modeste avec l'estime qu'il mérite si bien; il m'avait fait voir le petit *Album Franc-Comtois*, journal hebdomadaire et littéraire, publié par ses soins, et consacré uniquement à exciter l'émulation en *Franche-Comté*. On ne saurait trop encourager le zèle désintéressé de ce *Didot* de province, puisque l'influence de sa feuille dans laquelle on recueille fidèlement tous les matériaux qui peuvent servir à l'histoire militaire, civile, et littéraire de ce pays, a déjà surmonté la plus grande partie des obstacles que lui opposait l'apathique insouciance des Comtois, et qu'elle leur a inspiré le goût des sciences, des lettres, et des arts, en leur faisant connaître ceux de leurs compatriotes qui suivent avec distinction ces différentes carrières. Les nombreux articles écrits par M. Joly, dans ce journal, sont lus avec intérêt; le style en est pur et facile : il concourt aussi, comme *éditeur*, à une autre entreprise nationale et non moins utile, celle d'un journal *clinique franc-comtois*, dont l'auteur d'un *Essai* fort estimé, *sur la topographie médicale de la ville de Dôle*, le docteur *Machard*, est le principal rédacteur.

J'avais plusieurs personnes à voir à Dôle; je dirai même qu'un rendez-vous m'avait été assigné par une jeune Parisienne, qui était venue passer quelques semaines dans la famille de son mari, et qui prétendait être seule en état de me donner des détails exacts sur les *mœurs* et *coutumes* du pays; mais je desirais profiter de mon incognito pour visiter les lieux tout à mon aise, et dès le lendemain, mon hôte et moi, nous commençâmes notre investigation.

Dôle est assise sur le revers d'un coteau en partie couvert de vignes, à l'une des extrémités du *Val-d'Amour;* [1] elle domine une plaine qui traverse le

---

[1] On appelle *Val-d'Amour* un charmant vallon que parcourt le Doubs, depuis Saint-Vitt jusqu'à Dôle.

Doubs; en face est la forêt de *Chaux* [1] qui se déroule comme un large mur de verdure, derrière lequel s'élèvent les monts de Salins, ceux du Jura, et plus loin la double cime du *Mont-Blanc* qui brille à l'horizon. Un canal, ouvert par Charles-Quint, amène les eaux du Doubs dans la ville : celles du canal de *Monsieur* [2] en baignent les murs extérieurs. Cette prairie si riante, cette rivière qui, au moyen de deux canaux, semble se replier plusieurs fois sur elle-même et ne s'éloigner qu'à regret, cette immense forêt de Chaux et les montagnes qui la couronnent, le village d'Azans, ses bosquets, sa vieille église, le faubourg de la Bedugue, cette multitude de jardins, de maisons entourées d'arbres, donnent à Dôle, pour parler le langage des poètes, *l'air d'une nymphe au milieu d'un bocage.*

L'intérieur de la ville est loin de répondre au dehors. Ses rues sont pour la plupart sinueuses et inégales. L'architecture des maisons est lourde et irrégulière. Beaucoup de fenêtres sont encore garnies de barreaux à la manière espagnole. La cathédrale dédiée à la Vierge, et le clocher (tour carrée et massive), sont les deux monuments les plus considérables de Dôle. La tour est criblée de coups de

---

[1] La plus grande de France, elle a sept lieues de long sur quatre de large.

[2] Aujourd'hui Charles X.

canon; une moitié fut abattue, pendant le siége de 1636, par le prince de Condé.

L'église à trois nefs est soutenue par deux énormes piliers. Le vaisseau est beaucoup trop élevé pour la largeur de l'édifice; on y remarque un très beau jeu d'orgues exécuté par le célèbre *Piccip*. La sculpture du buffet et les cariatides sont de Michel Desvoge de Gray, fondateur de l'académie de dessin de Dijon.

On voit sur la place, où cette église est bâtie, un bassin de fontaine assez bien sculpté, et que surmonte un piédestal. Ce piédestal supportait la statue en pied de Louis XVI, brisée en 1792. La fontaine et la statue étaient l'ouvrage d'*Attiret*, habile statuaire, né à Dôle, à qui on doit le buste de Voltaire qui se trouve au foyer des Français : cet *Attiret*, cousin de celui qui fut premier peintre de *Kieng-Long*, empereur de la Chine, mourut à l'hôpital!!!

On prétend que Dôle est le *Didatium* de Ptolémée. D'autres soutiennent que cette ville ne date que de l'époque où Frédéric Ier (Barberousse, au douzième siècle) y fit construire un château, sur les débris duquel le corps entier des casernes est bâti. Il ne reste de cette grandeur détruite que des pans de murs qui ont résisté au temps et au marteau, et que l'on voit encore dans le jardin de M. le marquis de Froissard, député du Jura; c'était autour de cet antique château, que s'étaient logés les seigneurs de la cour de Frédéric, auxquels on donnait le nom de Francs-d'Arans (francs d'arènes), parceque du temps des Romains la place des Arènes se trouvait un peu plus bas.

La ville de Dôle a soutenu plusieurs siéges. Elle repoussa, en 1435, le duc de Bourbon, qui s'était emparé de plusieurs autres places. Elle força, en 1477, le sire de Craon à la retraite; mais surprise, en 1479, par d'Amboise, elle fut brûlée et détruite: tous ses habitants avaient péri les armes à la main; on leur éleva, sur la grand'place, une croix monumentale au lieu même où ils avaient été massacrés; et, chaque année, les compagnies de l'Arc et de l'Arquebuse faisaient le tour de cette croix, le jour qu'elles *tiraient l'oiseau*. Cette croix abattue en 1793, a été relevée par la mission de 1820. En creusant les fondations, on a trouvé presque à fleur de terre quelques restes des bourgeois tués le 25 mai 1479. M. Dusillet, maire de Dôle, l'un des fonctionnaires publics actuels les plus distingués sous tous les rapports, a fait recueillir ces précieux ossements, lesquels ont été déposés à la mairie.

Il n'y eut, à l'époque de la destruction de la ville, que trois édifices de conservés: la tour *de Vergy*, l'église des Cordeliers, qui servit d'asile aux femmes, aux enfants, et aux vieillards, et la maison de *Jean Vurry*, trésorier des deux Bourgognes, dans laquelle d'Amboise était logé. Quelques bourgeois se réfugièrent dans une cave, d'où ils firent un feu si vif que l'ennemi ne put les déloger. *Qu'on les laisse pour graine,* dit le vainqueur: et ces braves échappèrent à la mort. Cette cave fut appelée depuis *cave d'enfer.*

Rebâtie et fortifiée par Charles-Quint, Dôle fut encore assiégée en 1636, par le prince de Condé, sous le ministère du cardinal de Richelieu, et contraignit ce prince à lever le siège.

Louis XIV s'en empara en 1668; mais il la rendit à l'Espagne au mois de mai suivant par le traité d'Aix-la-Chapelle. Il la reprit en 1674, et la paix de Nimègue assura Dôle et la Franche-Comté à la France pour jamais.

Dôle avait alors un parlement, une chambre des comptes, une université, une cour des monnaies, un gouvernement, et un couvent de jésuites. C'était le second collége de France célèbre sous le nom de collége de l'*Arc* : celui de la *Flèche* était le premier. J'ai donné pour épigraphe à ce chapitre le distique latin si connu, d'un jeune étudiant nommé *Dabo.* Ce nom de collége de l'Arc, vient d'une arcade qui lie le couvent au bâtiment des classes, et sous laquelle passe la rue. Le trop fameux père *Gérard,* confesseur de *La Cadière,* était né à Dôle et y est enterré.

Les jésuites ignominieusement chassés de France en 1773 y sont rentrés à la restauration, malgré les arrêts, les édits, et les lois, qui les en bannissent à perpétuité; ils ont repris leur ancien collége de l'Arc, où ils ont déja près de trois cents pensionnaires sans compter une classe de théologie qu'ils vont ouvrir pour leurs profès : ce vaste établissement se trouve encore agrandi par de nouvelles acquisitions de terrains contigus. Les jésuites ont de plus un petit séminaire appelé *petit séminaire de l'Arc*: L'église en est bien bâtie, son portail est assez curieux ; l'intérieur est d'un style moderne ; le tableau du fond, représentant le Sauveur avec un cœur rouge sur la tunique, est l'ouvrage de mademoiselle *de Vaulchier* sœur du directeur-général des postes actuel.

Dôle a maintenant une sous-préfecture, un tribunal de première instance, un tribunal de commerce, une justice de paix, et une lieutenance de gendarmerie.

Un officier de cavalerie, avec lequel je m'étais trouvé chez le général Bachelu, m'avait parlé avec le plus vif intérêt des soins donnés aux soldats malades par les sœurs hospitalières de Dôle; il m'avait entretenu des vertus touchantes de la mère Garnier, de l'excellente et modeste sœur Amoudru qui refusa plusieurs fois le titre de supérieure : j'ai pu m'assurer par moi-même, en visitant cet hospice, combien ces éloges étaient mérités ; mais je n'avais pas besoin de cette nouvelle preuve pour me convaincre que les femmes seules, et sur-tout les respectables filles de saint Vincent Depaul [1] ont reçu du ciel toutes les qualités nécessaires au soulagement des pauvres malades. L'illustre et philanthrope Chaptal l'avait si bien senti, qu'il se hâta de les rétablir aussitôt que la tourmente révolutionnaire fut apaisée. Il est pourtant vrai de dire que plusieurs de ces congrégations effraient et repoussent, par leur sévère austérité, les jeunes cœurs assez embrasés du feu de la charité chrétienne, pour y dévouer leur existence. Ici tout porte l'empreinte des plus douces comme des plus immuables vertus.

Le costume des sœurs, bleu de ciel, d'une élégante propreté, repose et distrait l'œil abattu du malade; tout ce qui dépend de l'économie de la sage administration de ces saintes filles, prend une teinte plus riante ; des rideaux de gros calicot, mais d'une blancheur éclatante, ont remplacé les lourdes draperies de laines vertes imprégnées de miasmes morbifiques; deux grandes salles aboutissent à la chapelle qui les séparent ; fraîchement restauré, et décoré tous les jours de fleurs nouvelles, le sanctuaire de la divinité, ne présente aux malades qui l'aperçoivent de leurs lits, que des images gracieuses et qui rendent leurs ames à l'espérance. Le pied ne

---

[1] C'est à tort qu'on écrit toujours saint Vincent de Paul, au lieu de saint Vincent *Depaul* son vrai nom.

se pose qu'à regret sur le parquet admirablement ciré d'une pharmacie tenue avec un ordre, pour ainsi dire, incomparable; mais au-dehors, les bâtiments délabrés et mal entretenus attristent l'œil; ce n'est qu'avec une extrême lésinerie que les fonds sont accordés pour les *entretiens courants ;* les bonnes sœurs n'osent se plaindre, tandis que l'argent se prodigue à d'autres établissements respectables, sans doute, mais d'une moins grande utilité. Je tenais tous ces détails de mon officier de cavalerie, car M. Joly est trop enthousiaste de son pays pour hazarder la plus légère critique: d'ailleurs, témoin oculaire des efforts persévérants de l'estimable maire de Dôle, pour améliorer le sort de ses administrés, il pense, il espère même que tous les abus disparaîtront; et, certes, si jamais un fonctionnaire public a pu donner de telles espérances, c'est l'aimable et spirituel auteur d'*Iseult de Dôle.*

La ville possède encore un hôpital général très bien tenu par des *Ursulines*[1], et dans lequel on donne une instruction gratuite aux filles du peuple. On y élève et on y nourrit aussi quinze jeunes filles et quinze jeunes garçons aux dépens de l'établissement.

Il existe à Dôle un autre hospice où dix-huit or-

---

[1] La loi *fondamentale* qui abolit les corporations religieuses n'est point rapportée.

phelins sont instruits, nourris, habillés gratuitement. On y reçoit aussi des pensionnaires que l'on conduit chaque jour au collége avec les élèves orphelins.

En face de l'école gratuite des frères ignorantins (plus dignes ici de leur titre que par-tout ailleurs), est placée la *salle de concert* dans l'ancien hôtel-de-ville. Cette salle a été décorée par les soins de M. Dusillet, maire actuel, qui y a fait placer des colonnes, et peindre à fresque les neuf muses.

L'école gratuite de dessin, restaurée également par lui, et qui prospère sous la direction de M. Besson professeur, est au-dessus de la salle du concert. Au fond de la cour s'élève la vieille tour carrée, appelée *Tour de Vergy*, dans laquelle sont les prisons de la ville, et plus haut, une salle de bal pour le peuple. Des bals et des cachots! quel révoltant contraste!!!

Les prisons de l'arrondissement sont l'édifice le mieux bâti de la ville. Ce bâtiment, neuf, spacieux et trop élégant pour une prison, était autrefois un hospice du *bon Pasteur*, où l'on déposait les filles de mauvaise vie. Le portail de la chapelle est d'un style presque *grandiose*. Le fronton est soutenu par quatre colonnes d'ordre *ionique;* mais comme le portail est placé dans une rue étroite, on peut à peine juger de son effet.

Je visitai avec mon savant cicérone l'*Hôtel-Dieu*,

vieil édifice dont les salles viennent d'être restaurées. La chapelle, trop élégante, est décorée d'après les dessins d'un temple de l'*Amour* qui se trouve dans les bosquets du petit Trianon. La maison est desservie avec autant d'ordre que de propreté par des religieuses. Enfin, en attendant les *Capucins* qui offrent, à ce qu'il paraît, un assez bon prix de leur ancienne maison, dont on a fait un hôpital pour le traitement des aliénés, il va s'établir un nouveau couvent de *Visitandines* qui tiendront des pensionnaires. *Allons! poussez, mes bons amis de la guimpe et du capuchon!* Le bâtiment ridicule des nouvelles casernes masque les anciennes, et rompt toute l'harmonie des trois autres pavillons. Une chose remarquable, c'est que Dôle, situé au pied du *Mont-Roland*, d'où jaillissent plusieurs belles sources, n'a qu'une seule fontaine, et quelques puits que l'on avait mal à propos fermés, et que l'on va rouvrir. Une machine hydraulique trop faible fournit seule de l'eau à la ville et au régiment de cavalerie qui y tient garnison.

On a découvert dans les environs de Dôle des ruines d'amphithéâtre ou d'arènes, des débris d'aqueducs, et quelques restes de cette voie superbe que les Romains avaient fait construire de Lyon aux rives du Rhin. La femme de l'empereur Barberousse avait conçu une telle affection pour ces lieux, qu'elle voulut y être enterrée, bien qu'elle mourût à *Spire*. Son corps fut déposé en 1157 au village de *Jouhe*, où l'on voit encore sa tombe dans un ancien couvent de Bénédictins fondé par cette princesse.

Dans ce même village de *Jouhe* est une source d'eau minérale froide qui a un léger goût sulfureux, et que l'on dit très bonne pour dissoudre les obtructions.

Sur les bords du canal, à une lieue de Dôle, est situé le village de *Saint-Ylie*, auquel saint *Ylie*, martyr, donna son nom.

Plus bas est le village de *Molay*, patrie de *Jacques de Molay*, dernier grand-maître des Templiers. On y voit encore les débris de son château; c'était le troisième *grand-maître* que le comté de Bourgogne avait fourni à cet ordre si cruellement détruit.

On remarque avec plaisir près de Dôle, *la Forestière*, ou *Foulotière*, jolie fontaine d'une eau claire et limpide, au nord-ouest du Mont-Roland. On voit encore sur ce *mont*, des espèces de pas d'homme, empreints dans le rocher, et que le peuple crédule croit être ceux du fameux paladin.

Près de là est situé le village de *Sampans*, sur la route d'Auxonne; on y trouve des carrières d'une espèce de granit susceptible d'un beau poli.

Sur la colline de *Plumont* (*Mons-Pluti*), qui domine au couchant la ville de Dôle, était un temple dédié à *Plutus*, et qu'on aurait mieux fait de dédier à *Bacchus;* car tout le coteau est tapissé de vignes.

Tous ces détails sur la statistique et sur les antiquités *dôloises* m'ont été donnés par M. P**, bibliothécaire, aux soins duquel m'avait remis M. Joly. Ce jeune homme, admirateur zélé des beaux arts, ne pense, ne respire que pour l'agrandissement de leur domaine dans sa ville natale; il cumule pour les plus modiques appointements, les fonctions de bibliothécaire, de directeur du musée des tableaux et des antiquités, de secrétaire de la mairie; mais, sous ce rapport, ses fonctions lui sont bien douces; il ne parle de M. Dusillet, de cet homme excellent, dont j'ai déja signalé la bonne administration, qu'avec l'attachement le plus dévoué; c'est par ses soins, me dit-il, que se sont formés les établissements que je dirige; notre bibliothèque, placée autrefois dans les bâtiments du collège, et privée de ce local depuis que les pères de la foi en ont pris possession, lui doit encore le *provisoire* qu'elle occupe dans ses bureaux. »

M. Dusillet est né dans une province de peu de ressources sous les rapports littéraires; il s'est formé seul par la lecture des poètes anciens et modernes. Long-temps même la modestie lui a fait méconnaître son talent pour la poésie; il avait quarante ans lorsqu'il s'avisa d'adresser une ode à l'Académie des jeux floraux. Cette ode remporta l'amarante d'or. Trois ans après il fit un poëme sur *la prise de Rome par les Gaulois*, et ce poëme fut couronné à l'Athénée de Niort. Malgré l'éclat de ce début, il n'a plus voulu reparaître dans les lices académiques. Nommé maire de Dôle, en 1816, il s'est exclusivement occupé, depuis cette époque, d'y ranimer le goût des lettres et des arts. Dans ses moments de loisir il a composé, pour ainsi dire, en se jouant, le roman d'*Yseult*, production charmante, où l'on trouve des vers qui rappellent quelquefois la manière de l'*Inimitable*.

J'avais trop de plaisir à entendre l'éloge de ce magistrat homme de lettres, pour interrompre mon jeune promeneur. Il s'interrompit lui-même pour me faire remarquer les vingt-cinq mille volumes dont se compose la bibliothèque, et un fort beau buste de *Diane*, en bronze, trouvé en 1720, entre Dôle et *Tavaux*, village nouvellement incendié. C'est encore à M. P*** que je dois quelques renseignements sur les hommes qui ont illustré Dôle. Il me montra le vieux père du général Bernard, de cet ingénieur militaire si profondément instruit, et qui ne dut son avancement rapide qu'à son savoir, et à son mérite dignement appréciés par Napoléon. Abreuvé de dégoûts sous le ministère du général Dupont, il se décida, à regret, à s'éloigner de la France. Plusieurs souverains étrangers lui proposèrent de brillants avantages, qu'il rejeta tous; il ne voulut prendre du service que pour les États-Unis, avec la promesse de conserver son rang dans l'armée française; disposition qui fait espérer de le revoir un jour consacrer à la patrie, les lumières et l'expérience nouvelles qu'il aura acquises dans ces contrées lointaines. En attendant, la France doit s'honorer de voir un de ses officiers du génie les plus distingués, prendre des mesures aussi savantes qu'efficaces pour fermer aux Anglais l'entrée des fleuves américains; les escadres incendiaires de la Grande-Bretagne ne détruiront plus impunément désormais les édifices publics de la capitale des États-Unis. J'ai salué avec respect l'humble toit où le savant général, après le désastre de Waterloo, déposa ses décorations, et oublia le passé au sein d'une famille pauvre, dont l'obscurité ne le fit point rougir. Il y passa dix mois, s'occupant de travaux utiles, accueillant ses anciens camarades d'étude, même ceux de la classe ouvrière, et inspirant encore avec plus d'autorité, dans les revers, le respect et l'estime qu'il avait acquis dans la prospérité.

« M. P*** me nomma ensuite le lieutenant-général Michel, né à Pointre, arrondissement de Dôle, et qui ne dut qu'à son extrême valeur son brillant avancement;

« Le général *Malet*, dont personne n'ignore la tentative hardie pour renverser le gouvernement impérial, et qui, condamné à mort en 1812, sut mourir comme il avait conspiré, avec tout le sang-froid des anciens républicains;

« Le brillant et brave général *Bachelu*, dont j'ai déja parlé; le général *Pelissard*, mort dans les champs glorieux de Friedland; le maréchal-de-camp *Lachiche*, auteur du fameux projet de canal de jonction du Rhône au Rhin; et enfin le capitaine d'artillerie *Devaux*, qui, après s'être déja signalé dans plusieurs circonstances difficiles et périlleuses, se dévoua au salut de l'armée lors du passage de la Bérézina : ce dernier n'était alors que sergent de pontonniers; mais doué d'une grande force physique et animé sur-tout de cet amour sacré de la patrie qui seul enfante des actions sublimes, ce nouvel Hercule se précipite dans les flots glacés, y plonge jusqu'à la bouche, et parvient à placer vingt-deux chevalets destinés à l'établissement des ponts, qu'il porte sur ses épaules nues, et qu'il fixe dans le fleuve malgré la rapidité de son cours et les glaçons que poussait un vent violent à une température de dix-huit à dix-neuf dégrés au-dessous de zéro;

«Un autre Dôlois non moins brave, l'adjudant du génie *Amoudru*[1], qui par sa présence d'esprit se

---

[1] Louis-Nicolas

sauva des ruines fumantes de Moscou, était auprès de l'intrépide Devaux et partagea ses périls et sa gloire. Le premier a reçu dans l'étoile des braves la seule récompense qu'un guerrier ambitionne ; la modestie du second le rendit moins heureux.

« Je dois vous citer encore, ajouta M. P***, M. *Valdahon*, d'une des grandes familles de la province, major dans la garde-royale ; il est l'inventeur des fusils de rempart, que le gouvernement fait exécuter, dit-on, dans la manufacture d'armes de Maubeuge.

« Dans le civil, je vous signalerai l'ancien ministre de Louis XVI, *Terrier de Montciel*, vieillard vertueux et savant ; il avoit été choisi pour former le cœur et l'esprit du jeune dauphin fils de Louis.

« L'abbé *Jantet*, célèbre et modeste mathématicien, qui refusa de brillants avantages pour consacrer à la province où il naquit ses rares talents pour l'instruction : ce savant abbé, né au bief du Fourg, professa pendant trente-deux ans au collège de Dôle : l'école polytechnique lui doit ses élèves les plus distingués.

« *Joannet*, littérateur et profond métaphysicien.

« *Brun*, savant diplomate.

« *Guyon*, médecin non moins instruit dans les langues que dans son art.

« *Lombard*, chirurgien distingué, mort en 1813

au village de Mont-Magny dans la vallée de Montmorency.

« *Benoît*, ancien secrétaire du duc de *Bassano*, homme érudit et de principes inflexibles.

« *Laumier*, littérateur, auteur de *l'Enfant du jésuite*, et de quelques autres ouvrages estimables.

« *Machera*, bon peintre en miniature, fixé à Lyon.

« *Bouvier*, ancien médecin de la mère de l'empereur Napoléon, et l'un des présidents de la société de médecine; enfin notre docteur *Machard*, homme aussi distingué par ses lumières que par ses idées philantropiques. »

C'était en m'accompagnant dans une de mes excursions autour de la ville que M. P*** me donnait tous ces détails. On ne peut se lasser de parcourir les environs de Dôle; par-tout on rencontre des sites enchanteurs, des eaux limpides, des bouquets de bois, des vergers, des coteaux couverts de vignes, des montagnes arides, des plaines cultivées, et tout cela, animé par des villageoises, grandes, bien faites, d'une physionomie généralement agréable et qui s'embellit encore sous le grand chapeau rond, orné de rubans, costume distinctif des paysannes *franc-comtoises*. Elles portent presque toutes les fardeaux sur la tête, avec une légèreté gracieuse qui met encore mieux en évidence leur taille svelte et généralement élancée.

Une de ces courses nous conduisit jusqu'à la *Vieille-Loye*, sur le bord de la forêt de Chaux, où se trouve une fort belle verrerie, la seule qui existe dans le Jura.

C'est toujours avec un nouveau plaisir que l'on parcourt les charmantes promenades qui embellissent la ville de Dôle; le *cours Saint-Maurice* qui occupe à l'*est* un plateau élevé, de plusieurs arpents d'étendue, est décoré en tous sens de belles allées; c'est à l'extrémité de cette promenade que l'on jouit d'une richesse d'aspect qui fait l'admiration de tous les étrangers, et que la plume essaierait en vain d'esquisser; le *Jardin-Philippe*, presqu'île ombragée de superbes tilleuls et de maronniers, où l'on jouit d'une fraîcheur constante et d'un point de vue très varié.

Enfin le *Pasquier* entouré de toutes parts d'une eau transparente et limpide; ses allées étendues et régulières, ses ombrages frais, ses sites pittoresques et gracieux en feraient un véritable *Élysée*, si l'on pouvait y braver impunément la fraîcheur des matinées et sur-tout l'air humide du soir.

C'est sous ses arbres épais que je rencontrai l'un des hommes les plus estimables de la Franche-Comté, M. *Bouvier*, ancien maire de Dôle, et ancien membre de la chambre des députés, aussi distingué par ses longs services dans les emplois les plus élevés de l'administration et de la magistrature, par sa conduite législative et par son courage politique, que par son dévouement à son pays, et principalement à sa ville natale.

Renfermé comme dans une prison dans l'enceinte étroite de ses vieilles murailles toutes démantelées, de ses portes bastionnées, ce fut pendant l'administration de M. Bouvier, que Dôle vit se préparer et s'exécuter en partie les embellissements dont cette ville jouit, et son étendue presque doublée par l'établissement des beaux faubourgs qui ornent la partie extérieure de cette antique cité.

L'instruction publique relevée, dotée, appropriée à tous les âges, à tous les sexes, à toutes les classes de citoyens : la conservation de tous les biens des riches hospices, ainsi que de tous les établissements de bienfaisance de cette ville, attestent encore aujourd'hui la sollicitude paternelle de ce magistrat pour la prospérité de sa commune.

Je ne tardai pas à m'apercevoir qu'il avait le désir d'être seul. Son abord gracieux, les traits nobles et réguliers de sa belle figure, dissimulaient mal la douleur profonde dans laquelle il semblait tout absorbé. Cet excellent homme n'avait qu'un enfant, une fille dont on n'a oublié à Dôle ni la bonté du caractère, ni les vertus bienfaisantes. On croit assez généralement qu'elle fut plus affectée que son père des disgraces qu'il a essuyées sous un gouvernement pour lequel ils avaient tant souffert l'un et l'autre pendant les orages de la révolution, et que ce fut là une des premières causes de l'altération de sa santé.

M. Bouvier, rentré tout-à-fait dans la vie privée, avec le titre de président honoraire à la cour royale de Besançon, partage tous ses moments entre l'étude et la bienfaisance.

Revenu à la ville, j'aperçus sur l'un et l'autre côté de l'une des rues l'inscription de cet ancien maire. Ici, me dis-je, Dôle s'est aussi honorée en honorant un de ses meilleurs citoyens.

L'atmosphère de cette ville est pure, son climat tempéré; elle offre un séjour agréable à l'homme plus ami des sites ordinaires que des rares beautés et des aspects majestueux de la nature sauvage.

Sous les rapports commerciaux, Dôle a nécessairement perdu depuis le jour où le canal de *Monsieur* est devenu navigable jusqu'à Besançon. Les bateaux qui s'arrêtaient dans la première de ces villes arrivent maintenant dans la seconde, où se font toutes les expéditions un peu importantes. Dôle n'a plus d'autre commerce extérieur que celui des farines qu'elle envoie à Lyon et dans le midi. C'est dans son arrondissement que commence la série des hauts fourneaux de la province; elle en possède dix, dont quatre appartiennent à MM. *Caron* frères, qui les font valoir eux-mêmes.

Le canal de *Monsieur* dont je viens de parler a son embouchure dans la Saône, un peu au-dessus de Saint-Jean-de-Losne, et doit déboucher dans le Rhin à Strasbourg. Il a pour objet de faciliter du côté de ce fleuve le transport des denrées des contrées voisines, que l'on ne peut remonter que très difficilement depuis Strasbourg jusqu'à Bâle. Les départements du midi, du Jura, du Doubs, de la Côte-d'Or, des Haut et Bas-Rhin, y trouveront un grand avantage pour le transport des produits de leur sol et de leur industrie par leur communication avec l'Allemagne et la Suisse.

C'était sous les ombrages du cours Saint-Maurice que je rencontrai l'aimable parisienne qui m'avait promis des détails critiques sur la ville.

« Ici, me dit-elle, l'esprit espagnol domine encore, et semble même depuis quelque temps reprendre de nouvelles forces. Le retour de la superstition est rapide, et depuis quelques années la raison et la saine philosophie déclinent sensiblement. Les dames et les demoiselles d'un certain rang n'oseront bientôt plus paraître aux spectacles, ni même aux bals. Vous a-t-on fait remarquer jusqu'où le peuple, et même la bonne bourgeoisie, porte la déférence envers la vieille caste nobiliaire? Vous a-t-on dit qu'un roturier rencontrant un *noble* dans la rue, eût-il le double de son âge, ne manque jamais de lui céder le haut du pavé. Vous a-t-on dit que les femmes *comme il faut* (il m'en coûte d'accuser les personnes de mon sexe) se montrent surtout avides de cette espèce d'hommage. Sans sortir du lieu où nous sommes, vous voyez ces *trois arbres* au milieu de la grande allée, et vous ne savez pas qu'ils établissent entre les grandes dames et les bourgeoises une ligne de démarcation que celles-ci se hasardent bien rarement à franchir. Pour apprécier toute la force de cette humiliante distinction, il faut observer cette promenade un jour de fête. Deux rangs de beautés y étalent à l'envi une robe nouvelle, une écharpe qu'on n'a pas encore vue, un chapeau fraîchement arrivé par la diligence; ce ne sont pas des officiers, des étrangers, de jeunes étourdis, qui passent et repassent au milieu d'une galerie de femmes, comme sur notre boulevart de Gand. Il n'est pas rare d'y remarquer deux, trois, et même jusqu'à quatre jeunes et jolies personnes se tenant par-dessous le bras, et se promenant parmi ces messieurs, regardées, coudoyées, pressées par eux sans se déconcerter jamais. Je connais des gens qui préfèrent à cette aimable sécurité de l'innocence provinciale, la modeste pudeur des jeunes filles parisiennes qui leur interdit ces promenades dans la foule où l'indiscrétion des regards qui s'attachent sur elles n'est pas la seule qu'elles aient à craindre.

« Pour juger de l'élégance et de la commodité de la salle de spectacle, il suffit de savoir que c'était un ancien magasin à poudre, autour duquel on s'est contenté d'établir deux rangs de loges. La seule observation un peu piquante que j'aie faite à la représentation où j'ai assisté, a eu pour objet le ton singulièrement cavalier des grandes dames dans une loge qui leur est spécialement affectée, et qui fait face à celle des officiers de la garnison. Ces dames causaient tout haut avec ces messieurs, et les bonnes gens du parterre et des galeries avaient soin de baisser la voix pour ne pas couvrir celles de ces nobles dames. »

Je n'avais pu voir que les dehors de l'ancien couvent des *Minimes*, occupé maintenant par les *sœurs de la Retraite*, espèce de *trapistes* couvertes de la tête aux pieds d'une longue robe blanche avec un large capuchon de la même couleur. Elles sont plus de cent, et leur nombre s'accroît tous les jours; elles gardent un silence continuel, et travaillent les unes aux jardins, les autres à des ouvrages de broderie. Leur piété sans doute est respectable ; mais combien je préfère celles de ces femmes généreuses qui se dévouent au service des pauvres avec un zèle, une charité qu'il faut toujours admirer et bénir.

Dôle est la patrie des jésuites. Leur retour fut à peine annoncé, qu'on s'empressa de mettre à leur disposition non seulement les bâtiments du collége, mais encore des fonds considérables. Les professeurs seront expulsés aux vacances, et non seulement ce ne sera qu'avec peine qu'une légère indemnité leur sera accordée, mais encore leurs élèves se permettent d'avance envers eux des allusions, des sarcasmes amers. Cette ingratitude inouïe dans de jeunes cœurs est-elle l'effet de l'arrivée des bons pères, ou est-elle une suite naturelle de la rentrée des jésuites? Telle est leur influence que sous les noms pseudonymes qu'ils ont adoptés ils exercent déja une sorte d'inquisition qui jette l'alarme dans tous les esprits. Déja l'on tient ici registre de ceux *qui font leurs pâques*. Les curés (les plus jeunes sur-tout) sont d'une intolérance extrême; ils ne permettent plus les jeux ni la danse, même les jours de fêtes patronales. Ils affectent dans toutes les provinces un despotisme révoltant; ce sont pour la plupart des paysans des hautes montagnes descendus en sabots dans la plaine; leur imagination s'exalte encore dans les séminaires où la charité les fait admettre assez souvent. Ils en sortent ignares et fanatiques, sans usage, sans expérience comme sans idée du monde; ils outrent tout, maximes et devoirs.

A tout autre égard, les Dôlois rappellent bien leurs héroïques aïeux; les conscrits partent toujours en chantant. Lors de l'invasion autrichienne, une femme, dont les vertus privées seules avaient jusque-là captivé l'estime, se sentit tout-à-coup embrasée du desir de repousser l'audacieux étranger qui osait porter le trouble et l'effroi au sein de la patrie. Nouvelle *Jeanne Hachette*, ses proclamations énergiques appelèrent les habitants des montagnes, et formèrent sous les murs de Dôle un *corps franc* qui ne se dissipa qu'au nom d'un roi français ; aussi courageuse épouse que bonne Française, elle suivit jusqu'à Lyon, à pied ou dans de mauvaises charrettes, son époux prisonnier et accusé d'une erreur peut-être...., mais d'une erreur respectable, puisqu'elle avait sa source dans l'amour que tout homme bien né porte à ses foyers domestiques. En général, le Dôlois est franc, loyal, hospitalier, souvent dupe de l'intrigue ; il dédaigne presque toujours des routes tortueuses. On pourrait peut-être lui reprocher une irrésolution qui dégénère souvent en insouciance ; une jalousie inquiète envers celui de ses concitoyens qui par ses talents obtient quelques succès ; une apathie qui éteint l'émulation, et laisse la ville de Dôle fort en arrière de toutes les cités voisines en tout ce qui a rapport aux sciences, aux lettres, et aux arts.

Je ne voulais pas me rendre directement à *Besançon* ; observateur plutôt que voyageur, j'aime à m'arrêter où je me plais ; j'acceptai donc avec empressement une place dans le cabriolet d'un commis voyageur, qui, en se rendant dans la même ville, devait faire quelques pauses pour ses affaires, ou plutôt pour celles de sa maison.

La première se fit à *Rochefort*, ancien bourg à

une lieue de Dôle, où se trouvait autrefois un château dépendant du domaine, et qui a été le siège d'une prévôté royale. Des souvenirs historiques se rattachent à ce village; il a fourni deux chanceliers à la France; Guillaume de Rochefort en 1483, et Guy en 1497; ils unissaient l'un et l'autre le goût des lettres à celui des armes, et contribuèrent plus qu'aucun de leurs contemporains à la gloire et à la réputation de Charles VIII.

Tout près de ce village, on voit une ferme isolée appelée la *Grange-d'Hébé*. On prétend qu'autrefois il y avoit sur cet emplacement un temple consacré à la déesse de la jeunesse.

Rochefort est la patrie de *Thomassin*, célèbre chirurgien. Non loin de ce lieu, et avant d'arriver à Orchamps on aperçoit encore les traces d'un ancien camp romain.

Ce bourg d'*Orchamps*, à cheval sur la route de Besançon, a des rues bien percées, de bonnes auberges, une fontaine et un pont de pierre sur le Doubs. Son église est du quatorzième siècle. Outre les ruines de son château, on y voit encore une *maison forte*, que d'anciens titres annoncent avoir été bâtie dans le onzième siècle; elle est entourée de larges fossés; elle a un puits creusé dans le roc, au milieu d'une cave aussi vaste que la maison, un pont-levis, des murailles de trente mètres de hauteur et de trois d'épaisseur, dans lesquelles sont pratiqués des meurtrières, des escaliers et des cachots.

Au treizième siècle, les habitants d'Étrepigny s'obligèrent à entretenir la toiture de cette maison forte pour avoir le droit de s'y retirer en cas de péril.

Je passai successivement à *Dampierre* et à *Antorpe*, village limitrophe du département du Doubs, remarquable seulement par le long séjour qu'y fit *Marsollier* de Lyon, auteur de *Nina* et de beaucoup d'autres pièces de théâtre également agréables; et enfin après avoir traversé *Saint-Vitt* sans nous y arrêter, nous arrivâmes à Besançon. Ce n'est pour ainsi dire qu'au moment de traverser le premier pont-levis que l'on découvre cette ville de guerre que tout l'art de *Vauban* n'a pu rendre *forte*, parcequ'elle est dominée ainsi que sa citadelle, par les montagnes de *Chaudanne* et de *Brégille* sur lesquelles on a construit quelques ouvrages destinés à en défendre les approches.

N° XCVII [8 juin 1820.]

LES COMMIS VOYAGEURS.

> Un homme qui avait passé sa vie à voyager répondit à ceux qui lui reprochaient son humeur ambulatoire : « J'attends, pour me fixer dans quelque ville, que j'en trouve une où la puissance et le crédit soient entre les mains des honnêtes gens. »
>
> Marivaux

Mon compagnon de voyage ne m'aurait pas permis de loger, à Besançon, ailleurs qu'à l'*hôtel national* chez madame Vincent, surnommée la *mère des voyageurs*, cette dame qui a mérité ce titre par des traits de bienfaisance et de générosité sans nombre [1]. Sa maison est le rendez-vous des commis voyageurs que le voisinage de l'Allemagne, de la Suisse, et de l'Italie attire dans cette ville.

Ma qualité d'ermite voyageur me valut de la part de madame Vincent les témoignages d'une bien-

[1] Lors de l'incendie de Salins, madame Vincent s'empressa de faire un don considérable qui fut aussitôt suivi de l'offrande de chaque voyageur : ce fut elle qui donna l'impulsion à la ville.

veillance toute particulière; à l'heure du dîner elle voulut me présenter elle-même à la table d'hôte, où se trouvait ce jour-là réuni ce qu'elle appelait l'élite de sa famille. « Mes enfants, leur dit-elle en me conduisant à la meilleure place, je vous recommande l'Ermite de la Chaussée-d'Antin; faites en sorte qu'il garde la mémoire du repas qu'il va prendre avec vous, et tout en lui faisant de votre mieux les honneurs de la table, prouvez-lui, quoi qu'en disent les mauvaises langues, que la tempérance même est au nombre des bonnes qualités qui vous distinguent. » Cette petite harangue ne fut point infructueuse, et je me vis l'objet des prévenances et des soins les plus affectueux de la part de tous les convives.

Le dîner, sur lequel mon appétit attira d'abord mon attention, présentait presque toutes les richesses gastronomiques de la contrée: la truite et l'anguille de la *Loue*, la carpe et le brochet du *Doubs*, les volailles de la *Bresse*, petites mais délicates, les langues fourrées si renommées dans le pays, d'excellent fromage de *Gruyère*, le tout arrosé du joli vin d'Arbois et de l'Étoile. Une gaieté un peu bruyante ne tarda pas d'animer l'entretien; les bons mots, les plaisanteries, les anecdotes, se succédaient avec une incroyable rapidité. Une observation que je hasardai sur les plaisirs et sur les inconvénients de l'espèce de vie nomade à laquelle ces messieurs semblaient s'être voués, amena la conversation sur le terrain où je cherchais à l'attirer. Un homme d'une quarantaine d'années, dont l'accent gascon trahissait l'origine, essaya de prouver qu'un commis voyageur était l'homme du monde le plus libre, et partant le plus heureux, et qu'il ne changerait de position sociale avec aucun roi de la terre.

« Je suis fâché de le dire en votre présence (interrompit en s'adressant à moi un beau jeune homme qui voyageait pour le compte d'une des premières maisons de commerce de Rouen); mais un bon commis voyageur l'emportera toujours sur le meilleur peintre de mœurs. De quel talent d'observation n'a-t-il pas besoin d'être doué celui qui passe sa vie à traiter avec tous les amours-propres, avec tous les intérêts; celui qui n'a que quelques heures pour inspirer la plus grande confiance à l'homme qu'il n'a jamais vu, qu'il ne reverra probablement jamais! Quels soins ne doit-il pas prendre, quel art ne doit-il pas employer pour étudier les différents caractères de ses correspondants! Il rit avec ceux qui rient; il s'afflige avec ceux qui pleurent; il quitte une maison où il gémissait sur la dureté des temps actuels pour entrer dans une autre où il ne tarira pas en éloge sur l'état de prospérité où nous vivons. Tour-à-tour libéral, ministériel, ultrà même dans l'occasion, il est toujours du parti du marchand qui lui fait des *commandes*; il a toujours en poche quelques aunes de rubans nouveaux pour la maîtresse du magasin, quelques cornets de bonbons pour les enfants, quelques gimblettes pour le petit chien ou pour le perroquet. »

« Notre confrère, reprit le commerçant avec qui j'avais fait le voyage de Dôle à Besançon, vous a fait le portrait du commis voyageur politique, et moi, ajouta-t-il en m'indiquant un petit vieillard vivace, dont l'air malin et le sourire un peu sardonique avaient déjà fixé mon attention, je vous présente le doyen et le modèle des commis voyageurs philosophes. » Les explications qui furent la suite de cette remarque me firent en effet connaître un des caractères les plus originaux que j'aie encore rencontrés.

M. François Courier, que je crois parent du plus spirituel de nos hellénistes [1], est un vrai cosmopolite dans toute la force du terme. Depuis quarante ans qu'il voyage pour le commerce, il n'a pas séjourné huit jours dans la même ville; et ce qu'il y a de tout-à-fait particulier dans son histoire, c'est que depuis plusieurs années il n'a d'autre chambre à coucher que la voiture qu'il s'est fait construire, et que j'ai moi-même habitée plusieurs

---

[1] Paul-Louis Courier, assassiné le 17 avril 1825, à quelques pas de son habitation, près de Tours, sans qu'on ait encore découvert les auteurs d'un crime qui a donné lieu à des soupçons de toute nature.

jours avec lui. Il a réuni dans cette habitation ambulante tous les agréments et toutes les commodités de la vie. C'est tour-à-tour une chambre à coucher, un salon, ou un boudoir: on y trouve une petite bibliothèque de classiques, édition in-32, où l'on a ménagé la place du Voltaire en un volume; derrière les coussins d'un autre panneau, une espèce de musée entièrement composé de miniatures représentant de jolies têtes de femmes dont les différents caractères m'ont semblé appartenir aux diverses provinces de France.

On peut croire qu'entre ce singulier personnage et moi la connaissance une fois faite devint presque aussitôt intime. « Je savais bien, me dit-il en me versant un verre d'eau-de-vie de cerise (production du pays), que nous finirions par nous rencontrer : je sais votre histoire ; en deux mots voici la mienne. Il y a si long-temps que je *roule* que j'ai fini par gagner une soixantaine d'années en me promenant, et cette vie errante est devenue pour moi un besoin si pressant, qu'il me serait désormais impossible d'y renoncer. L'hiver et ses frimas, l'automne et ses brouillards, l'été et ses orages, rien ne m'arrête, et me voilà sûr de mourir sur la grand'route. C'est la cinquante-septième fois que je me trouve ici, et la cinquième génération de commis voyageurs avec laquelle je m'assieds à cette table. »

« Vénérable doyen (interrompit un des convives,

que j'avais d'abord pris pour le maître du logis, en le voyant donner des ordres et assigner, en tutoyant tous les domestiques, tel ou tel appartement aux voyageurs dont on annonçait l'arrivée); cher doyen, vous ne vous apercevez pas que nous voilà au dessert, et que vous nous devez une de ces anecdotes, dont votre mémoire est si bien fournie, et que vous vous êtes engagé à nous raconter avant de sortir de table. » Le *vénérable* acquitta sa promesse en racontant de la manière la plus piquante une scène que les jésuites de Rome avaient mise en action vingt ans avant que Regnard songeât à la mettre au théâtre, sous le titre du *Légataire :* si je ne cède pas au plaisir de raconter à mon tour cette aventure à mes lecteurs, c'est qu'elle se trouve imprimée dans le Répertoire général du Théâtre-Français, dont l'éditeur l'emprunte à Fenouillot de Falbaire, qui l'a placée dans les notes qu'il met à la suite de sa tragédie *des Jammabos.*

Le lendemain M. Courier voulut être mon guide, et je commençai mes courses dans la ville. Besançon est bien bâtie; ses rues sont larges et commodes. On y trouve plusieurs hôtels construits avec goût, tels que ceux du marquis de Santans, député, et maire de la ville; de M. de Valais, et de M. Droz, conseiller à la cour royale, etc., etc. La préfecture, le palais de justice, l'hôtel-dieu avec sa superbe grille de fer, les casernes, etc., sont encore des édifices très remarquables. Le *Doubs* traverse la ville, et le pont qui lie les deux quais, vieux et lourd, mais solide, est l'ouvrage des Romains.

Je montai le vaste perron de l'église de la Madeleine, dans laquelle on entre par trois larges portes au-dessus desquelles on a placé trois grands cartouches où on lit en grosses lettres : *Vivent les missionnaires et leur zèle apostolique; les habitants de Besançon à J. C. pour toujours.* L'architecture de cette église, bâtie dans le goût moderne, est assez élégante; j'admirai sur-tout la tribune qui soutient les orgues; son exécution hardie la fait paraître comme suspendue en l'air.

Le portail de l'église de Saint-Pierre est soutenu par six colonnes, dont la sculpture n'est point achevée. Cette église, nouvellement construite, est de ce style maniéré que les artistes appellent *rococo*. L'intérieur ressemble à une décoration de théâtre; on y remarque un *Christ sur les genoux de sa mère*, groupe en pierre de *Lebreton*, statuaire de Besançon, qui a joui de quelque célébrité. En face de cette église est une fontaine que décorait, avant la révolution, une statue en bronze de Charles-Quint, exécutée par *Claude Cheolier*.

Je montai la grande rue en laissant à ma droite les vastes magasins de M. Marquiset, l'un des négociants les plus recommandables de la ville. Sa maison, ci-devant le couvent des Grands-Carmes, sert d'entrepôt à une énorme quantité de marchandises qu'amènent à Besançon le canal de *Monsieur* et les *rouliers* du commerce. Un peu plus loin se trouve le palais *Grandvelle*, édifice gothique orné d'un préau pareil à ceux des cloîtres; à gauche, dans une rue étroite, masquée par la chétive église de Saint-Maurice, s'élève la bibliothèque publique, composée de soixante mille volumes : cette superbe collection est confiée aux soins de l'infatigable et modeste *Weiss*, né à Besançon, et l'un des plus savants bibliographes de l'Europe. Je ne pus me refuser au plaisir d'aller saluer le plus simple, le plus confiant, le plus désintéressé des hommes, chez lequel les qualités du cœur l'emportent encore sur celles du savoir et de l'esprit.

La salle qui renferme la bibliothèque est spacieuse, et décorée du buste en marbre du poète *Mairet*, né dans cette ville; des bustes en plâtre de l'historien *Chifflet*, du docteur *Percy*, de *Dunod*, jurisconsulte, de *Desvoges*, dessinateur célèbre, etc., tous Francs-Comtois. On achève un bâtiment où sera déposée la riche collection de livres, de dessins et de bustes antiques, léguée à la ville par M. Pâris, architecte distingué.

Je me dirigeai ensuite vers la place Saint-Jean; on venait d'y placer un calvaire du plus mauvais goût : ce calvaire est construit près des ruines d'un arc de triomphe vulgairement appelé *Porte-Noire*, élevé jadis en l'honneur de *Crispus*, ce malheureux fils de Constantin, qui périt comme le fils de Thésée, victime de la passion dédaignée d'une belle-mère. Après avoir passé une partie de sa jeunesse à Besançon, il se signala par une victoire sur les Germains. Pour soutenir cet *arc de triomphe* qui menaçait ruine, on s'était avisé d'en remplir tous les vides avec une maçonnerie lourde et grossière : on avait même élevé au-dessus, en forme de tour, des murailles qui en dissimulaient les vraies proportions. On vient enfin de dégager l'arc de *Crispus* et non d'*Aurélien* comme on l'avait cru long-temps ; cet arc triomphal, quoique dégradé, conserve encore un air de majesté qui rappelle le peuple *roi*. Pour peu que le monument qu'on se propose d'élever en cet endroit à la mémoire de Pichegru soit d'un aussi mauvais goût que le calvaire, on pourra, en le comparant à celui de Crispus, savoir au juste de combien les arts ont reculé dans cette ville depuis plus de vingt siècles. Je passai sous cet arc, et j'entrai dans l'église cathédrale de Saint-Jean. Le *style* de ce monument tient de l'arabe et du gothique ; on y remarque deux maîtres autels : et vis-à-vis du siège de l'archevêque, le buste en marbre de *Pie VI*, par Pizami, une belle résurrection de *Carle Vanloo*, et deux anges adorateurs, en marbre, par *Lebreton*, excitent l'admiration des connaisseurs.

De là je montai à la citadelle, qui, malgré sa hauteur, est, comme je l'ai déja dit, dominée de toutes parts. Sa construction a coûté si cher que Louis XIV demandait un jour si les murs en *étaient d'or;* ses cours, ses ponts-levis, ses murs épais et taillés souvent dans le roc, inspirent une espèce de terreur, qui s'augmente encore en passant sous les voûtes sombres ou sont placés les cachots: les escaliers supérieurs chancellent sous le pied; mais on oublie bientôt ce danger, et les tristes lieux qu'on vient de parcourir, lorsque, parvenu au haut de la citadelle, on découvre la ville, les plaines, les montagnes, et cette riante promenade de *Chamars*, l'une des plus agréables de France, et que le monument de Pichegru, s'il y est érigé, n'embellira pas.

J'allai voir le cabinet d'histoire naturelle, confié à M. Gevril, naturaliste aussi modeste que savant. On y trouve une belle collection d'oiseaux du pays et des climats étrangers, des marbres de toute espèce et une multitude d'objets curieux. Ce cabinet est placé dans une des salles de l'Université. C'est là aussi que la société académique de Besançon tient ses séances particulières; M. Béchet, de Salins, homme très instruit, en est le secrétaire perpétuel.

En face de l'Université se trouve la nouvelle salle

de spectacle, bâtiment isolé, dont six colonnes d'ordre dorique soutiennent le frontispice. L'intérieur de la salle est spacieux, bien décoré, d'une forme demi-circulaire; mais la construction en est vicieuse, et les règles de l'acoustique mal observées.

Je m'arrêtai au collége royal, édifice vaste et d'une belle architecture; les cours, les dortoirs, les classes, les jardins, sont immenses. Le nombre des élèves de ce collége diminue, depuis sur-tout que les jésuites sont établis à Dôle.

Besançon possède encore un arsenal, et plusieurs établissements religieux consacrés à l'éducation ou au service des malades et des pauvres. Capitale de la Franche-Comté, et chef-lieu du département du Doubs, où l'on trouve des usines considérables, et sept hauts fourneaux, cette ville est devenue une place de commerce importante. Le canal de *Monsieur*, qui arrive maintenant sous ses murs, lui a donné une activité industrielle qu'elle n'avait jamais eue. Il s'y fait un commerce considérable en armes blanches et à feu, en tissus de laine et de soie, en chapeaux et en bonneterie, en cuirs, et sur-tout en objets d'horlogerie et de mercerie.

La fabrique d'horlogerie emploie dans l'état actuel deux mille ouvriers au moins, et fait vivre près de cinq mille personnes du produit de ce travail. Les deux tiers de ces familles professent le culte réformé de la confession de Genève; elles ont un temple particulier, et vivent en bonne intelligence avec les catholiques de la ville. Le nombre des montres fabriquées annuellement s'élève à plus de soixante mille. On conçoit l'activité que donne à une ville un établissement de cette nature, et combien il est important de le conserver.

Le quartier populeux que le *Doubs* sépare de la ville est presque entièrement habité par des artisans; les faubourgs et les environs, par des vignerons, qui forment une classe nombreuse, laquelle jouit d'une assez grande considération. On les appelle *Bousbots* : ils forment une espèce de confrérie qui se montrait jadis en manteau à l'espagnole le jour de la fête de saint Vérin. A Noël ils établissaient des crèches qui servaient de *fond* à une espèce de jeu de marionnettes assez singulier. Maître *Barbizi* en était le personnage obligé; c'était lui qui conduisait à la *crèche* des *personnages* pris dans les différentes classes de la société. Chaque *personnage* était introduit avec des couplets satiriques, composés par une famille de *bousbots* renommée pour son talent dans ce genre de poésie. Sous le régime impérial les *bousbots* s'avisèrent un jour de conduire à la *crèche* un *personnage* représentant M. le préfet, celui-ci trouva la farce *mauvaise*, et fit supprimer cet amusement pendant sa gestion administrative.

« Besançon, me dit M. Courier, avait pris le nom de *Chrysopolis* (ville d'or). On croyait que ce nom provenait des paillettes d'or que le *Doubs*, nouveau Pactole, roulait dans ses flots, sur-tout près du petit bourg d'Orchamps qu'il côtoie à deux lieues de *Dôle*, et dont nous avons déja parlé; mais il est plus probable que Besançon s'appelait *Crispopolis*, et par corruption *Crispolis*, du nom du fils de Constantin. Si l'on en croit un historien moderne, « tout ce qui avoisine cette ville respire un parfum de mythologie grecque. *Chamars* était *Campus Martis*; *Chaudane*, *Collis Dianæ*; *Chamblon*, *Campus Bellonis*; le *Champ forgeron*, *Campus Vulcani*; *Montarmot*, *Mons Termini*; *Port-Jean*, *Portus Jani*; *Champ-Vachot*, *Campus Bacchi*; *Mont-Jouot*, *Mons Jovis*, etc.... Dans Besançon même, la rue *du Châteur*, où se faisait un grand commerce de chevaux, attribue sa dédicace aux frères Castor et Pollux. »

« Besançon a donné le jour à plusieurs hommes célèbres dans les sciences, dans les lettres, et dans la carrière militaire; le poète *Mairet*; l'abbé *Millot*, de l'académie française, historien et littérateur; *Suard*, secrétaire perpétuel de l'académie, obligé dans sa jeunesse d'abandonner sa ville natale après y avoir fait de bonnes études, pour avoir figuré comme témoin dans un duel entre un de ses camarades et un officier de la garnison, parent d'un ministre; *Acton*, qui de fils de médecin devint premier ministre du roi de Naples, et favori du roi Ferdinand 1er; *Blavet*, musicien et compositeur célèbre;

Perrenot, connu sous le nom du cardinal *de Granvelle*, habile négociateur et chancelier de Philippe II, roi d'Espagne (le jardin de son hôtel encore existant est converti en une promenade publique sous le nom de *Granvelle*); le jésuite *Nonotte*, si burlesquement immortalisé par Voltaire; le savant et respectable Droz[1], connu par ses ouvrages sur la philosophie morale; *Charles Nodier*, littérateur d'une profonde instruction, d'une imagination féconde et brillante, dont il est à regretter que le goût et la philosophie n'aient pas toujours guidé la plume; *Prud'hon*, l'un des peintres les plus célèbres de l'école française; *Victor Hugo*, poète romancier; *Baron d'Alarde*, dit *Francis*, l'un de nos vaudevillistes les plus féconds et les plus spirituels; *Jacques Ordinaire*, ancien recteur de l'université et de l'académie de cette ville, maintenant à la tête de l'institution Morin, à Paris, où il fait les plus heureuses applications d'un système perfectionné d'enseignement mutuel; enfin M. *de Chifflet*, président à la cour royale et membre de la chambre des députés.

« Ce député possède un monument précieux; c'est un taureau de bronze à trois cornes, découvert en 1756 à Avrigny, et acheté par le duc de Choiseul, ancien archevêque de Besançon, qui le fit graver.

---

[1] Reçu à l'académie française le 7 juillet 1825.

« La gloire militaire ne brille pas à Besançon d'un éclat moins vif. Le maréchal Moncey, duc de Conégliano, pair de France, et doyen des généraux de la province[1]; l'intrépide et irréprochable lieutenant-général Pajol; le premier inspecteur général d'artillerie, comte et pair *Ruty;* les généraux Préval, Donzelot, Rome, Baudrand, etc., sont nés dans le département du Doubs, ainsi que le colonel Oudet, tué à Wagram dans une embuscade avec vingt-deux officiers de son régiment.

« La sœur Biget, connue sous le nom de sœur *Marthe*, qui, par ses soins maternels et son affection pour les soldats, a acquis une si honorable célébrité, appartient à tant de titres à la capitale de la Franche-Comté, où elle termina ses jours, qu'on peut la considérer comme *naturalisée* dans ses murs.

« Ce fut dans Besançon, en 1157, que deux légats étant venus se plaindre à Frédéric Barberousse d'une insulte faite à l'archevêque de Landau, s'exprimèrent d'une manière si insolente au milieu de la diète, qu'Othon de Bavière faillit en tuer un avec l'épée impériale qu'il portait.

« C'est encore dans cette ville que mourut et fut enterré, sous l'habit de cordelier, *Jacques de Bour-*

---

[1] Il est possesseur d'une usine considérable à *Moncey*; il y a fait appliquer fort heureusement les méthodes anglaises à la fabrication du fer en cercle et en barre.

bon, époux de la fameuse *Jeanne* de Naples. Son fils *Claude d'Aix*, aussi cordelier, fut inhumé à Dôle. »

Nous avions parcouru la ville en voyageurs un peu sauvages; le lendemain j'ai fait seul une visite à l'un de ses habitants les plus aimables. La rue de Glaine m'avait rappelé la demeure de M. Forie Devienne, ancien directeur des douanes, dont l'esprit, malgré son âge avancé, n'a rien perdu des graces et de la vivacité de la jeunesse. Après des reproches bien mérités sur ma *sauvagerie*, l'aimable vieillard m'assura qu'il ne m'aurait pas pardonné, et que je ne me serais pas pardonné à moi-même, si je n'avais pas assisté au concert de la *Sainte-Cécile*, qui devait avoir lieu chez lui ce soir-là même. En attendant je visitai son magnifique jardin, dessiné par le célèbre *Morel*, graveur, né à Besançon. Ce jardin a la forme des prés-bois du Jura.

Tout chez mon second hôte respire l'aisance et le bon ton. Riche célibataire, M. Devienne fait un noble usage de sa fortune; ami de *Garat* et de *Chérubini*, il est lui-même un habile compositeur. On a de lui plusieurs *œuvres* d'un bel effet. Les connaisseurs estiment son *Pater*, composition large et savante, pleine d'harmonie et de sentiment, et sur-tout son oraison dominicale, espèce d'*Oratorio*.

On m'avait promis de belle et bonne musique; on m'a tenu parole; à défaut de madame la comtesse

Merlin, il faut avoir entendu madame Chabert, femme du général commandant la place, pour se faire une idée du charme de la voix humaine et de toute la puissance de la musique; elle accompagnait une jeune et jolie personne dont le père et l'oncle sont également recommandables comme savants et comme hommes publics; je veux parler de mademoiselle *Adèle B**** que j'avais eu l'honneur de rencontrer à Paris.

M. Devienne avait réuni dans cette soirée tout ce que Besançon possède d'amateurs de musique, et certes j'étais loin de m'attendre à trouver dans une ville de province du troisième ordre un cercle aussi distingué sous tous les rapports. Le bon choix des morceaux, le talent des exécutants, l'attention de l'auditoire, tout contribuait au charme de ce concert auquel assistaient près de trois cents personnes réunies par la passion de la musique.

Après le concert, on forma des contre-danses dans les autres salons : les curieux, et je fus de ce nombre, s'approchèrent d'une fort belle optique, peinte par Noël, et représentant des marines, des incendies, des sujets terribles ou gracieux, avec une vérité, une force, un ton de couleur admirables.

Je parvins auprès de l'aimable *Adèle*, et, tout en lui rappelant les bons amis, les bons parents qu'elle avait laissés dans la capitale, je lui donnai l'occasion de me parler des *Bizontins*. « Je ne puis être pour eux un juge impartial, me dit-elle; leur affection, leur indulgence pour les faibles talents que j'ai cultivés sous leurs yeux, méritent toute ma reconnaissance; mais vous voyez combien ils sont avides de grandes réunions; ils y portent un ton parfait, des manières nobles, mais un sang-froid et une immobilité qui étonnent les étrangers. Toujours sur la réserve, et assurés de se suffire entre eux, leur accueil est glacé; ils ne se livrent qu'après un long et pénible examen; mais s'ils reconnaissent en vous les qualités qui ont droit à leur estime, et la solidité qui les caractérise, vous faites aussitôt partie de cette nombreuse famille, qui vous donnera dans l'occasion des preuves d'intérêt, de confiance, et même de dévouement. »

M. Devienne me présenta deux hommes également estimables, malheureux, et ignorés, et tous deux dignes d'un meilleur sort; l'un est un sculpteur estimé et protégé de M. *Bozio* (Clessinger), l'autre un naturaliste, Gevril, déja cité: tous deux entourés d'une nombreuse famille, et presque sans ressources pécuniaires, consacrent leurs travaux à enrichir le cabinet d'histoire naturelle, à orner de belles statues les édifices publics presque sans rétribution, par zèle et par amour pour un pays qui ne leur offre pas le plus léger dédommagement de tous les avantages qu'ils refusent ailleurs.

Pendant une semaine presque entière que je passai

à Besançon, je voulus visiter les environs de cette ville que M. Devienne avait particulièrement recommandée à mon attention.

Je me rendis d'abord à la *glacière naturelle* de la commune de *Passavant*, près de *Beaume-les-Dames*.

Au centre d'un petit bois, deux rochers, laissant entre eux une vaste ouverture, forment une avenue sauvage où il faut entrer, parcequ'elle semble présager une merveille. On s'avance, et par une pente fort rapide on est conduit à une caverne dont l'œil mesure l'entrée, large de vingt mètres et haute d'environ vingt-six. Avant d'y descendre, on s'arrête à considérer deux bancs rocailleux qui s'avancent en saillie, et que recouvrent des arbres et des arbustes d'un assez beau feuillage : c'est un double entablement que la nature semble avoir ménagé à dessein pour entretenir la fraîcheur de la glacière. Une ouverture se présente encore à l'entrée, à droite, en forme de baie de croisée, et à demi murée ; elle conduit à des cavités qui, dans les anciennes guerres, servaient d'asile aux femmes et aux enfants ; on y a trouvé des fragments de poutres et de meubles attestant le séjour des familles fugitives au sein de ces retraites qu'elles disputaient sans doute aux bêtes féroces. Quand on a franchi le seuil de la grotte, elle prend en s'élargissant la forme d'un ovale, et le sol s'abaisse à soixante-douze mètres au-dessous du rocher qui le couvre. L'œil alors se repose dans tout l'intérieur sur des milliers de stalactites de glace, formées par la pénétration de l'eau qui se congèle à l'intrados de la voûte avant de tomber, ou qui tombe et se change au fond en une masse éclatante de cristaux. Le milieu de la voûte est la partie la mieux décorée; rien n'est beau comme cette foule de petites pyramides renversées et suspendues, paraissant vouloir se joindre à celles qui s'élèvent du dessous, souvent à une assez grande hauteur. A droite est une ouverture étroite, mais profonde, dont les bords glacés laissent sans cesse découler des gouttes d'eau qui forment au fond de la grotte un énorme banc de congélations; on dirait une petite glacière, forcée de payer éternellement tribut à la grande; néanmoins toutes les eaux ne se convertissent pas en glace; mais les filtrations ont creusé deux bassins de trois mètres de diamètre, où repose l'eau la plus limpide.

Depuis 1723 l'aspect de cette grotte a éprouvé de notables changements; sa température était autrefois de plusieurs degrés au-dessous de zéro, et elle est devenue plus douce par la destruction des plus beaux arbres qui en couvraient l'entrée; mais quoique la masse des glaçons ait diminué, et qu'il y ait lieu de croire qu'ils finiront un jour par disparaître entièrement, il est toujours vrai que la glacière n'a subi aucun changement quant au phénomène qui la caractérise.

Outre cette glacière naturelle, il y en a trois autres dans le département; l'une dans la commune de *Luisans;* la seconde sur la montagne de *Sainte-Radegonde*, auprès de l'*Arc;* et la troisième sur le territoire de *Pierre-Fontaine*, près la Grange-au-Roi.

Les dames de Beaume ne me pardonneraient pas si j'oubliais de faire mention des excellentes *pâtes de coing* fabriquées par leurs jolies mains, et qui rivalisent par leur délicatesse avec les *pâtes d'abricot* tant recherchées, de *Clermont-Ferrand* en Auvergne. Les demoiselles principalement excellent dans cette partie de l'art du confiseur ; elles passent les soirées d'automne, et même d'hiver, à préparer ces douceurs, qu'elles envoient ensuite à leurs connaissances de toutes les parties de la France ; car leur travail est presque toujours désintéressé.

Je ne voulais pas quitter cette petite ville sans aller voir le bon M. J***, que son obésité remarquable et la place qu'il occupe n'empêchent pas d'être l'homme le plus obligeant du monde.

J'ai puisé dans son entretien quelques observations sur le caractère des habitants. En général, les Beaumois se livrent trop au plaisir de la table, ce qui dépare en eux un goût sincère pour l'agriculture; ils savent toutefois arracher à leur sol, souvent ingrat, des récoltes abondantes, par leur zèle intelligent à interroger sa nature, à prévenir ses besoins, et à détruire les obstacles qui ralentissent sa fécondité.

J'ai visité les eaux minérales de *Guillon*, situées à un quart de lieue sur les bords du Doubs, rivière où elles se perdent presque en sortant de leur source; on assure que ces eaux ont une vertu toute particulière pour les maladies de la peau, et qu'elles guérissent même les plus incurables.

Beaume-les-Dames possédait autrefois un couvent fort célèbre où toutes les religieuses étaient issues des familles les plus nobles du pays; telle est la cause de la partie additionnelle de son nom, qui le distingue de Beaume-*les-Messieurs*.

Cette ville, pauvre en monuments, n'a de remarquable qu'un pont en pierre, appelé le *Grand-Pont*.

Elle est la patrie de l'abbé Coyer, qui disait en parlant de la société de Jésus dont il avait fait partie : *Le résultat en est que l'intolérance combinée des chefs de ce corps, aux mœurs et aux talents desquels je rends hommage, a été l'un des motifs les plus puissants de ma sortie;*

D'*Antoine Dupinet*, et du médecin *Leclerc*, auteur d'une histoire estimée de Russie, où il avait servi long-temps, et de divers ouvrages de médecine et de littérature; de *Brisseux*, célèbre architecte du dix-septième siècle; de *Perreciot*, et de M. *Pouillet*, professeur distingué de physique à la faculté des sciences de Paris. En dépit de sa prédilection pour Beaume-les-Dames, c'est bien à Besançon que M. *Courvoisier* a pris naissance.

J'ai loué un char-à-banc à Beaume, et je me suis fait conduire à *Quingey*, très petite ville, patrie du pape Calixte II : bientôt, à une lieue plus loin, osant interroger les merveilles de la nature jusqu'aux entrailles de la terre, je pénétrai dans la grotte d'Osselles, la torche de résine à la main, et muni, par prudence, de briquets phosphoriques. L'entrée en est assez large, grace à la main des hommes dont on reconnaît les traces sur le roc brisé. On s'avance sur un sable sec et luisant, mais toujours sur un terrain fort inégal, à cause des formes bizarres des congélations que les siècles y ont entassées : après avoir parcouru trois salles successives, on arrive à un passage fort difficile; ce n'est en effet qu'en se traînant sur le ventre que l'on parvient à pénétrer dans la quatrième salle, où du reste on est bien dédommagé de la fatigue qu'on a soufferte par l'aspect des diverses curiosités qui s'y multiplient à l'infini, et par la magnifique dimension de l'espace où la nature s'est plu à les rassembler. C'est la *belle salle*: formée pour ainsi dire d'une seule pièce de roc vif, elle présente, à trois mètres d'élévation du sol, un plafond de cinquante mètres de long sur vingt-quatre de large. La singularité du goût gothique, l'imagination bizarre qui crée en se jouant, n'invente rien qui ne soit là; on dirait un vaste salon rempli d'antiques et de raretés où règne un grand désordre, mais où brille la délicatesse et la beauté des tableaux : ici sont des colonnes dont les ornements, chefs-d'œuvre de l'art, auraient épuisé la patience du génie; les unes se terminent en chapiteaux énormes, sans proportion du fût ni de la base; d'autres, s'élevant d'une base massive, ont de petits chapiteaux.

Toutes les pensées passent dans le cœur en présence de ces objets; on rêve au luxe devant des pavillons, des statues; à la gaieté devant des flacons, des fruits et des fleurs; à la gloire devant des trophées; à la mort devant des tombeaux; ailleurs tous les états, tous les âges, se confondent : c'est un vieillard qui pense près d'un enfant qui se joue; c'est un guerrier armé de toutes pièces qui se dresse et menace près d'un paysan qui se courbe et cultive. Quelques unes de ces figures, tristes interprètes de la nature qui déplore ses pertes, semblent même regarder douloureusement des débris de colonnes. Toutes les salles de la grotte ont en outre leur musée particulier : les unes offrent des niches ornées, des figures grotesques debout sur piédestal ou assises sur un siège ébauché; d'autres, des alcôves, des buffets d'orgue, des chaires à prêcher : mais tout s'altère, se modifie, se change suivant la place d'où l'on observe : c'est un lieu de perpétuelles métamorphoses; on aime et l'on souffre à voir tomber l'eau goutte à goutte sur ces figures, les créer, les détruire pour des formes nouvelles encore sujettes à de nouvelles tranformations. La voûte offre un spectacle non moins curieux et non moins singulier : bizarrement ornée de fusées et de pierres luisantes qui pendent en forme et avec l'éclat de glaçons, si on les frappe avec un bâton, on en tire des sons harmonieux qui rappellent une grotte musicale, célèbre en Angleterre : dans cette dernière, les gouttes d'eau, tombant de la voûte sur les congélations, forment des sons dont l'ensemble produit dans le lointain l'effet d'un harmonica; le voyageur, surpris, écoute, ravi de ce concert invisible : il veut en connaître les exécutants, il entre enfin dans la grotte, et tout cesse; il n'entend plus que le bruit mesuré d'une pluie douce et perpétuelle.

C'est après avoir fait plus d'un quart de lieue qu'on arrive enfin à l'extrémité de la grotte d'Osselles; alors le nombre des salles qu'on a visitées est d'environ trente-six; elles ne sont ni vastes ni bien voûtées, et, sous ce rapport, cette grotte est peut-être inférieure à d'autres de la France; mais elle les égale, si elle ne les surpasse, par ses belles concrétions : son extrémité offre sur-tout une étonnante merveille; on y trouve un bassin de sept mètres de diamètre si profond que l'on prétend que mille brasses de cordes, au bout desquelles on avait attaché deux boulets, n'ont pu en atteindre le fond.

L'air, n'ayant point d'issue dans l'intérieur de la caverne, y est si épais qu'on n'y respire souvent qu'avec peine, et que la fumée des flambeaux qu'on y porte reste suspendue en colonne immobile à l'endroit où l'on s'arrête.

On pense généralement que c'est la rivière de la *Loue* qui a creusé ces grottes pour se frayer un passage au bassin du Doubs avant qu'elle eût rompu la chaîne de séparation à Pont-Levé[1].

Au midi de Besançon, et en descendant le cours du Doubs, des montagnes imposantes s'offrent partout aux regards; à les voir de la ville, elles paraissent si resserrées et tellement liées entre elles, que l'œil, inquiet sur le lit de la rivière, lui cherche de loin quelque passage à travers leurs groupes impénétrables qui semblent lui dire, comme Dieu à la mer : *Tu n'iras pas plus loin.* Allions-nous gravir les flancs escarpés de ces monts sauvages? serions-nous seulement spectateurs de la fureur impuissante du fleuve qui vient en grondant frapper ces digues invincibles, reflue un instant sur lui-même, et s'abyme enfin dans leurs entrailles, au sein d'un gouffre sans fond? On ne peut soupçonner, en effet, ni route pour la marche d'un homme ni lit, pour le cours

---

[1] L'on dit que M. de Scey, ex-préfet du Doubs, a fait briser les plus belles stalactites de la grotte d'Osselles, pour en décorer les jardins de la préfecture, en avait-il le droit?

d'une rivière; c'était cependant cette direction que nous devions parcourir pour nous rendre à *Toraise* petit village¹ situé à trois lieues de Besançon, et où se trouve le canal *Monsieur* dont on m'avait vanté les travaux conçus et exécutés avec une hardiesse merveilleuse; mais l'œil qui, des portes de la ville n'apercevait qu'un mur impénétrable de rochers, voit bientôt les montagnes se séparer les unes des autres, et former, en s'éloignant, deux chaînes bien distinctes. D'abord l'espace suffit à peine à la route et à la rivière, mais insensiblement il s'élargit de plus en plus et devient une vallée dont la brillante fertilité contraste avec la sécheresse et l'âpreté des montagnes qui l'entourent. Entre le Doubs et la route qui se sont ainsi séparés, l'un pour côtoyer à droite une des deux chaînes la moins aride et la moins escarpée, l'autre pour longer la plus sauvage et la plus menaçante, on découvre devant soi des jardins, des vignes, des champs, et des vergers à perte de vue. C'était en cheminant sur la route que nous faisions ces observations; mais si nos regards s'élevaient vers le sommet de la montagne au pied de laquelle elle se trouve, à travers les feuillages sinistres d'un buis épais et noirâtre, nous apercevions, avec frayeur, des pointes de rochers ébranlées dans leurs racines, calcinées par le temps, et

---

¹ Lieu de naissance de la sœur Marthe, dont nous avons parlé à Besançon.

prêtes à fondre sur la tête de l'imprudent voyageur. On rencontre à chaque pas des éboulements, des quartiers de rochers détachés de leurs masses énormes, qui attestent la réalité du danger, et l'on me fit voir la place d'où un malheureux ouvrier, sans avoir eu le temps de fuir, avait été jeté, les jambes séparées du tronc, à cinquante pas dans les champs.

Cependant nous arrivâmes sans accident vis-à-vis d'un joli village situé sur la rive droite du Doubs; *Velote* est son nom : isolé au milieu de la vallée, il embellit le paysage et répand la vie dans la plaine.

On ne peut s'empêcher d'éprouver un sentiment d'admiration à la vue de cet espace resserré entre des lieux arides et qui par-tout présente la végétation la plus riche et les fruits les plus exquis. Le Doubs qui, peu auparavant, fuyait rapidement, semble ici ralentir son cours et vouloir, en promenant ses eaux avec calme, baigner à plaisir et fertiliser ces vergers magnifiques; en cherchant à le suivre à travers les arbres qui, par intervalle, le dérobent aux regards, nous aperçûmes dans la chaîne qu'il côtoie, une petite montagne appelée *Calvaire;* on assure que l'on chercherait vainement sur le globe deux montagnes qui aient plus de ressemblance entre elles que ce point de la Franche-Comté et le Calvaire de *Jérusalem.*

Nous atteignions dans ce moment un charmant village appelé *Beurre*, situé à une lieue de Besançon, et renommé par la beauté de ses vergers où nous fîmes une halte nécessaire.

Après avoir visité l'église, petite, mais remarquable par son élégante propreté, et admiré les sites qui nous entouraient, nous nous remîmes en route, et tout en devisant sur les ruines d'un vieux château que le temps avait dispersées autour de nous, nous atteignîmes enfin le chemin étroit qui conduit au *bout du monde*. Ce n'est autre chose qu'un site curieux formé par la longue chaîne de montagnes que la route côtoie depuis Besançon jusqu'à Beurre : là elle s'arrête tout-à-coup comme si elle était coupée, et forme, en s'enfonçant sur la gauche, un bassin profond d'environ un quart de lieue; on rencontre d'abord une jolie maison de campagne bâtie à la moderne avec un jardin peu spacieux mais soigné, et qui forme un contraste frappant avec les humbles chaumières qui se groupent derrière et qui sont les plus pauvres du village; en suivant les bords d'un joli ruisseau, on trouve d'espace en espace de petits moulins pour la plupart dégradés et hors de service.

Cependant des deux côtés les montagnes se parent déja, l'une, à gauche, de superbes noyers, l'autre, à droite, de chênes plus majestueux encore. Bientôt en approchant du bassin qui se resserre, la lumière devient plus sombre, et le bruit de la cascade couvre entièrement celui du ruisseau et des moulins; on voit cette cascade se précipiter de la partie la moins élevée de la montagne qui se présente au fond; elle tombe comme une nappe brillante dans le bassin sur un immense banc de rochers, et forme, en rejaillissant au loin, une pluie fine et abondante. La nappe d'eau laisse entre elle et le rocher un vide à travers lequel on se plaît à passer; sur la droite, une autre cascade moins abondante et moins impétueuse se glisse le long du roc où elle s'est formé un lit dont elle ne franchit pas les bords; à quelques pas en descendant, elle va se confondre dans le torrent, et forme avec lui un ruisseau qui coule rapidement parmi les rochers, les chaumières et les moulins du vallon. On n'aperçoit plus aucune trace d'habitation au fond de ce bassin; on voit seulement à gauche, sur le sommet du rocher, un petit moulin posé hardiment sur le précipice, et sous lequel, après la pluie, tombe une nouvelle nappe d'eau; il sert à briser les pierres de gypse dont on trouve au-dessus de la montagne les fécondes carrières, où l'on se rend par un chemin détourné, caché par des arbres dont la verdure contraste magnifiquement avec la nudité des rocs qui ferment le bassin. En vain l'œil cherche une issue pour gravir ces monts et franchir ces précipices; ni l'art n'indique la trace de ce chemin, ni la nature ne montre l'espace où l'on puisse se frayer une voie; *c'est le bout du monde*: c'est là, c'est dans ce lieu pittoresque et sauvage que les familles et les jeunes étudiants viennent, dans les jours de fêtes, manger au frais, et sous l'ombrage, les fruits délicieux des riches jardins de Beurre.

En quittant le bout du monde, nous nous rendîmes à Toraise, guidés par le cours du Doubs, que nous suivîmes sans presque nous en écarter. De tous côtés, les aspects les plus variés offraient, à nos regards, des villages, des vallées, des montagnes, des rochers, des châteaux antiques; j'admirai sur-tout les ruines magnifiques de *Mont-Ferrand* sur la droite du Doubs.

Une demi-lieue avant d'arriver à Toraise j'aperçus, dans les flancs de la colline, une large ouverture circulaire ayant la forme d'une immense porte cochère; c'est la *percée de Toraise*.

Là, après avoir rencontré la petite montagne qui le repousse, le Doubs tourne brusquement, et longe la colline de l'ouest à l'est pendant l'espace d'une demi-lieue; mais il revient bientôt par derrière aboutir de l'autre côté de la montagne, vis-à-vis l'endroit où il a commencé à s'en détourner; c'est pour éviter ce long circuit dans le cours duquel la rivière devient plus rapide et plus difficile qu'on a voulu ouvrir aux bateaux un passage à travers les flancs de cette montagne. Le canal souterrain m'a paru s'élever à-peu-près à dix mètres au-dessus du niveau de la rivière, sur une largeur de plus de moitié; les murs et toute la voûte sont construits en pierre de taille ; et le temps, congelant les gouttes d'eau qui s'attachent à leurs parois, semble en garantir la solidité en faisant de ces cristallisations impénétrables un ciment éternel. Je parcourus deux fois, sur un trottoir plus poli que le marbre, cette voûte, monument unique de patience et d'industrie, où, pour la première fois, le temps et la nature s'occupent à consolider les travaux des hommes.

N° XCVIII. [18 juin 1820.]

LE CHATEAU DE BEAUJEU.

> Il y a une si grande différence entre l'honneur et les honneurs, qu'on est presque toujours réduit à opter.
> M.

De retour à Besançon, j'employai le jour suivant à des adieux pénibles, et j'allais prendre place dans la voiture nomade de M. Courier, qui m'avait offert de me conduire dans les départements du Rhin, lorsqu'une invitation pressante du propriétaire du château, de Beaujeu me décida à profiter de la circonstance, pour jeter un coup d'œil rapide sur la *Haute-Saône* avant de me rendre à Colmar, où je donnai rendez-vous à mon aimable doyen des commis voyageurs.

Je prends la vieille route de Gray, afin de passer par le petit village d'*École,* où se trouve *le quartier-général* des missionnaires de la Franche-Comté, sous la direction du père procureur *Bardenet.* Les bâtiments de la mission ont été construits dans les années 1816 et 1817 sur un terrain cédé, dit-on, gratuitement *aux pères de la foi*, c'est-à-dire aux *jesuites*, par M. J*** H***, riche marchand de toile de Besançon. Rien n'égale la beauté des *caves* de ce monastère ; les voitures peuvent y circuler plus librement que dans les rues de la ville. Sous le nom de *retraite* une partie des bâtiments est destinée aux fidèles qui veulent faire pénitence. On y trouve des logements commodes à *juste prix*. On évalue à près de quinze cent mille francs la dépense de cette maison de mission. Elle est le *pendant* de celle de Beaupré, qui fut autorisée par les bulles du pape Innocent XI, et par lettres patentes du roi, en 1713.

Gray est une petite ville montueuse, et assez bien bâtie. Ses remparts, presque détruits, avaient été relevés vers l'an 1551 par l'ingénieur génois Ambrosio Précipiano, le même qui avait fortifié Dôle. Elle n'a d'autres établissements publics que le collége, la bibliothèque, de belles casernes de cavalerie, et une mauvaise salle de spectacle. On y remarque un assez joli port sur les bords de la Saône. C'est ici que cette rivière devient navigable ; et les exportations qu'elle favorise sont considérables, tant en blé, farine et fer, qu'en bois de construction et en merrain, etc., que l'on expédie principalement sur Lyon. Grace à cette activité commerciale, Gray, chef-lieu d'arrondissement, est devenue la ville la plus riche du département. On n'y peut voir sur-tout, sans le plus vif intérêt, les moulins de

M. Tramoy : lui-même dirige cet utile établissement ; c'est encore lui qui a inventé et perfectionné la plupart des machines qui servent à purger le grain de toutes matières hétérogènes, et à le convertir en farine de qualités diverses. Les bâtiments de cette belle usine sont spacieux; ils annoncent l'opulence du propriétaire; ils contiennent quatorze tournants, dont neuf sont destinés spécialement à la mouture, et produisent par jour cent quarante quintaux métriques de farine, qui peuvent fournir quotidiennement du pain à cinquante-six mille personnes.

La reine Jeanne Ire, comtesse de Bourgogne, épouse de Philippe Ier, roi de France, résida longtemps à Gray, ainsi que Catherine d'Autriche, tante de Jean-sans-Peur. On prétend qu'en face de la *ville basse*, au milieu de la *Saône*, s'élevait jadis une colonne de cuivre qui marquait la limite entre le duché et le comté de Bourgogne, et qu'elle fut renversée par le duc au commencement du règne de Charles VII, roi de France.

Gray est la patrie de *Desvoge*, sculpteur-dessinateur célèbre, et fondateur du musée de Dijon, le même dont nous avons parlé à Dôle; du général *Barthélemy*, qui a servi avec distinction dans cette garde impériale de glorieuse mémoire; du colonel du génie *Crestin*, mort en Égypte : Napoléon le considérait comme un officier très distingué. L'ancien sous-préfet de cette ville, frère du colonel, a fait imprimer un volume in-octavo de recherches sur sa ville natale; il a traduit en vers les Héroïdes d'Ovide.

Sept belles routes bien entretenues viennent aboutir à Gray; cette ville forme un amphithéâtre en face duquel sont les villages d'Arc et de la Maison-du-Bois; ses environs offrent par-tout des paysages charmants arrosés et fertilisés par la Saône, qui traverse une belle prairie terminée à l'est par le village de *Rigny,* par des bois, par l'abbaye de *Corneux,* et par la rivière de *Morte,* ainsi nommée à cause de l'extrême lenteur de son cours.

De nombreuses forges couvrent tout l'arrondissement de Gray.

Champlitte, qui en possède plusieurs, n'est pas seulement renommé par ses bons vins; ce bourg a vu naître l'un des hommes qui ont le plus honoré cette province, le général *Toulongeon,* membre de l'Institut, qui possédait à-la-fois une grande variété de connaissances et toutes les qualités estimables.

Un souvenir d'horrible mémoire se rattache aux environs de Gray; à deux lieues de cette ville on voit, ou plutôt on croit voir, l'ancienne habitation de l'infortunée Gabrielle de Vergy, et le lieu où son barbare époux la força de renouveler le festin des Atrides : mais je ne dois pas oublier qu'il existe un château de *Fayel,* que l'on assure avoir été le théâtre de cette scène tragique ; je reverrai ce château dans la tournée que je me propose de faire l'année prochaine dans le département du Nord, et j'examinerai laquelle de ces traditions est la plus vraisemblable.

Ici, comme dans toute la Franche-Comté, la bravoure est inhérente aux habitants ; cette contrée est couverte d'anciens militaires qui donnent sans aucune exception l'exemple de toutes les vertus privées. Dans la seule commune de Beaujeu, on compte sept officiers en retraite, quinze braves vétérans de la garde à cheval, de la garde à pied, et de l'artillerie.

Le nom seul de la ville où je me trouve suffit pour rappeler à ma mémoire celui d'un homme doublement honorable, comme militaire et comme citoyen. Après avoir vaillamment défendu la patrie sur le champ de bataille, le colonel *Martin de Gray* s'est acquis une gloire non moins durable à la chambre des députés dont il est membre [1]. J'éprouvai un plaisir bien vif en revoyant cet excellent citoyen. Il habite l'ancien château de Gray, où l'on voit encore des restes de rempart, et une tour en mâchicoulis qui lui sert d'entrée ; de ses appartements on jouit d'une vue magnifique dont il me fit remarquer avec bonheur les aspects variés. « De ce côté, me

---

[1] Une cécité presque absolue l'a depuis forcé à se retirer des affaires publiques.

dit-il, vous voyez l'ancienne abbaye de Corneux de l'ordre des Prémontrés; elle appartient à M. *Nourrisson*, mon estimable collègue dans les assemblées législatives, et qui avait rempli avec distinction des emplois honorables dans le ministère public: sa vaste bibliothèque a remplacé celle des moines, dont la composition n'avait rien de commun avec celle-ci. Voué actuellement à l'agriculture, M. Nourrisson est un des agronomes les plus instruits du pays; il joint l'exemple aux préceptes, au grand avantage de sa famille et des habitants qui recherchent ses conseils. Cette tour carrée que vous apercevez à l'est, et qui termine l'horizon, est celle de Beaujeu; elle domine entièrement le pays; on l'aperçoit de toutes les routes qui aboutissent à Gray, et rarement on oublie de la signaler à l'attention des voyageurs comme l'un des plus anciens monuments du moyen âge. Elle a servi au célèbre *Cassini* de point de repère pour l'enchaînement de ses opérations trigonométriques. Une vieille chronique rapporte qu'elle existait bien long-temps avant la première croisade; elle faisait alors partie d'un château fort, composé de quatre tours semblables qu'une épaisse muraille liait entre elles; telle était en effet la forme des châteaux élevés dans les cinquième et sixième siècles. Les tours rondes ont été construites à l'imitation des Sarrasins, et sont en général postérieures aux croisades. Un sire de Beaujeu, qui fut chargé d'accompagner à Constantinople les ambassadeurs que *Michel* Paléologue avait envoyés à saint Louis, eut la fantaisie, à son retour, de mettre son château à l'orientale, et de l'agrandir; il substitua six tours rondes à trois des tours carrées qu'il démolit; il épargna la quatrième, soit, comme dit la chronique, qu'il y fût né, et qu'il respectât son berceau; soit que cette tour se trouvant en-dehors du plan du nouveau château, on l'eût conservée provisoirement pour servir de logement pendant les constructions. Le sire de Beaujeu mourut en 1295, avant que les travaux fussent entièrement achevés; un ou deux siècles après, vers 1410, dans une guerre qui s'alluma entre Errard de Blamont et le sire d'Oiselay, tuteur de la châtelaine, dernière héritière de la maison de Beaujeu, les six tours à l'orientale furent renversées, la tour carrée seule échappa encore à la destruction; l'opinion s'établit dans le pays que la main des hommes ne pouvait rien sur elle. Cette espèce de superstition s'est encore affermie de nos jours, lorsqu'au commencement de la révolution, les paysans voulant détruire tout ce qui rappelait le régime féodal essayèrent vainement de renverser la tour de Beaujeu; elle porte à sa base les traces assez profondes de cette tentative inutile.

« La branche qui posséda la terre de Beaujeu, après la mort de l'héritière, s'éteignit au milieu du seizième siècle ; cette propriété passa alors en des mains étrangères; un château d'une architecture plus que médiocre, qui n'appartenait à aucun style, fut bâti, dans le dix-septième siècle, au pied du coteau et à l'entrée du village. Dans le dix-huitième, l'un des derniers possesseurs de ce manoir seigneurial y ajouta des dépendances fort étendues d'une architecture qui n'est pas sans élégance. »

J'ai passé une journée entière avec M. Martin de Gray, et le lendemain je me suis acheminé vers Beaujeu.

Que de souvenirs se retracèrent alors à ma pensée! Je n'avais pas revu le duc de *Bassano*[1] depuis les événements qui l'avaient rendu à la vie privée ; mais je me rappelais que son existence avait été toute entière dévouée à la patrie et à l'homme extraordinaire qui régna sur la France et sur l'Europe. Je le voyais au milieu de la cour la plus brillante de l'univers, dont sa jeune épouse était un des plus beaux ornements; je me souvenais qu'il avait été le confident de toutes les pensées de ce puissant génie, et qu'en l'associant nominativement à tous les actes de son règne, Napoléon l'avait en quelque sorte enchaîné à sa gloire et à son immortalité. Ces réflexions me conduisirent aux portes de Beaujeu sans que je me fusse aperçu du trajet.

[1] Né à Dijon en 1763.

J'aime à le dire (et cet éloge est un de ceux que j'ai trouvé le moins d'occasion de distribuer dans mes courses), M. de B*** supporte la retraite avec autant de dignité qu'il a jadis supporté la grandeur; et si l'on peut s'étonner qu'il n'en jouisse pas avec plus d'orgueil, c'est que le passé a pour lui des regrets à l'épreuve du courage et de la philosophie. Cette sensibilité profonde est la première vertu de son cœur, que son entretien me révéla. Le hasard m'ayant conduit à prononcer le nom de l'un de ses anciens amis, mort à Paris, sur l'échafaud, en 1793, pendant sa longue captivité dans les donjons de l'Autriche, je pus me convaincre que trente années d'une existence battue par tant d'orages, signalée par tant de travaux et de succès, n'avaient pas éteint la vivacité de ses souvenirs: il me parla de l'infortuné Coquéau de Dijon (dont les talents précoces et variés faisaient déja l'entretien des cercles de la capitale avant nos discordes civiles) comme s'il l'eût embrassé la veille; et cette jeunesse d'une ame qu'une si haute ambition n'avait point flétrie fut un des traits de ce noble caractère qui m'émut davantage.

Je visitai en détail le château parfaitement restauré par le propriétaire actuel. Il l'a dégagé de ses murs d'enceinte qui le pressaient de toutes parts; ses vastes cours ont été transformées en beaux jardins, ornés et dessinés avec un goût exquis; la façade, qui, de ce côté, se trouve en rapport avec les dépendances, a été mise en harmonie avec elles ; mais du côté du parc, l'édifice, appuyé par ses flancs, sur deux grandes masses d'arbres, présente une façade d'ordre ionique, qui rappelle avec exactitude, et dans de justes proportions, le temple de *Minerve Polliade*, à Athènes ; le parc anglais, largement dessiné, se lie avec les vastes et belles prairies de la Saône ; on le croit terminé par le coteau boisé au bas duquel coule cette rivière, et que couronnent des villages d'un aspect riche, et pittoresque, si l'on regarde le château de la grande route de Lorraine : au-dessus du village de Montureux, il forme, avec la colline de Beaujeu et la tour carrée qui la surmonte, un ensemble admirable et qui fournirait une scène complète à un habile peintre de paysage.

Je restai trois jours à Beaujeu, et parmi mes excursions aux environs je ne puis oublier celle qui me conduisit chez le général comte Grenier, ancien membre du gouvernement provisoire ; il habite pendant toute l'année le château de *Morambert*, à une demi-lieue de Pesme. Ce château, qui a appartenu à la famille des Choiseul, est bâti sur un rocher à pic très escarpé, dont le pied est baigné par la rivière de l'*Ougnon*, qui en suit tous les méandres. M. Grenier y vit en sage ; et le bonheur de tout ce qui l'entoure est l'objet de ses soins et son unique occupation.

La petite ville de *Pesme* n'est qu'à une demi-lieue du château de Morambert. Je n'ai pas manqué d'y visiter une chapelle célèbre dans la contrée. On y voit un monument dit de la *Renaissance*, d'une composition aussi bizarre que curieuse, mais d'une exécution plus que médiocre ; les têtes allégoriques et les masques païens qui le décorent ont fait croire que cette construction appartenait à une antiquité fort reculée ; une date du seizième siècle, écrite dans un des cartels, pourrait éclaircir tous les doutes.

Montagnez, près de Pesme, n'est qu'un hameau ; mais un souvenir bien honorable ne me permet pas de le passer sous silence. C'est là que s'écoulèrent les premières années de l'un de nos plus célèbres Esculapes modernes, du baron *Percy*. On me montra le modeste toit où cet homme de bien, si cher à l'humanité, reçut le jour : son père, ancien chirurgien des armées, le destinait au génie militaire ; mais le goût invincible du jeune Percy l'entraînait vers l'étude de l'anatomie. Il s'y livrait avec tant d'ardeur, qu'il avait à peine atteint sa vingt-unième année lorsqu'il parvint au doctorat de la faculté de médecine de Besançon. Les prix qu'il avait remportés lui méritèrent cette distinction, et celle d'une réception bien honorable. Couronné seize fois dans toutes les académies, comblé des témoignages universels d'estime, cet homme, si justement célèbre, se retira du service après la bataille de *Waterloo*. Nommé, en 1815, député, il ne monta à la tribune que pour plaider la cause des soldats malades, conservant toujours, et dans toutes les circonstances, le noble sentiment qui le porta à leur consacrer toute sa vie et tous ses talents. Personne n'ignore que c'est lui qui, en Espagne, forma presque entièrement à ses propres frais un premier bataillon de soldats d'ambulance, et une compagnie spéciale de *brancardiers* qui, pourvus en effet de brancards d'une forme nouvelle inventée par lui, se portaient par-tout pour relever et transporter les blessés.

Quel soldat vétéran oubliera jamais le grand caractère que cet homme illustre déploya dans l'exercice de ses fonctions à l'armée! Son ambulance toujours rapprochée du champ de bataille n'était point à l'abri des dangers; il voulait que les secours fussent le plus près possible des besoins. Le malheureux blessé que l'on conduisait à l'ambulance, sitôt qu'il apercevait le baron Percy, que sa haute taille faisait reconnaître de loin, se sentait renaître à l'espérance et à la vie à l'aspect de ce beau visage où se peignait à-la-fois la pitié généreuse et la sécurité de l'homme de génie. De pareils services ne justifient-ils pas hautement le nom de *père* que lui donnait toute l'armée!

Le petit village de *Magny-Vernois*, près de Lure, a vu naître un homme non moins célèbre, le fameux chirurgien *Desault*. On a fait élever à l'Hôtel-Dieu de Paris, à sa mémoire et à celle de Bichat, un monument sur lequel on a gravé l'inscription suivante :

« Ce marbre, dédié à la mémoire des citoyens
« Desault et Bichat, a été posé pour attester la re-
« connaissance de leurs contemporains pour les
« services qu'ils ont rendus ; le premier à la chirur-
« gie française, dont il a été le restaurateur ; le se-
« cond à la médecine, qu'il a enrichie de plusieurs
« ouvrages utiles, et dont il eût agrandi le domaine,
« si l'impitoyable mort ne l'eût frappé dans sa trente-
« unième année. »

Le département de la Haute-Saône ne possède ni villes ni monuments d'une haute importance ; mais il est de toute la Franche-Comté le plus industriel et le plus riche ; le bois dont il est couvert, l'excellente qualité des mines de fer qu'on trouve presque à la surface de la terre, l'ont peuplé de hauts fourneaux, de forges, et d'usines, où le métal reçoit toutes les préparations nécessaires au commerce.

Ces diverses usines, qui se composent de plus de cent dix établissements, occupent environ le quinzième de la population totale, qui est de trois cent dix mille individus, tant à l'extraction, au transport, au lavage du minerai, à la coupe des bois, au charbonnage et au charroi du combustible, qu'à la direction des travaux et à la fabrication de tous les produits dont le fer est la matière première. Le poids total de ces produits a été évalué à plus de quatre cent cinquante mille quintaux métriques, dont la valeur en numéraire excède dix millions.

Les autres branches d'industrie du département, quoique moins productives, sont cependant assez importantes : elles se composent de quarante fabriques où l'on met en œuvre le coton, le chanvre et la laine ; de quatre verreries ; de la papeterie de Saint-Bresson, où l'on fabrique les papiers de la plus grande dimension pour la gravure et l'impression ; de cinquante tanneries et chamoiseries ; de dix-huit brasseries, et d'une grande quantité de distilleries pour le kirchen-wasser : on remarque qu'une seule commune, celle de Fougerolle, en a souvent produit dans des années abondantes pour cinq cent mille francs. Ce département enfin, qui est un des plus riches en forêts, possède aussi des houillères fort abondantes et fort productives.

En quittant Beaujeu, je me hâtai de me rendre à *Vesoul*, chef-lieu du département, où un phénomène naturel (le *Frais-Puits*) devait piquer ma curiosité. La ville de Vesoul est beaucoup moins importante que Gray. On n'y fait qu'un commerce de consommation, et la seule fabrique qui s'y trouve est un tissage de coton. La ville est située au bas d'une montagne en forme de pain de sucre, et à laquelle on a donné le nom de *Motte de Vesoul*, bordée en quelque sorte par la rivière du *Drugeon*. Une assez jolie promenade s'étend le long de la rivière, dont les bords sont tapissés de prairies. On y récolte beaucoup de fourrages; aussi y a-t-il presque toujours un dépôt de cavalerie dans cette ville, généralement bien bâtie, et où l'on trouve quelques jolis édifices, tels que le collège, la préfecture, les casernes et l'église.

Vesoul fut pris et détruit de fond en comble par Charles d'Amboise sous Louis XI, en 1479. Pris de de nouveau par Turenne, les fortifications en furent démantelées. M. Brûlé, le maître de l'hôtel de la Madeleine, où j'étais descendu, ne me laissa pas ignorer qu'il avait eu l'honneur de loger *Monsieur*[1] tout le temps qu'il est resté à Vesoul.

Cette ville a donné le jour à François Rousselet, médecin alchimiste, et à M. Marc, bibliothécaire, homme de lettres.

On construit à *Port-sur-Saône*, entre Scey et Vesoul un grand nombre de radeaux, que l'on charge de bois de marine pour les ports de la Méditerranée. Les environs de ce bourg sont remplis de mines de fer, dans lesquelles on découvre des cornes d'ammon depuis quatre millimètres de diamètre jus-

---

[1] Aujourd'hui Charles X.

qu'à celui d'un mètre. Les plus grosses sont cristallisées dans l'intérieur, et couvertes à l'extérieur de *dendrites*, ou espèce de feuille de persil; d'autres sont métallisées.

A une lieue de Vesoul, sur la route de Villers-Sexel, j'allai voir le *Frais-Puits* : c'est une espèce d'entonnoir de vingt mètres environ de diamètre à son ouverture, et qui va en se rétrécissant jusqu'au fond, c'est-à-dire jusqu'à dix mètres sous terre. Il est à sec une partie de l'année; on m'y fit descendre, et je n'y remarquai aucune excavation dans les parois; le terrain est solide, quoique couvert de sable. Je le sondai par-tout avec un bâton sans pouvoir le faire pénétrer nulle part, d'où je conclus que cette disparition de l'eau ne pouvait provenir que d'un suintement à travers les fentes imperceptibles du rocher.

De retour à Vesoul, une pluie continuelle me fit garder la chambre pendant un jour; tout-à-coup un fleuve se répandit sur la plaine qui environne la ville; l'inondation arriva jusqu'aux premières maisons; et la crue des eaux était telle, que l'on aurait pu aisément naviguer sur une barque tirant trente centimètres d'eau. J'interrogeai avec inquiétude la première personne que je rencontrai, sur la cause de ce déluge subit: on me répondit que c'était le Frais-Puits *qui donnait*. Je me hâtai d'y courir...; l'abyme bouillonnait alors comme une chaudière en pleine ébullition; l'eau, par l'effet du *jet* souterrain, était soulevée d'au moins vingt centimètres au milieu de plus que sur les bords, et le trop plein formait une rivière rapide de quatre mètres de large sur cinquante centimètres environ de profondeur. Ce qu'il y a de plus extraordinaire c'est que le Frais-Puits, qui ne *donnait* plus le lendemain, a été entièrement à sec le jour suivant, sans que l'on ait su par où l'eau s'était retirée. Les premiers jets du Frais-Puits s'élèvent en gerbe de deux mètres environ de hauteur; mais l'entonnoir une fois plein il ne se fait plus qu'un effort intérieur, et un soulèvement tel que celui que j'ai vu. C'est à une de ces crues aussi subites qu'extraordinaires que Vesoul dut sa délivrance en 1557, lorsque l'armée allemande, commandée par le baron *Polwiller*, se disposait à lui livrer l'assaut; une pluie de vingt-quatre heures amena une inondation qui effraya tellement les soldats autrichiens, qu'ils s'enfuirent, abandonnant même, dit l'histoire, leurs barils remplis de vin.

Je quittai le Frais-Puits pour aller visiter au village de *Leugnes* la grotte qui conserve de la glace jusqu'au milieu de l'été. Elle est vaste et hérissée de glaçons suspendus à sa voûte qui semblent prêts à se détacher, pour écraser l'imprudent qui oserait en franchir le seuil. Lorsqu'il y a des changements dans l'atmosphère, des vapeurs se forment à l'entrée de cette grotte.

A peu de distance de Vesoul existait autrefois l'abbaye royale de *Montigny*, où trente chanoinesses de l'ordre de Sainte-Claire, après avoir exhibé les preuves de leurs seize quartiers de noblesse, menaient une vie heureuse et toute mondaine en attendant les *béatitudes* promises à la vie mortifiée et pénitente instituée par la fondatrice, la noble comtesse Alix, en 1286.

Je ne fis que passer à *Luxeuil*, petite ville célèbre par ses eaux minérales, qui étaient connues du temps de Jules-César. Le magnifique établissement des bains qui touche à la ville a été bâti sur les ruines des anciens thermes construits par les Romains. La maison commune est ornée de pilastres; on a découvert dans les fouilles des armes, des médailles, des inscriptions antiques. Au cinquième siècle, cette ville fut entièrement détruite par Attila; deux siècles après saint Colombeau vint y fonder un monastère, détruit cent ans plus tard par les Sarrasins qui égorgèrent les religieux et les habitants; cette abbaye toutefois se rétablit sous Charlemagne, et depuis 1630, elle ne fut plus occupée que par des nobles; l'abbé y était qualifié de prince, et Thiébaut V fut un des gardiens de ce fameux monastère où les lettres et les sciences étaient cultivées.

La petite ville de *Faverney*, près Luxeuil, est devenue célèbre par un miracle, attesté en 1608 par les nobles moines de son abbaye; le feu prit à leurs bâtiments; un incendie général semblait inévitable; tout-à-coup on vit se soutenir et voltiger au-dessus des flammes pendant deux jours entiers, les uns disent une hostie consacrée, les autres trois : quoi qu'il en soit, en mémoire de ce miracle une foire et une fête furent instituées à *Faverney*; l'hostie *unique*, ou l'une des trois, fut portée à Besançon, et les historiens assurent que les habitants de cette ville l'ayant invoquée pendant qu'on l'assiégeait, le siége fut subitement levé.

Le trajet est court de Luxeuil à *Lure*. Cette petite ville, située dans une île formée par un étang, au milieu des bois et des monts, n'a rien de remarquable que les décorations intérieures de son église. Peu industrielle par elle-même, son arrondissement l'est beaucoup; indépendamment des forges et usines, on y compte cinquante-cinq fabriques de tissus de coton, quatre filatures et deux fabriques d'indienne.

C'est la petite ville d'*Héricourt* qui a répandu dans cette partie de la Franche-Comté le genre d'industrie auquel l'Alsace doit tant de prospérité et de richesses. Héricourt possède seul huit fabriques de tissus de coton, deux d'indiennes, et trois filatures. Les principaux manufacturiers sont MM. *Méguillet*, *Noblot*, *Bougeol*, *Lods*, et *Sehom*; ils augmentent chaque jour l'importance de leurs établissements en rendant leurs tissus meilleurs et plus fins.

Saint-Loup, autre petite ville sur l'*Angronne*, a choisi pour son industrie principale la confection des chapeaux de paille, qui ne demande qu'un peu d'adresse; on y emploie les plus jeunes enfants et les vieillards.

Par-tout, au reste, dans ce département on voit des bois entiers de merisiers; et l'eau de merise ou kirchen-wasser s'y distille dans presque tous les villages.

Montbéliard était la dernière ville que je voulusse voir avant de quitter la Franche-Comté. Elle est située en quelque sorte entre les limites de cette province et celles de l'Alsace, et formait autrefois avec son territoire une principauté appartenant aux ducs de Wurtemberg. Elle fut réunie à la France pendant les guerres de la révolution; mais déja Louis XIV s'en était emparé, et en avait fait démolir les fortifications : on aperçoit encore sur un rocher les restes d'un château fort qui protégeait la ville. Les habitants, au nombre de quatre mille, pour la plupart protestants, sont industrieux, et se distinguent sur-tout dans l'horlogerie. On fabrique aussi à Montbéliard des étoffes de coton, et de la taillanderie.

C'est la patrie du célèbre *Cuvier* et du savant naturaliste *Duvernois*.

Je ne puis quitter Montbéliard sans parler d'un petit village situé sur son territoire, et qui était anciennement une ville romaine ; c'est *Mandeure*. On y voit les restes d'un beau cirque, et on y a trouvé souvent des fragments de sculpture, des médailles, etc. Dans le dernier siècle on comptait encore parmi les villageois des *Varrons*, des *Lentulus*, et des habitants fiers de leur origine, qui se mariaient entre eux, et ne souffraient pas d'alliance étrangère. Les deux tiers du village gémissaient cependant dans la servitude de l'archevêque de Besançon ; l'autre tiers dépendait du duc de Wurtemberg. Toutefois ils avaient conservé des coutumes toutes romaines. Deux fois par an le juge châtelain de l'archevêque rendait justice sur la place publique ; chacun alors plaidait sa cause. Deux maires, trois échevins, et trois *Bauvars*, c'est-à-dire trois gardes champêtres composaient la magistrature et la police de ce petit État, qui se gouvernait comme une république. On va juger de la simplicité des mœurs par le trait suivant, tiré d'une notice sur *Mandeure*, insérée dans les *Annales des Voyages*.

« Rien de plus rare que le vol parmi les habitants ;
« ils avaient pour le découvrir et le punir un moyen
« qui prouve quel prix ils mettaient à leur réputa-
« tion et à l'honneur. Si un vol avait été commis,
« le dimanche d'après les habitants étaient obligés,
« à l'issue des vêpres, de se rendre sur la place pu-

« blique. Là un des maires prononçait un discours,
« sommait le voleur inconnu de restituer l'effet en-
« levé, et de ne point profaner par sa présence une
« assemblée d'honnêtes gens. Si le voleur se décou-
« vrait, on l'excluait pendant six mois des assem-
« blées publiques; si, au contraire, il ne se déclarait
« pas, on procédait au jugement du bâton. Pour
« cela les deux maires tenaient un bâton aux deux
« bouts, et l'élevaient assez haut pour que l'on pût
« passer dessous. Chaque habitant, pour prouver
« son innocence, passait alors sous cette espèce de
« joug. On dit qu'il n'y a pas d'exemple que le cou-
« pable ait osé suivre les innocents. Plusieurs fois
« des voleurs près de passer sous le bâton se sont
« arrêtés, et, accablés de remords, ont demandé
« grace à leurs concitoyens. Si le coupable eût été
« reconnu après avoir passé, aucun habitant ne lui
« aurait parlé, personne ne lui aurait répondu, on
« l'eût évité comme un mal contagieux, et ce dés-
« honneur aurait reflué sur toute sa famille. »

Je quittai enfin la Franche-Comté pour me rendre à *Béfort*. Je remerciai mon heureuse étoile, lorsqu'en me plaçant dans la voiture je me trouvai près d'un ancien professeur de Besançon, que j'avais vu chez M. Devienne; il reconduisait un de ses élèves en Alsace; il n'eut pas de peine à ramener mon attention sur le pays que je venais de parcourir. « Vous quittez, me dit-il, cette province, et les impressions que son industrie et toutes ses beautés physiques et morales ont pu laisser dans votre souvenir seront bientôt effacées par d'autres objets. Permettez-moi donc de vous retracer encore une fois le bon et le mauvais, le fort et le faible d'un pays éminemment français, bien qu'un siècle et demi se soit à peine écoulé depuis sa réunion à la France.

« Nos superstitions, notre respect servile pour la noblesse, nos préjugés enfin, ont excité plus d'une fois votre critique ; mais daignez vous reporter à des temps peu éloignés.

« Toutes les momeries de l'Espagne survécurent encore long-temps à sa domination ; le peuple, grossier, crédule, sans instruction, mais simple et facile à gouverner, ne pouvait se passer de couvents, d'abbayes, de pénitents de toutes les couleurs, de madones, de processions, etc..... Cependant l'inquisition n'eut jamais un grand pouvoir en Franche-Comté, bien qu'elle y fût établie.

« L'âpreté de mœurs qui régnait alors venait de l'habitude de vivre dans des lieux couverts de bois, de chemins impraticables, sans commerce, sans rapport avec les pays voisins ; des idées folles, des absurdes terreurs qu'entretenaient les moines ; des sorciers, des loups-garoux, et du peu de sûreté qu'offraient les routes infestées de voleurs et de *revenants*, non moins redoutables.

« Elle venait sur-tout de l'état perpétuel de guerre

où vivaient les Comtois, qui, après s'être battus longtemps pour de petits seigneurs, dont les manoirs couronnaient la plupart des coteaux et des montagnes, se battirent ensuite, sans relâche, avec les Français leurs voisins. Tout le monde croyait aux sorciers ; le parlement de Dôle en faisait brûler quelques uns de temps à autre, pour maintenir une si louable coutume ; il y avait dans les anciennes prisons de cette ville le *cachot des sorciers* : c'était le plus noir, le plus humide, le plus affreux que l'on pût imaginer. M. Dusillet [1] l'a fait démolir. La dernière sorcière, brûlée à Dôle, le fut en 1607 : elle se nommait *Catherine Gaillard*, du *Grand-Vaud* : elle était accusée et *convaincue* d'avoir, *en pissant dans un trou*, composé une nuée de grêle, qui ravagea le Grand-Vaud, village situé dans les hautes montagnes du Jura, et d'où sortaient presque tous les sorciers, attendu que le peuple de ces contrées était le plus ignorant et par conséquent le plus farouche.

« La famine et la peste, suites inévitables de la guerre, achevaient d'abrutir le peuple. On s'isolait pour éviter la contagion. Des hommes, entourés d'images funèbres, accablés de tous les genres de

---

[1] On remarquera que ce nom respectable se trouve toujours sous ma plume toutes les fois qu'il est question d'un abus à détruire, ou d'un établissement utile à former dans la ville dont M. Dusillet est maire.

fléaux, n'en étaient que plus accessibles aux terreurs religieuses.

« La peste ravagea la province depuis 1636 jusqu'en 1645; il était permis alors de tirer sur le pestiféré, qui, enfermé dans sa maison, brisait sa chaîne et paraissait au milieu des rues.

« La noblesse et la haute bourgeoisie étaient aussi crédules et aussi superstitieuses que les hommes du peuple. On ne savait que prier, se battre et mourir pour le prince à qui on appartenait. Témoins les commandants *Morel* et *Dusillet*[1], qui aimèrent mieux se laisser *pendre* que de remettre aux Français d'alors, le premier la ville d'Arbois, et le second le château de Rahon, qui leur étaient confiés!... Du reste, peu de courtoisie, peu d'urbanité dans les mœurs, point de manufactures, point de luxe, presqu'aucune des commodités de la vie. Une architecture lourde et gothique, des maisons irrégulières, nul art d'agrément; tout se bornait à l'étude des langues anciennes, de la médecine, de la théologie, et du droit dans lequel se distinguèrent plusieurs professeurs de l'université, alors célèbre, et quelques conseillers au parlement. On ne savait ce que c'était que la poésie, la langue était à demi barbare à l'époque où florissaient *Racine* et *Pascal*[2].

---

[1] Un des aïeux du maire actuel de Dôle.

[2] Cependant Mairet, né à Besançon, est l'auteur de la première tragédie passable, la *Sophonisbe*.

« Depuis la conquête de la Franche-Comté par Louis XIV, quels changements !... Les beaux arts et leur brillant cortége sont venus adoucir nos mœurs, purifier nos coutumes barbares, embellir, charmer nos loisirs. Nous pouvons vous citer avec orgueil des noms célèbres dans tous les genres [1]; dans le droit, dans la médecine, dans les sciences exactes, dans l'art militaire, et enfin dans tous les arts libéraux. »

C'est au milieu de cette intéressante récapitulation que nous entrâmes en Alsace....

[1] Dans la littérature, l'histoire, la philosophie scolastique, MM. Suard et Droz, de l'Institut, un peu avant eux Millot et d'Olivet de l'Institut; Nodier, Weiss, Dusillet, Benoît, auteur de la *Liberté religieuse*; les abbés Requet, Mermet, Jacques, Bullet, et Bergier; le grammairien Lemare; dans le droit et la jurisprudence, MM. Grappe, Loiseau, Bavoux, Proudhon, Clerc, et le baron Bouvier; dans la médecine, Desault, Percy, Tissot, Thomassin, André Bouvier, Biot, Fourneret, Machard, et les Guyétant; dans les sciences naturelles et exactes, le baron Cuvier de l'Institut, M. Cuvier, son frère, Pouillet, Péclet, l'abbé Jantet; dans les arts mécaniques, Janvier, Molard, et Berthoud de l'Institut; dans les beaux arts, MM. Dejoux de l'Institut, Attiret, Devosge, et Rosset; dans l'art militaire, le maréchal Moncey, les généraux d'Arçon, Morand, Lecourbe, Bernard, Travot, Baudrand, Delort, Préval, Michel, Donzelot, Pajol, Rome, Lepin, Bachelu, Michaud, Pélissard, Barthélemy, Charnoté, David, etc.

N° XCIX. [28 Juin 1820.]

PATRIOTISME ET INDUSTRIE.

> Le peuple le plus industrieux finit par être le plus libre.
>
> M

Avec quel plaisir je me livrais d'avance à la contemplation de ses riches manufactures, de ses sites riants ou pittoresques, à l'étude des hauts faits de ses habitants; là du moins, me disais-je, tandis que ma mémoire, se reportant au milieu des guerres et des batailles, suivra des héros magnanimes moissonnant des lauriers pour la gloire de la France, je rencontrerai, au sein de la paix, les génies de l'industrie, qui, la couvrant d'une palme moins brillante, lui préparent une prospérité plus durable.

Préoccupé de tout ce que les merveilles industrielles vont m'offrir, des beautés naturelles que le sol renouvellera sans cesse à mes yeux, des traits de bravoure dont le souvenir ou le récit fera si souvent tressaillir mon cœur, au moment de mon entrée à Béfort je m'aperçois que, livré entièrement à mes réflexions, je n'ai rien vu, rien observé sur ma route; aussi j'ai dû croire mon vieux professeur qui m'assure que de Montbéliard à cette dernière ville rien ne méritait de fixer l'attention. Nous arrivâmes de nuit à Béfort. La première personne que je rencontrai à *l'hôtel de Versailles* est voyageur nomade qui m'y avait donné rendez-vous.

Le lendemain matin M. Courrier me fit déjeuner avec M. M***, vieillard encore robuste, dont je ne fus pas long-temps à deviner les goûts et les habitudes en le voyant tirer de sa poche et poser avec précaution sur la cheminée, avant de s'asseoir à table, quelques *pierrailles* et des plantes fraîchement cueillies; il venait, nous dit-il, d'explorer un petit coin des *ballons* des Vosges dont il faisait depuis vingt ans ses galeries.

Je ne perdis pas cette occasion de meubler ma mémoire d'une foule de renseignements précieux que j'ai recueillis dans ses entretiens.

On ignore à quelle époque remonte la fondation de Béfort, et l'on doit savoir gré aux historiens du pays d'avoir la bonne foi d'en convenir. On sait seulement que cette ville existait au commencement du quatorzième siècle, puisqu'elle fut citée dans les lettres de franchises accordées en 1307 par René de Bourgogne, comte de Béfort.

Cette ville, capitale dans ces temps reculés d'un petit pays appelé le *Sundgau*, eut d'abord ses souverains particuliers ; plus tard elle appartint à l'Autriche, et ce ne fut qu'en 1648 qu'elle passa à la France par le traité de Westphalie. C'était alors une ville nouvelle, l'ancienne ayant été réduite en cendres en 1400. Louis XIV fit don de cette principauté en 1559 à la maison de Mazarin. Dans les guerres de Bourgogne elle eut beaucoup à souffrir, et fut prise trois fois à la fin du dix-septième siècle. Ses fortifications, beaucoup plus anciennes que la ville même, sont dues à Louis XIV, qui sentit la nécessité de donner des moyens de défense à une ville placée à l'entrée de l'Alsace, dont elle est la clef du côté de la Franche-Comté. Ici le génie de Vauban essaya de corriger le vice d'une situation désavantageuse ; il voulut que la ville pût lutter contre les dangers qui la menaçaient du haut des montagnes qui la dominent.

En parlant des environs de Béfort, M. M***, replacé sur son terrain, cita avec un intérêt tout particulier le ballon de *Giromagny*, célèbre par ses mines d'argent, de cuivre, et de plomb.

« Ce nom de ballon, nous dit-il, que l'on donne à une partie des montagnes des Vosges, vient de la forme sphérique que ces montagnes affectent.

« *Giromagny* est un bourg situé à deux lieues et demie de Béfort, au nord de cette ville, sur la route de Nanci. Il est situé au pied et à l'extrémité méridionale des Vosges qui longent le département du Haut-Rhin, à l'*ouest* dans une direction parallèle au cours du Rhin, lequel cotoie à l'*est* le même département. C'est là que s'élève le fameux ballon de Giromagny. Sa hauteur est de mille soixante-onze mètres au-dessus du niveau de la mer. Cette masse superbe le cède cependant aux ballons plus imposants encore de *Berenkopt* et du *Cresson* près de Thann, dont l'un domine le niveau de la mer de mille quatre cents mètres; et l'autre de mille trois cents; et enfin à celui de *Guebwiller*, d'où l'on peut admirer un lac situé à huit cents mètres au-dessus de Colmar, et dont la superficie est de quatre-vingt-quinze mille mètres, tandis que ce fier ballon s'élève encore de mille trois cent soixante mètres au-dessus du niveau de la mer. Mais celui de Giromagny est, sans contredit, le plus riche en mines variées; les trésors de la nature s'y découvrent à chaque pas; ses mines d'argent, de cuivre, de plomb, de cristaux de roche, de marbre, se trouvent dans les entrailles de cette montagne féconde. Le vénérable naturaliste reporta bientôt notre attention sur les travaux magnifiques des forges qu'il y avait rencontrées; il nous parla des porphyres qu'il y avait vu polir; d'une belle scierie de granit qu'on y a établie; puis, nous transportant avec lui au sommet de la montagne, et nous faisant mesurer l'immense horizon qui l'entoure, il a voulut nous en détailler, ou plutôt nous en faire voir les admirables points de vue. A l'*est*, et à plus de trente lieues, c'étaient les montagnes Noires, celles de la Suisse : au *sud-est*, le Mont-Jura, le Grand-Saint-Bernard, les Alpes ; au *sud*, les environs de Besançon et de Salins ; au *sud-ouest*, Langres et tous les pays en deçà ; et enfin la Lorraine au *nord-est*. Il soupira en parlant de la fontaine qui se trouve sur le ballon ; mais bientôt ses yeux s'animèrent de nouveau en nous décrivant la route qui conduit sur la montagne ; elle fut tracée sous Louis XV, et ses gigantesques travaux n'ont été surpassés que par les routes modernes du *Simplon*, du *Mont-Cénis*, de la *Corniche*, du *Mont-Genèvre*, si dignes de l'admiration des siècles présents et futurs. Il nous fit frissonner en nous parlant de la hardiesse de cette route, pratiquée au milieu de toutes les difficultés vaincues, pour dérober aux précipices la marche du voyageur. Il nous la montrait s'enfonçant dans un espace de plus en plus escarpé, par une pente toujours plus âpre, où la nature se dépouillant par degrés de toute végétation ne s'offre plus que sous des formes sévères et gigantesques.

Sous le nom générique de *mines* de Giromagny il faut comprendre non seulement celles qui sont situées sur cette commune, mais encore celles des communes du *Puits* et d'*Auxelle-le-Haut*; il passa en revue les différents noms sous lesquels on les désigne spécialement à mesure que l'on remonte la chaîne des Vosges; mais je ne rappellerai pas après lui cette longue nomenclature; il me suffisait de savoir que le département du *Haut-Rhin* est très riche en productions minérales; que les mines, ici comme ailleurs, ne se rencontrent pas indistinctement de la même qualité dans des lieux souvent très rapprochés; et qu'enfin chaque produit a, pour ainsi dire, sa place de prédilection. Depuis la révolution, l'exploitation de toutes ces mines a été grandement négligée; on en accuse généralement le défaut de bois.

Le lendemain M. Courrier me conduisit à l'*usine* de Béfort, l'une des plus considérables du pays. Elle se compose de trois hauts fourneaux, de quatre feux de forges, de deux martinets, et d'une fonderie; quinze cents ouvriers de tous les âges y sont employés à la seule fabrication du fer. Mon guide m'apprit que le minerai de *Pérouse*, de *Roppe*, etc...., villages situés à peu de distance, alimentait seul cette usine, qu'il était inépuisable et de bonne qualité, sans être comparable à celui de *Lierperg*, de *Seprain*, et de *Courroux*, qui, suivant lui, fournit un fer égal en bonté à celui de Suède, réputé le meilleur de l'Europe. Le savant minéralogiste voulut bien encore me donner quelques détails sur le mode d'exploitation; ici, comme dans tout le reste de la France, il est défectueux; c'est toujours l'eau qui fait abandonner les travaux, et jamais la perte du *minerai*. En général, le travail des mineurs consiste à sonder la nature et la fécondité du sol, en creusant des puits de recherche, que l'on abandonne successivement jusqu'à ce qu'on ait rencontré le minerai en assez grande abondance pour encourager de nouveaux efforts. On pratique alors à dix ou douze mètres du premier, un second puits pour l'extraction de l'eau qui se fait à bras d'homme; tandis que dans l'autre on opère l'extraction du minerai. On sent combien un pareil mode d'exploitation endommage la superficie du sol et multiplie les frais des fouilles. On a cherché vainement à introduire la méthode appelée *Pargubries* qui, selon notre savant guide, est infiniment préférable.

En voyant le minerai de l'usine de Béfort, M. M*** chercha dans sa mémoire de jeune homme, et, me citant tous les lieux connus pour cette espèce d'exploitation, il me montra sur la carte du département ceux où se trouvent également les plus belles manufactures.

Je dois en retrouver plusieurs sur ma route, mais je m'arrête avec lui à *Beaucourt*, que je regrette de ne pouvoir parcourir. Ce village est au midi de Béfort, sur la frontière du Haut-Rhin, à peu de distance de Montbéliard; aucun établissement de l'Alsace ne mérite une mention plus honorable; il enfante des merveilles sous la direction des frères Jappy, auxquels j'aime à rendre de très loin un hommage qu'il m'aurait été doux de leur adresser au milieu de leurs ateliers, au bruit de leurs mécaniques, et devant les ouvrages qu'elles créent avec tant de rapidité et de perfection. L'exécution des machines et des instruments qu'on emploie dans cette fabrique est aussi belle que leur simplicité est admirable. Des femmes, des enfants, des vieillards, au nombre de quatre ou cinq cents, font avec facilité, de leurs mains faibles et délicates, ce que faisaient jadis avec beaucoup de fatigue un plus grand nombre d'hommes jeunes et robustes. On y confectionne cinq cents douzaines de mouvements de montres par semaine ; et, si les besoins du commerce l'exigeaient, les produits de cette fabrication pourraient être doublés ; ils alimentent en grande partie les ateliers d'horlogerie de Dolemont et de Porentruy : M. Jappy père, dont les découvertes ont aplani les difficultés d'un métier pénible, avait déja obtenu un brevet d'invention en 1799 ; et à l'exposition des produits de l'industrie en 1802, le jury des arts lui décerna une nouvelle médaille. Les frères Jappy ont aussi une manufacture de vis à bois, pour laquelle ils ont été brevetés en 1806.

Je regrette de ne pouvoir m'arrêter au val de *Saint-Imier*, qui, à lui seul, livre annuellement au commerce plus de deux cent dix mille montres façonnées en or, en argent, ou en cuivre, et un nombre considérable de mouvements qui passent à l'étranger ; ces détails sont d'autant plus intéressants qu'ils appellent, dans un espace très resserré, l'attention sur huit mille individus qui compensent et corrigent la stérilité du sol le plus ingrat, par les ressources de l'industrie la plus féconde.

De retour à Béfort, je parcourus la ville, placée sur la rive gauche d'une petite rivière, la *Savoureuse*, qui prend sa source au Ballon de Giromagny; sa position est agréable; elle est bien bâtie; l'hôtel-de-ville, l'église paroissiale, l'hôpital militaire, la bibliothéque, le collége, sont d'un assez bon goût : j'ai examiné son château, dit *roc de Béfort;* en effet, il est bâti sur un rocher très élevé, et existait déja en 1227.

Béfort, situé dans une contrée très riche, à l'entrée d'une province industrieuse, devient naturellement le centre d'un commerce important, que facilite le voisinage de l'Allemagne et de la Suisse. A peu de distance de la ville, sur une hauteur vers le nord, on voit une espèce de tour pyramidale, dite *la Pierre-Motte;* on prétend qu'elle servait de phare et qu'on y allumait jadis des feux à l'approche de l'ennemi.

La voiture nomade se remettait le lendemain en route; j'y pris place avec M. Courier et un juge d'Altkirch de ses amis qui regagnait en se promenant ses foyers. A peine sortions nous de Béfort; « C'est là, me dit ce dernier, c'est dans cette plaine, qu'en 1815 quelques milliers de Français, sous la conduite du général *Lecourbe*, ont attaqué l'armée des alliés; c'est là que ces braves guerriers, mettant le courage aux prises avec le nombre et la mauvaise fortune, ont soutenu les efforts réunis d'un ennemi nombreux et triomphant, jusqu'à ce qu'enfin la défaite de *Waterloo* vint nécessiter une suspension d'armes. »

Ce récit et l'accent qui l'animait étaient pour moi d'heureux présage; mais bientôt, laissant ces événements modernes, le savant jurisconsulte passa rapidement en revue l'histoire de l'Alsace.

« Cette histoire de l'Alsace, comme celle de tous les peuples, est couverte de ténèbres; on sait cependant avec certitude que long-temps déjà avant la naissance de *Jésus-Christ* cette province faisait partie des *Gaules*. Les *Médiomatriciens*, les *Séquaniens*, et les *Rauraques*, peuples d'origine gauloise, s'étaient répandus dans l'Alsace; le caractère de ces nations, leur genre de vie, présageaient une postérité mâle et guerrière. Une chevelure épaisse, touffue, relevée en tresses sur le sommet de la tête; des casques d'airain, une lance armée de fer, une épée longue, massive, et sans pointe; une hache et un petit javelot, rendaient encore plus terrible leur maintien redoutable; ils savaient repousser l'ennemi avec autant d'intrépidité que vaincre avec courage toute espèce de privations; mais à cette bravoure qui caractérise encore de nos jours les successeurs de ces premiers habitants, à leur simplicité guerrière, venait se mêler une superstition cruelle, fléau inséparable de l'ignorance et presque toujours de l'origine des peuples. On voyait des Celtes voisins du Rhin attribuer à ce fleuve un discernement surnaturel, et exposer sur ses eaux les enfants dont le père soupçonnait la naissance; si l'enfant revenait poussé par la vague, le fleuve avait justifié la mère; si l'enfant périssait, la mère, alors criminelle, devait périr aussi. On aura tout dit, quand on saura qu'ils ont eu leurs druides, leurs Teutatès, etc., etc.

« *Arioviste*, chef des Germains, trouble le premier la tranquillité de ces Gaulois; et, après quatorze ans d'une domination usurpée, il est vaincu lui-même par Jules-César : l'Alsace fait alors de vains efforts pour recouvrer sa liberté; elle n'est plus qu'une province romaine; et c'est à cette époque, cinquante-six ans avant Jésus-Christ, qu'il faut faire remonter l'origine des châteaux, des murailles et des forteresses, dont on rencontre encore les débris sur quelques points militaires.

« Comme elle était voisine de la belliqueuse Germanie, ses nouveaux maîtres lui préparaient des moyens de défense pour conserver leur conquête; l'Alsace recevait la loi de *Rome*, et Rome opéra sur elle, comme sur tant de peuples conquis, la révolution des mœurs, des lois, de la langue, et de la religion. Depuis Auguste, héritier des victoires de César, on a vu cette province agitée par autant de tempêtes que l'empire lui-même, se débattre contre sa ruine; les troubles du dedans, et les incursions du dehors, le nombre et le désordre des partis, laissent à peine à cette province un jour de paix et de tranquillité; les barbares, toujours repoussés avec plus ou moins de bonheur, inondent sans cesse les contrées du Rhin; mais une ère nouvelle se présente.

« Constantin embrasse la religion catholique au quatrième siècle, et l'esprit de prosélytisme se répand par-tout; des soldats romains arborent la croix du Christ; leur exemple prépare les cœurs, et l'Alsace est chrétienne à la voix de saint *Materne*, qui devient son apôtre; des guerres ensanglantent encore son sol; mais sous *Théodose* l'empire romain s'écroule, et l'Alsace lui est ravie. Écrasé sous la domination des officiers des empereurs, le peuple favorise l'invasion; ils échangent un joug qu'ils ne peuvent plus supporter contre une oppression nouvelle; ils deviennent la proie des Francs; mais bientôt le terrible roi des Huns, *Attila*, ravage encore l'Alsace, et vient, sur cette terre qu'il couvre de ruines, mériter mieux que par-tout ailleurs le surnom de *Fléau de Dieu*: *Mérovée*, roi des Francs, le repousse; *Clovis*, son successeur, embrasse la religion catholique, triomphe des Huns et des Germains, et fixe par la victoire l'époque de la domination assurée des Francs sur l'Alsace, province qui avait appartenu cinq cent cinquante-quatre ans aux Romains.

« Sous les auspices des rois de France l'Alsace sort de ses ruines ; des villes s'élèvent, et des temples chrétiens les décorent. Ces belles vallées des Vosges, et leurs environs que nous allons bientôt parcourir, n'offraient alors que des déserts stériles, où vivaient quelques ermites venus de la Grande-Bretagne, de la France et de l'Allemagne ; à la place de leurs humbles cellules, autour desquelles une culture plus soignée commençait à fertiliser le sol, on vit bientôt se grouper des cabanes champêtres ; et enfin s'élever des hameaux, des villages, des bourgs florissants. A travers ce commencement de prospérité s'établit l'usage des duels. La faiblesse des derniers Mérovingiens enhardit les Allemands ; ils ravagent l'Alsace ; *Pépin-le-Bref* paraît alors ; il oppose son courage et son ambition aux droits d'une race tombée dans le mépris ; et, plaçant sur le trône une race nouvelle, il fait respecter les contrées soumises à son épée. *Charlemagne*, son successeur, lutte contre la barbarie de son siècle ; et, de la même main qui repousse les ennemis, il favorise les arts, et fait sentir l'influence de son génie par-tout où s'étend son empire : il comble l'Alsace de bienfaits ; mais bientôt ce rayon lumineux disparaît sous la faible autorité de ses descendants : le pouvoir féodal s'affermit au dixième siècle ; chaque château entouré d'un fossé, renferme un despote : plus d'émulation, plus d'énergie, l'Alsace redevient esclave.

« *Raoul*, ou René de Bourgogne, et *Henri l'Oiseleur*, empereur d'Allemagne, se disputent cette province ; elle se réunit à l'Autriche, et la France la perd pendant sept siècles entiers. Henri l'Oiseleur chasse les Hongrois qui, sous le nom de Huns, avaient déjà dévasté l'Alsace avec Attila, et qui la ravagèrent encore en 917 et en 926, s'attachant sur-tout à la destruction des temples chrétiens et des bibliothèques des monastères. L'abbaye de *Mürback* vit périr alors quelques uns de ses religieux, avec le même calme qu'autrefois Rome avait admiré dans ses vieux sénateurs, à l'approche des Gaulois. Traînés au pied des ballons des Vosges, pour y avoir un destin semblable, ils y furent massacrés ; et *Mordfels*, de nos jours, signifie encore le *champ du carnage*. Henri éloigne ces barbares, réunit en 926 l'Alsace à la Souabe, et en forme un duché non héréditaire jusqu'en 1080, où Henri II le donne à Frédéric de Hohenstauffen, son gendre, dont les descendants au nombre de vingt-six gouvernèrent l'Alsace jusqu'à la mort de Conradin, dernier duc, qui en 1268 mourut à Naples sur un échafaud.

« Devenue alors province immédiate de l'Empire, l'Alsace présente peu de faits importants. En 1493 les paysans se révoltèrent contre les seigneurs, et formèrent une ligue appelée *Brundschuh* (*soulier de la ligue.*) Les chefs de la rébellion furent pris, et les paysans dispersés. Une nouvelle révolte éclata en 1525 dans la Forêt-Noire, et de là s'étendit sur toute la province. Les villes, les bourgs, les châteaux, et les édifices ecclésiastiques furent pillés et dévastés. Ces scènes d'horreur se terminèrent par la destruction de plusieurs villages, et la mort de plusieurs milliers de rebelles; enfin la *réformation* fut introduite vers le même temps par les théologiens *Mathieu Jell, Thibaut, Schwaërtz, Paul Fagius,* et *Martin Bucer,* qui furent puissamment secondés par les magistrats.

C'est à cette époque que les sciences et la littérature commencèrent à fleurir en Alsace. Pendant la guerre de trente ans, qui fit de toute l'Allemagne un vaste champ de carnage, de nombreuses calamités vinrent encore fondre sur cette province, occupée tour-à-tour par les troupes des différents partis. En 1632, une armée suédoise, sous la conduite du comte de Horn, y entra, s'empara de plusieurs villes, et passa au fil de l'épée un grand nombre de paysans. Ces villes invoquèrent la protection de la France, et les troupes allemandes, françaises, suédoises, couvrirent à-la-fois l'Alsace jusqu'en 1637, où Bernard, duc de Saxe, s'empara de presque tout le pays à la tête de dix-huit mille hommes.

« Après la mort de ce prince, la paix de Westphalie, en 1640, mit un terme à tant de désastres, et l'Alsace, que ses mœurs et son langage rapprochaient de l'Allemagne, fut enfin cédée à la France en 1648, à l'exception cependant de Strasbourg, de quelques seigneuries, et de dix villes qui restèrent sous la puissance immédiate de l'Empire, jusqu'à ce que la guerre se rallumant de nouveau, Louis XIV rejeta sur la conscience de Louvois la violation des traités, et s'empara, en 1673, des villes restées libres. La paix de *Nimègue*, signée en 1678, et celle de *Ryswick* en 1697, confirmèrent les premiers droits de la France; et la province, les terres, seigneuries, et toutes leurs dépendances lui furent irrévocablement acquises.

La douceur de la domination française répara les maux cruels qui assiégeaient ces malheureuses contrées depuis un si long temps. Les villages ensevelis sous les décombres n'avaient plus de bras pour cultiver les champs; les paysans avaient péri; ou, pour échapper aux charges que faisaient peser sur eux ces guerres éternelles, avaient émigré en Suisse, en Lorraine, et en Bourgogne. La paix ramena l'agriculture et l'abondance; le commerce refleurit; on fit creuser des canaux, réparer des forteresses;

on établit des postes; les corvées furent diminuées, la mendicité abolie, et l'administration de la justice améliorée.

« En 1789, l'Alsace fut divisée en *Haute* et *Basse*, et forma par cette nouvelle organisation deux départements, celui du *Haut* et du *Bas-Rhin*. »

Dans cette longue série d'événements, le savant jurisconsulte ne m'avait pas parlé de l'expulsion des jésuites; je savais cependant que leurs colléges de *Haguenau*, *Schélestadt*, et *Ensisheim*, avaient reçu une autre destination : mais nous approchions d'Altkirch, et M. Courier prit la parole.

« N'apercevez-vous pas, me dit-il en mettant la tête hors de la voiture, et en dirigeant mes regards vers le midi; n'apercevez-vous pas à une distance d'environ trois lieues une espèce de *mont?* là, près de *Ferrette*, sont les ruines d'un château qui était la résidence des ducs d'Autriche. On y voit encore un puits taillé dans le roc, et profond de deux cents mètres; un peu plus loin était la riche abbaye de *Lucelle* : une vie active et industrieuse a remplacé dans ses vastes bâtiments la vie austère, mais inutile, de ses religieux; les hommes ne s'y consument plus en vœux stériles et impuissants; ils cherchent la prospérité par une voie plus sûre; une forge à hauts fourneaux y emploie les bras des malheureux du pays, et fournit au commerce ses riches produits. Plus près de Ferrette, continua-t-il, est

un petit village appelé *Winkel*, fécond en mines de fer. C'est là que la rivière d'Ill prend sa source; elle n'est célèbre que parcequ'elle donne son nom à la province qu'elle fertilise, et qu'elle embellit en la parcourant dans une grande partie de son étendue. Elle traverse en effet tout le département du Haut-Rhin, devient navigable à un quart de lieue de *Colmar*, et va se jeter dans le Rhin à deux lieues de Strasbourg, après avoir également parcouru une partie du Bas-Rhin. » Portant toujours mon attention sur la partie méridionale, il me montra à-peu-près l'emplacement du lac le plus considérable de l'Alsace; on le nomme *lac de Bienne*; il a trois lieues et demie de long sur une lieue de large, et sa profondeur moyenne est de quatre-vingt-dix mètres. Au milieu de cette grande nappe d'eau on voit s'élever deux îles, dont l'une petite et inculte ne produit que des saules et des persicaires: un intéressant souvenir se rattache à la plus grande: l'auteur d'*Émile*, poursuivi par l'affreuse idée que les habitants de la principauté de Neufchâtel avaient voulu attenter à sa vie, voulut y fixer son séjour. Lui-même me fournira la description de cet aimable lieu: « L'île de Saint-Pierre, appelée à Neufchâ-
« tel l'*Ile de la Motte*, a environ une demi-lieue de
« tour; mais dans ce petit espace, elle fournit
« toutes les principales productions nécessaires à
« la vie. Elle a des champs, des prés, des ver-

« gers, des bois, des vignes ; et le tout, à la fa-
« veur d'un terrain varié et montagneux, forme une
« distribution d'autant plus agréable, que ses par-
« ties ne se découvrant pas toutes ensemble se font
« valoir mutuellement, et font juger l'île plus grande
« qu'elle n'est en effet. Une terrasse fort élevée en
« forme la partie occidentale qui regarde *Gleresse*
« et *Bonneville*. On a planté cette terrasse d'une
« longue allée qu'on a coupée dans son milieu par
« un grand salon, où durant les vendanges on se
« rassemble les dimanches de tous les rivages voi-
« sins, pour danser et se réjouir. Il n'y a dans l'île
« qu'une seule maison, mais vaste et commode, où
« loge le receveur, et située dans un enfoncement
« qui la tient à l'abri des vents. . . . .
« . . . .
« La forme du lac qui l'environne est un ovale pres-
« que régulier ; ses rives, moins riches que celles des
« lacs de Genève et de Neufchâtel, ne laissent pas
« de former une assez belle décoration, sur-tout
« dans la partie occidentale qui est très peuplée, et
« bordée de vignes au pied d'une chaîne de monta-
« gnes, à-peu-près comme à Côte-Rôtie, mais qui
« ne donnent pas d'aussi bon vin. On y trouve, en
« allant du sud au nord, le bailliage de Saint-Jean,
« Bonneville, Bienne et Nidau à l'extrémité du lac ;
« le tout entremêlé de villages très agréables. »

« C'était là, c'était dans cet aimable lieu, que

J. J. espérait, dans ses douces rêveries, se consoler de l'injustice des hommes ; et déja sa brûlante imagination, enfantant mille projets d'une félicité conforme à ses idées simples et studieuses, s'occupait à créer le plan d'une *Flore Petrinsularis*, lorsque le sénat de Berne, à qui l'île appartenait en partie, l'obligea de quitter à la hâte le séjour qu'il appelait son *bonheur.* » C'était en nous entretenant de ce grand peintre de la nature que nous entrâmes dans *Althirch.*

Cette ville est agréablement située sur un coteau, au pied duquel coule la rivière d'*Ill*. On fait remonter son origine au treizième siècle; Frédéric II en fut le fondateur; mais c'est sur-tout à l'archiduc Albert qu'elle doit son nom de *ville*. Sous le règne de ce prince, un incendie terrible ayant détruit toutes les habitations qui existaient primitivement dans la vallée, ce fut à celles qui s'élevèrent sur la montagne, qu'Albert donna le titre de ville d'*Althirch*. Elle est séparée par un fossé du château détruit de Ferrette.

Le savant ami de M. Courier nous invita à descendre chez lui; il était veuf, et père de deux charmants enfants, qu'élevait sa sœur avec une sollicitude toute maternelle. Il m'eût été doux de passer quelques jours dans cette intéressante famille; mais mon compagnon de voyage était attendu à *Mul-*

hausen, et ce ne fut pour ainsi dire qu'en courant que je parcourus Altkirch.

C'est à cette dernière ville que l'on doit l'introduction de la *rubannerie* dans l'Alsace. En 1800, une première manufacture s'établit à *Saint-Morand*, près d'Altkirch; elle prit promptement un accroissement considérable, et occupe présentement plus de deux cent cinquante ouvriers à la confection de rubans, de filoselle, etc., travaillés à la façon de Hollande. A l'exemple de celle-ci, d'autres fabriques de même genre se sont successivement élevées dans les environs; elles tirent leurs matières premières des départements au-delà des Alpes, du sud de la France, de la Suisse et de l'Allemagne; mais si l'éducation des vers à soie, et la culture du mûrier sont encouragées, le département du Haut-Rhin augmentera encore ses bénéfices et sa prospérité.

Les instances de notre hôte n'ayant pu retarder l'heure de notre départ, il nous accompagna jusqu'à *Aspach;* et c'est près des eaux d'une belle source minérale, qui donne une certaine réputation à ce petit village, que nous nous séparâmes.

A mesure que nous approchions de Mulhausen, M. Courier me faisait remarquer une population industrieuse; chaque bourg, chaque maison m'offrait l'image du travail et de l'activité. Cette ville, surnommée à juste titre le *Manchester* de la France, et la reine des cités manufacturières de l'Alsace, fait sentir au loin sa bénigne influence. Pas un village, pas un hameau, qui n'ait sa riche ou sa modeste manufacture, destinées, les unes au tissage du coton, à la fabrication des rubans; les autres à celle des toiles peintes, des draps, etc., etc.

J'arrive à Mülhausen le soir par un beau clair de lune; dans chaque habitation, le bruit sourd ou aigu d'une machine, d'un métier, qu'accompagne un chant joyeux, me révèle une famille d'artisans à l'ouvrage; je ne sais quelle joie j'éprouve moi-même à me trouver dans cette cité laborieuse.

Nous voilà installés à l'hôtel du *Lion-Rouge*, attendant le lendemain avec impatience.

N° C. [8 juillet 1820.]

MULHAUSEN.

— *Age, tutus eris.*
Ovide.
Travaillez, et ne craignez rien

La position de *Mulhausen* est on ne peut plus favorable au développement de son industrie; située dans une riche et fertile campagne, elle trouve dans un terrain égal qu'arrose la rivière d'Ill, et dans l'amour du travail de ses habitants, les éléments de sa prospérité. Cette ville est belle, bien bâtie, ornée de plusieurs beaux édifices, parmi lesquels on distingue l'hôtel-de-ville, et le temple des réformés; elle doit aux nombreux moulins qu'on y voyait autrefois son nom de Mulhausen; cependant quelques habiles scrutateurs de l'antiquité prétendent qu'elle fut bâtie du temps des Romains, qui lui donnèrent le nom de *Arialbinum d'Antonin*; d'autres, lui refusant une si noble origine, ne font remonter sa fondation qu'aux premiers empereurs d'Allemagne.

Quoi qu'il en soit, dès sa naissance, indignée de la tyrannie des *landgraves,* des *avoués,* et des *préfets* de l'*Alsace,* elle s'affranchit des atteintes qu'on portait à sa liberté, en s'alliant avec *Berne* et *Soleure* en 1466, et avec *Bâle* en 1604. Les cantons protestants lui procurèrent l'indépendance, et son incorporation avec la Suisse, la paix et la tranquillité. Plus tard cependant elle se gouverna seule ; elle avait alors un grand et un petit conseil ; quarante hommes formaient toute sa milice; et pour la sûreté des propriétés six bourgeois gardaient les vignobles pendant la nuit. Tout en admirant cette forme simple de gouvernement, on se rappelle néanmoins de singulières ordonnances; en 1751 il fut ordonné de renvoyer, avec dix sous donnés aux frais de l'état, tous les aveugles et les estropiés, et s'ils revenaient mendier, on devait les enfermer pendant six jours, et les mettre au pain et à l'eau. Par une deuxième ordonnance le bourgmestre devait avoir à l'église, pendant l'office divin, un moniteur chargé de *noter* tous les hommes qui *babillaient;* celle-ci n'était que minutieuse, l'autre était cruelle. Aussi fière et aussi avare de ses priviléges que l'ancienne Rome, cette petite république n'accordait que difficilement le droit de *cité;* tout à elle-même, tout à sa liberté, tout à son industrie, elle ne prit aucune part aux guerres entre la France et les états d'Allemagne ; et sa neutralité fut toujours respectée par des puissances qui auraient pu la violer impunément. Pendant la guerre de 1664, après avoir battu les Impériaux sous les murs même de Mulhausen, on vit le grand Turenne respecter religieusement l'indépendance de cette ville, et ne rien exiger de ses habitants, qui, selon leur coutume, conservèrent une neutralité parfaite. Mais cette indifférence de Mulhausen ne tombait que sur des querelles étrangères ; et lorsqu'elle sentait l'impossibilité de se suffire à elle-même pour faire fleurir son industrie et son commerce, elle implorait volontiers le secours de ses voisins. Elle voulut entrer dans la confédération suisse ; mais le gouvernement helvétique rejeta son alliance, et bientôt le commerce de ces petits républicains fut mis à deux doigts de sa perte par les nouvelles lois des douanes françaises qui prohibaient les indiennes étrangères. Son territoire, enclavé dans l'Alsace, ne lui permettait aucune importation ; ce fut alors qu'elle écouta le conseil de se réunir à la France ; mais la plupart des bourgeois se récrièrent contre un projet qui ne tendait à rien moins qu'à leur faire perdre le privilége d'une indépendance consacrée par les siècles. L'amour de la liberté d'une part, la prospérité de l'industrie de l'autre, partageaient encore les esprits, lorsque la révolution française vint fixer toutes les incertitudes. On pensa qu'on conserverait cette précieuse indépendance sous les lois d'une république; et les 30 et 31 janvier 1798 les magistrats et les habitants de Mulhausen votèrent leur réunion définitive à la France.

L'histoire de Mulhausen n'est guère que celle de son industrie et de son commerce; mon vieux compagnon m'a donné sur ce point tous les renseignements que je pouvais desirer. « Jusqu'au milieu du dernier siècle, me dit-il, l'industrie de Mulhausen ne s'était encore distinguée que par la draperie; on n'y connaissait point l'impression sur toile de coton. En 1745 un commis, *Schmalyer*, qui avait vu ce procédé à Bar-le-Duc, revint avec l'espérance et le projet d'en enrichir sa ville natale. Deux bourgeois coopérèrent à cette naissante entreprise; l'un, *Samuel Kœchlin*, en fournissant des fonds; l'autre, *Dollfus*, peintre de Mulhausen, par ses talents et ses connaissances dans le dessin et dans l'art d'appliquer les couleurs. Leurs essais furent d'abord imparfaits; mais s'instruisant par leurs propres expériences, ils corrigèrent bientôt leurs premiers essais, devinèrent l'art par degrés, et livrèrent enfin au commerce les produits perfectionnés d'une heureuse persévérance.

« L'époque de leurs succès devint celle d'une émulation générale; on vit à leur exemple, et sous leurs auspices, s'élever les maisons *Heilmann*, *Biffler*, et plusieurs autres. En 1770 on y comptait déja quinze fabriques d'indiennes; les riches habitants de Bâle s'empressaient d'apporter leurs capitaux

aux nouveaux fabricants. Mais c'est sur-tout lorsque Mulhausen, réunie à la France républicaine, vit son industrie affranchie de tous les obstacles extérieurs, qu'elle prit cet essor brillant qui la fait fleurir aujourd'hui : c'est à-peu-près vers ce temps que les *métiers à rubans* s'y établirent ; ici l'intérêt privé vint lutter honteusement contre l'intérêt général. La corporation des passementiers opposa au succès de cette nouvelle branche d'industrie une résistance opiniâtre. Les jurandes chargées anciennement d'examiner toute invention nouvelle n'étaient plus reconnues par les lois ; mais elles existaient encore favorisées seulement par de vieux préjugés ; leur influence repoussait une innovation qui pouvait nuire à leurs professions ; et telle était la force de ces *vieux préjugés*, que les magistrats, malgré leur desir de voir la ville s'enrichir par de nouvelles manufactures, donnèrent d'abord raison à la jurande. Le temps amena enfin ce que n'avait pu faire l'intérêt général : il triompha d'usages absurdes ; et, après avoir éprouvé mille entraves, les fabricants de rubans purent librement exercer leur industrie.

« Je n'ai rien pu savoir sur l'époque de l'introduction, et sur le développement d'une autre branche de commerce qui honore encore Mulhausen par son degré de perfection. Cette ville possède en effet plusieurs maroquineries qui peuvent rivaliser avec toutes celles du royaume ; il se fabrique ici annuellement plus de quinze mille peaux, dont les négocians qui tiennent à la qualité s'emparent avidement.

« Depuis quelques années M. *Gaspard Dollfus*, un des descendants de celui qui coopéra à la première confection des indiennes, et M. Meyer d'Arbon, ont encore introduit un nouveau genre de fabrication; ils impriment sur soie et en couleurs solides des dessins à l'imitation de ceux de l'Inde. Le prix de ces soieries peintes est très modéré.

« Dans ce précis rapide de l'histoire du commerce de Mulhausen nous retrouverons à toutes les époques ce nom si honorable des Kœchlin, que l'on peut regarder comme les fondateurs de la prospérité industrielle de cette ville. Sous leur habile direction la manufacture héréditaire est devenue une des plus considérables de l'Europe. Elle n'occupe pas moins de six mille ouvriers. Lors de l'exposition de 1819, le jury, chargé de juger les produits de l'industrie, décerna la médaille d'or aux frères Kœchlin, et obtint pour *Gaspard* la croix de la Légion-d'Honneur. Le chef de cette honorable famille (Jacques Kœchlin) l'avait reçue depuis plusieurs années. Ce dernier, jusqu'en 1813, n'était connu que par ses relations commerciales, et sa bienfaisance envers ses nombreux ouvriers, en faveur desquels il a fondé et doté richement une institution pour les orphelins; en 1813, dis-je, nommé maire de Mulhausen, il fit preuve non seulement d'une intégrité telle qu'on devait l'attendre de lui, mais encore de talents administratifs fort distingués. Sa conduite ferme et patriotique en 1814 lui mérita l'honneur d'être destitué par les chefs des armées étrangères lors de l'invasion de la France; réintégré sous le ministère de M. Decazes, destitué de nouveau à l'époque de la loi électorale du 29 juin 1820, il n'en fut pas moins appelé à la chambre des députés d'une voix unanime. Toute la population de Mulhausen, heureuse de lui prouver son estime et sa vénération, fit de ce jour un jour de fête; et par un mouvement spontané tous les habitants illuminèrent leurs maisons [1]. »

C'est au milieu des ateliers de MM. Kœchlin, au sein de cette famille honorable, que M. Courier voulut m'achever l'éloge de son chef. Rien ne pouvait m'en donner une aussi haute idée que l'amour, l'admiration, et les respects dont il vit entouré.

---

[1] On sait que cet honorable député déploya à la chambre, comme dans sa ville natale, le patriotisme le plus pur, le plus dévoué; et l'on sait aussi que le jugement d'une cour supérieure le condamna à trois mois de prison et à trois mille francs d'amende, pour avoir fait imprimer sous sa responsabilité personnelle une relation, qui d'abord avait été présentée à la chambre comme pétition, signée de cent trente-deux électeurs, dont l'objet était de demander une enquête judiciaire sur une promenade militaire de deux escadrons de cavalerie dans le département du Haut-Rhin.

En sortant de la belle manufacture de MM. Kœchlin, j'ai jeté sur les autres un coup d'œil rapide; par-tout l'ordre, l'activité; par-tout la richesse et le bonheur. On compte quinze fabriques de toiles peintes à Mulhausen; elles fournissent au commerce plus de cent vingt mille pièces par année, et ces étoffes se distinguent par leur solidité, et l'éclat de leurs couleurs.

Onze fabriques de draps, qui mettent au moins quatre-vingts métiers en activité, produisent annuellement plus de quatorze mille pièces. Cette branche d'industrie a éprouvé depuis quelques années un accroissement considérable, par la prohibition des draps étrangers, et par les entraves mises à la contrebande. Les draps sont tissés, foulés, teints, tondus, et apprêtés dans la ville même de Mulhausen; et la laine en est filée dans les environs.

Quant aux filatures de coton, Mulhausen en possède déja deux considérables, et cette partie de l'industrie y prend chaque jour de nouveaux accroissements : on compte à Mulhausen plusieurs manufactures de bonneteries en coton; leurs produits, qui consistent en bonnets, bas, et gants, passaient autrefois en Espagne et dans les îles. On trouve encore dans cette ville quatre ou cinq manufactures de *siamoise*, sorte d'étoffe faite d'un mélange de fil de chanvre et de coton, qui sert ordinairement à l'habillement des femmes de campagne.

La plus considérable est celle de M. Laurent Wœber, qui seule, tant dans la ville qu'aux environs, occupe plusieurs milliers de bras, et livre au commerce, chaque année, plus de quatre vingt mille pièces de cette étoffe, de quarante aunes chacune.

La filature du coton et du lin, dans cette vaste fabrique, et dans celles du même genre du département, occupe pendant l'hiver presque tous les pauvres des différents cantons; les industrieux habitants de Giromagny sur-tout vont chercher dans les Vosges les chanvres, pour les travailler, et cette occupation augmente encore leur aisance.

A dîner nous dégustâmes l'excellent vin de *Rixheim*, l'un des plus délicats et des plus renommés du pays; le village, dont il porte le nom, situé à peu de distance de Mulhausen, possède une superbe manufacture de papiers peints, qui occupe environ trois cent cinquante ouvriers. Un quart des papiers de tenture de cet établissement s'expédie dans les premières villes de France; le reste dans l'Italie, l'Allemagne, les états du Nord, et principalement dans la Russie. Le goût qui se prononce chaque jour davantage pour ce genre de décoration donne, depuis plusieurs années, un débit considérable aux produits de cette belle manufacture.

L'imagination remplie de tout ce que j'avais vu,

de tout ce que j'avais admiré à Mulhausen, je desirais me rendre directement à Colmar, en traversant la petite ville d'Ensisheim; mais mon guide en avait ordonné autrement, et nous prîmes notre route, en côtoyant les Vosges, à travers les vallées dont la vue délicieuse m'a bientôt fait oublier la jolie ville d'*Ensisheim*, son canal de Neufbrisach qui l'environne au sud, l'ancien collége des jésuites, élevé par l'archiduc Maximilien, en 1614, converti depuis en dépôt de mendicité; le commerce de ses vins, les différents siéges qu'elle eut à soutenir pendant la guerre de trente ans, le célèbre *Jean Balde*, l'un des poètes latins les plus distingués de l'Allemagne, qui y reçut le jour, et enfin l'énorme aérolithe tombée en cette ville le 7 septembre 1492, et que l'on conserve au musée de Colmar.

En sortant de Mulhausen du côté du nord-est, nous arrivâmes une heure après à *Thann*, qui sert d'entrée aux belles vallées des Vosges; bâtie au pied d'un château appelé *château d'Engelbert*, sa riante situation s'embellit encore par la rivière de *Thur*, qui la traverse, et qui prend sa source au *Grand-Ventron*, sur la limite du département des *Vosges*. Cette petite cité avait obtenu de nombreux priviléges sous le gouvernement de la maison d'Autriche; elle a joui de celui de battre monnaie, depuis 1418 jusqu'en 1624 : j'y ai remarqué l'église de Saint-Théobald, bâtie en 1430; sa tour est un chef-d'œuvre d'architecture gothique: construite dans le style de celle de Strasbourg, elle a cent mètres d'élévation, et fut achevée en 1516. Thann possède de nombreuses manufactures; celles de toiles peintes occupent cinq cents ouvriers, et confectionnent plus de quatorze mille sept cent cinquante pièces par année : ses vins, nommés *Rangen*, sont spiritueux, et ont, au suprême degré, la propriété d'attaquer les nerfs. C'est dans les murs de cette ville que naquit Jean-Baptiste *Gobel*, évêque de Lydda (*in partibus*), député aux états-généraux en 1789 : on connaît les extravagances de cet étrange prélat, nommé archevêque de Paris le 13 mars 1791. En 1793 il prostitua le culte qu'il professait; quelques jours avant il s'était rendu à la Convention pour y déposer ses lettres de prêtrise. La faux révolutionnaire, qui tour-à-tour moissonnait le plus digne et le plus méprisable, l'homme de génie et le fou enthousiaste, termina sa carrière le 14 avril 1794; il fut dénoncé comme conspirateur, et comme ennemi de la souveraineté du peuple. Avant cette époque désastreuse cet homme jouissait d'une certaine considération, il cultivait les lettres parmi ses compatriotes, et publia une brochure intitulée : *Voltaire, ou Recueil de quelques particularités sur sa vie et sa mort.*

Nous voici dans cette vallée si belle et si industrieuse, qui traverse les Vosges, et qui porte le nom de *Saint-Amarin;* elle est arrosée par la petite rivière de *Thur,* qui va se réunir à l'Ill, pour se jeter dans le Rhin; placée entre les deux points les plus élevés de la chaîne des Vosges, le ballon de Giromagny, et celui d'Alsace, qui la sépare de celle de Guebwiller, elle se partage elle-même en deux parties, l'une du côté de Thann, et l'autre du côté de la petite ville de Saint-Amarin, dont elle prend le nom ; on la divise encore en vallée haute et basse; outre les deux petites villes que j'ai déja nommées, elle renferme dix-neuf villages, qui tous dépendaient autrefois de l'abbaye de *Marbach* ou Guebwiller.

Les montagnes environnantes étaient autrefois couvertes de forêts, mais depuis la révolution l'extension des forges en a détruit une grande partie; en sorte que cette vallée offre aujourd'hui plusieurs points nuds et arides. Elle a à-peu-près six lieues de longueur, et va en se rétrécissant jusqu'à son extrémité, où l'on trouve des sites aussi sauvages que pittoresques : on y récolte du seigle, de l'orge, du colzat du chanvre, et des vins sur les coteaux de son embouchure; le vin blanc de ce vignoble est même assez estimé dans le pays de beaux pâturages animés par des troupeaux de bœufs et de vaches y forment des tableaux charmants; et sur le sommet des montagnes on aperçoit des *chalets,* où les bestiaux des communes passent la belle saison, et où l'on fait d'excellent fromage à la façon de celui de Gruyère.

C'est dans cette vallée que l'industrie étale ses prodiges, et que le bonheur et l'aisance qu'elle procure à ses habitants forment un contraste frappant avec la pauvreté de la Lorraine qui n'a pas suivi son exemple.

La religion catholique domine généralement dans ce pays; mais une grande indulgence pour les mœurs s'y joint à beaucoup de dévotion. Plusieurs chapelles renommées dans les environs attirent dans cette vallée de nombreux pélerins; ils arrivent nu-pieds de dix lieues à la ronde, récitant des prières pour implorer sur-tout la miséricorde de Notre-Dame de *Saint-Nicolas;* on assure que ces pélerinages ne sont pas sans influence sur la population de ces contrées.

Aux fêtes communales on établit en plein air des danses nommées *kilb*, où jeunes et vieux valsent au son de la clarinette et du violon; cet exercice est chéri des Alsaciens, et notamment des Alsaciennes qui y déploient une grace enchanteresse.

Les filles sages ont le droit exclusif de se coiffer nu-tête; deux longues tresses de cheveux ornées de rubans tombent sur leurs épaules; quelquefois elles les ramènent en avant, et en forment une espèce de couronne qui les embellit encore.

Ce pays présente à chaque pas des vestiges de *féodalité*; de nombreuses ruines de châteaux forts s'y font remarquer; les unes, par la singularité de leur aspect, les autres, par les souvenirs qui s'y rattachent. En entrant dans la vallée on aperçoit d'abord celles du château de Thann, situé à droite sur une éminence; sa tour renversée entièrement sur le flanc ressemble de loin à une énorme voûte : plus loin, du côté de Saint-Amarin, au levant, des décombres rappellent aux voyageurs l'un des châteaux les plus antiques, celui de *Friedberg*, que sa position charmante rendait au commencement du dix-septième siècle le séjour favori de l'archiduc Léopold, abbé de Guebwiller. Il fut détruit en 1637 par les Suédois, sous la conduite du duc de Saxe Weimar, ainsi que celui de Saint-Amarin, dont il formait en quelque sorte la citadelle : il est remplacé maintenant par l'habitation de M. Desgranchamps, juge de paix du canton.

A gauche, l'œil se porte naturellement sur les ruines du château de *Mitsach*, dont la grande route côtoyait les murailles. On raconte qu'un seigneur de Mitsach ayant frappé d'un tribut plus qu'arbitraire ses malheureux vassaux, ceux-ci refusèrent de payer; il fit alors assembler tous les hommes dans la cour de son château, et leur déclara qu'il ne laisserait la vie qu'à celui qui immolerait tous ses compagnons : un seul se présenta, et remplit son horrible tâche; son seigneur, juste au moins cette fois, le poignarda de sa propre main.

A deux lieues plus loin, sur un roc escarpé, haut de plus de cinquante mètres, on voit encore quelques pans de murs, et des restes de tours; ce sont les ruines du château de *Wildenstein*, que sa position hardie rendait presque imprenable : il prend son nom du roc sur lequel il est situé, car Wildenstein veut dire *pierre sauvage*. On croit qu'il fut bâti au commencement du quatorzième siècle par les seigneurs de *Bollwiller*, vassaux du comte de *Pfirt*, qui le revendirent en 1377 à Guillaume *Wastner*. Dans les investitures de 1478, 1500, 1531, qu'on trouve dans un manuscrit d'*Ensisheim*, ce château est désigné sous le nom de Burgstall, qui signifie château en ruine. En 1536, l'abbaye de Marbach en fit l'acquisition pour quinze cents florins, le fit réparer et fortifier; mais à l'époque de la guerre de trente ans, lorsque tout cédait aux Suédois, l'abbé de Marbach, voyant qu'il n'était pas en état de le défendre, le remit en 1634 entre les mains du maréchal français Jacques *Caumont de la Force*.

L'année suivante le duc de Lorraine s'en empara par ruse, et le conserva pendant dix années au grand préjudice des habitants de la vallée, sur lesquels il exerçait toutes sortes de vexations; enfin, le 18 avril 1644, il fut livré par trahison au colonel d'*Erlach*, qui le ruina complétement. On dit que l'un des derniers maîtres de ce manoir, se voyant sur le point d'être forcé dans ses derniers retranchements, monta avec sa femme sur un cheval de bataille, et qu'ils se précipitèrent du haut du rocher. En 1815 on avait établi sur cette hauteur une batterie dont on n'a point fait usage.

La vallée de Saint-Amarin était anciennement sous la juridiction du chapitre de Guebwiller, qui, par des empiétements successifs, s'était emparé de presque tous les biens des communes. Dans les premiers moments de la révolution, tous les habitants se levèrent en masse, et se portèrent à Guebwiller, où ils pillèrent le chapitre, et brûlèrent les archives pour détruire les titres de leur esclavage.

A la hauteur de Fellering, à trois lieues de Thann, la grande route, qui traverse les collines, pénètre dans une petite gorge adjacente, appelée *vallée d'Orbey;* elle monte ensuite la côte de Bussang, et suit le vallon de Remiremont.

A l'extrémité de la vallée, au village de Wildenstein, à une demi-lieue du château de ce nom, se trouve une verrerie, bâtie en 1699 par une colonie suisse qui a conservé ses habitudes et son idiome; il ne s'y fabrique que de la verrerie commune. Le voyageur va voir en cet endroit la chute de la *Thur* qui tombe d'un rocher de vingt mètres de haut au milieu d'un site fort pittoresque. Cette rivière nourrit un grand nombre de petites truites fort délicates. On retrouve à Thann deux belles filatures appartenant à MM. André et Jacques Kœchlin ; plusieurs autres manufacturiers s'y distinguent également; parmi les plus honorables on cite: M. *Heilmann*, qui possède également une filature extra-muros, M. *Wetzel*, et enfin M. *Robert Bovet*, qui fait valoir une superbe manufacture de toiles peintes. Dans un des faubourgs de Thann, est la fabrique de produits chimiques de MM. *Kesner* père et fils, qui fournissent aux manufactures du département tous les *acides* qu'elles emploient. A peu de distance de cette ville, on voit sur les bords de la route, la belle filature de MM. *Bouché* père et fils, qui, outre trois chutes d'eau, emploient encore une machine à vapeur. Sur la droite de Saint-Amarin, on remarque à *Bitschwiller* le haut fourneau de M. *Stéhelin;* cet établissement, fondé en 1757, tire son minerai de ce pays. Enfin au même village se trouvent également les fourneaux et les forges de M. *Bornèque.*

A *Willer*, autre village près de Saint-Amarin, d'autres forges appartiennent à M. Stéhelin ; elles marchent encore d'après l'ancien système des marteaux, mais il est probable qu'il adoptera bientôt les cylindres d'affinage des Anglais. M. Isaac Kœchlin y a établi une belle et vaste filature : de toutes parts dans cette contrée le spectacle de la plus belle industrie se déploie; il n'est pas un village, pas une maison, où l'on n'entende le bruit des métiers à tisser;

cette heureuse activité se répand jusque dans les frêles habitations des montagnes, jusque dans la chaumière du vieillard.

Sur une petite éminence en sortant de Saint-Amarin on aperçoit les immenses bâtiments de la fabrique de *Wesserling*. C'était jadis un vaste château construit en 1637 par le prince de *Loëwenstein*, administrateur de l'abbaye de *Murbach*, lequel était seigneur de toute la vallée. Cette habitation, qui servoit de *rendez-vous* de chasse à l'abbé et à ses successeurs, fut vendue en 1760 à M. *Demarès* de Thann, qui y établit une fabrique d'indienne sous les noms de *Sandherr, Courrageot, et compagnie*. De nouveaux associés, en 1773, y joignirent d'autres ateliers, et firent en même temps filer du coton à la main dans la vallée; mais en 1776 cette fabrique fut détruite par un violent incendie; et l'établissement vendu par autorité de justice passa successivement dans les mains de plusieurs manufacturiers, qui tous y donnèrent une extension plus ou moins grande. Ce fut en 1777 que l'on commença à graver les dessins sur planches de cuivre, à imprimer, et à blanchir les toiles; mais ce fut notamment en 1803, et sous la direction de MM. Roman, Gros Davillier, et compagnie, que cette manufacture prit un accroissement qui l'a portée au point de perfection où elle est parvenue. Les nouveaux propriétaires y ont construit la première filature que possédât encore ce département. C'est dans cette même année, si favorable à l'industrie, que s'introduisit à Wesserling l'usage des machines à navette volante, et des machines à imprimer au cylindre. Les habiles administrateurs qui dirigeaient la fabrique de Wesserling ajoutèrent à ces précieuses innovations, celle de graver les cylindres pour l'impression. Depuis 1806, la maison est connue sous les noms des propriétaires actuels, MM. Gros *Davillier*, *Roman*, et compagnie. Après quelques mois d'une interruption causée par les deux dernières invasions, ce superbe établissement a repris ses travaux et ses nombreux ouvriers; et depuis cette époque il acquiert chaque jour une plus grande et plus utile extension : tous les produits en ont été perfectionnés; ses fils, ses tissus, la solidité des couleurs, la finesse, la blancheur des toiles, ont acquis une supériorité incontestable. Les *roses garance* qui sortent de cette manufacture sont recherchés dans tous les pays. Au moment où j'écris, on agrandit les filatures, on forme de nouveaux ateliers : cette maison occupe douze cents métiers qu'alimentent les fils et cotons filés dans le même établissement : cette fabrique livre à la consommation un million six à sept cent mille aunes d'étoffes par an. Le nombre de ses ouvriers est de plus de cinq mille. Wesserling est seul dans un rayon de deux lieues;

ses travaux ont l'avantage de n'être pas entravés par ceux des autres fabriques : il choisit ses ouvriers, possède et dirige toutes les eaux, dont la pureté est une des causes de la beauté des couleurs et de la blancheur des étoffes. De loin, cette fabrique présente l'aspect d'une petite ville ; on assure que si ses bâtiments étaient rangés sur une seule ligne ils occuperaient la longueur d'une lieue. Si l'on pénètre dans ce magnifique établissement, on est bientôt convaincu que les hommes qui le dirigent ne sont pas seulement d'habiles manufacturiers, mais des hommes éclairés, de véritables philantropes et d'excellents citoyens ; au milieu de leurs ateliers, une école d'enseignement mutuel est destinée à l'instruction des enfants de leurs nombreux ouvriers ; un médecin, un chirurgien, une pharmacie aux frais de l'établissement, portent leurs soins aux ouvriers malades, une caisse d'épargnes les habitue à la prévoyance de l'avenir et à l'économie ; une petite salle de spectacle annonce le goût des beaux-arts et des lettres : ils y sont effectivement cultivés avec ardeur dans tous les moments de loisir ; et l'hiver réunit souvent dans ce temple de l'industrie, d'aimables amateurs d'Euterpe et de Thalie.

En quittant cette délicieuse vallée de Saint-Amarin, nous dirigeâmes notre route au nord-est, et nous arrivâmes au-delà des montagnes, à *Guebwiller* : on conserve, dans l'église paroissiale de cette petite ville, les *échelles* prises en 1444 sur les *Armagnacs*, qui l'assiégeaient, et qui furent si vaillamment repoussés par les habitants qu'ils se sauvèrent en désordre, abandonnant tous leurs préparatifs de siége. Mais ce qu'il y a ici de plus remarquable, c'est l'église de *Saint-Léodegart*, construite en 1766 par les soins de l'abbé-prince de *Ratzamhausen;* c'est l'un des plus beaux monuments des temps modernes. Il y a à Guebwiller l'une des plus belles filatures de ce département, appartenant à M. Schlumberger.

En sortant de Guebwiller, nous traversâmes la petite rivière qui baigne ses bords; elle se nomme *Lauch,* prend sa source dans la chaîne des Vosges, à l'origine de la vallée de *Lautenbach*, et se rend à *Colmar;* son cours nous eût également conduit à *Rouffach*, mais nous préférâmes traverser *Sulzematt,* où se trouvent des eaux minérales réputées dans le département. Nous ne pûmes toutefois visiter l'établissement des bains; la nuit nous avait surpris, et nous pressait de hâter notre course : je fus donc obligé de me contenter des détails rapides que me donna mon guide sur la réputation de ces eaux fameuses.

Sulzematt, située au sein d'une vallée étroite, mais fertile et agréable, est réellement un séjour délicieux : plusieurs routes y aboutissent. La saison des eaux commence au mois de mai et finit avec le mois d'octobre. On trouve encore dans ce village une filature de coton, ainsi qu'une belle fabrique de tissage et de mousseline appartenant à M. Hartmann-Weiss.

Nous allâmes coucher à Rouffach, et le lendemain je jetai un coup d'œil rapide sur cette petite ville, où l'on compte à peine trois mille trois cents habitants ; elle est bâtie au milieu d'une plaine fertile ; son église paroissiale renferme une inscription relative aux malheureux Juifs que l'évêque *Berthol de Bruhech* fit brûler *pour la plus grande gloire de Dieu* : il ne s'en échappa qu'un très petit nombre. Le lieu où ce barbare sacrifice fut consommé porte encore le nom de *pré des Juifs*. On me montra la place où cet infame évêque osa s'arroger le soin de venger la divinité ; je m'en éloignai avec horreur !...

Au-dessus de la ville, on voit encore quelques vestiges du château d'Isenbourg, bâti par le roi *Dagobert* ; ses vieux murs ont été la résidence de plusieurs rois de la race mérovingienne. Très près de là on remarque un reste de chaussée romaine, et un soupir s'échappe en reconnaissant que des travaux utiles, construits par un peuple dont le génie ne sommeillait pas plus que la valeur, périssent comme les monuments de ces rois fainéants ou imbéciles dont la vie s'écoulait dans une honteuse indolence. Rouffach est la patrie de ce maréchal *Lefebvre* qui s'élança des derniers rangs de l'armée à la tête des braves, et qui mérita par son intrépidité le titre de duc de Dantzig.

Après trois heures de marche nous découvrîmes les murs de Colmar. En entrant dans cette ville, je me souvins que Voltaire, en 1754, y avait fait un séjour de quelques mois, et je témoignai à mon guide le desir d'aller prendre gîte à l'hôtellerie du *Sauvage*, où je me rappelais que le patriarche descendit. M. Courier se prit à rire, et, sans me répondre, me conduisit à une belle et vaste habitation voisine du palais actuel de la cour royale, devant laquelle il s'arrêta. « Vous voilà, me dit-il, sur l'emplacement où fut jadis l'hôtellerie du Sauvage; ne soyez pas surpris que soixante-dix ans écoulés en aient changé la destination : cependant si vous tenez absolument à loger dans le voisinage du lieu qu'habita Voltaire, c'est un plaisir que je puis vous procurer. » Je le pris au mot; et à quelques pas de là nous nous arrêtâmes dans la rue des Juifs, devant une maison qui porte le numéro dix, et dont le propriétaire, connu de M. Courier, eut non seulement l'extrême obligeance de nous donner l'hospitalité pendant les vingt-quatre heures que nous passâmes à Colmar, mais de me faire souper dans une des deux salles basses de sa maison, que Voltaire occupa, et de me donner quelques détails sur le séjour qu'il fit à Colmar.

La maison où je me trouvais avait appartenu à madame *Gall,* femme du bourguemestre dont Voltaire cite plusieurs fois le nom dans sa Correspondance. Il allait souvent à quatre lieues de Colmar prendre l'air de la campagne, ou même se cacher dans le village de *Luttenbach,* un quart de lieue au-dessus de la petite ville de *Munster,* dans la vallée de *Saint-Grégoire.* Il y passa des mois entiers, et un assez grand nombre de ses lettres sont datées de ces montagnes en 1754. Cette maison de campagne était alors une fabrique de papier; elle subsiste encore aujourd'hui avec de grandes améliorations, et l'on y montre avec orgueil la chambre ou plutôt le sanctuaire de *l'Immortel.* L'un des propriétaires, M. *Kiener,* conserve les rideaux *vert-pomme* de l'homme qui dormait si peu, et qui veilla soixante-dix ans pour l'honneur et pour le bonheur de l'humanité[1].

Colmar, située à-peu-près au centre de l'Alsace, est le chef-lieu du Haut-Rhin et la plus importante ville du département, tant par sa population que par son commerce; elle est bâtie au pied et à l'extrémité d'une des chaînes des montagnes des Vos-

---

[1] Le général Foy coucha dans la chambre de Voltaire à Luttenbach, le 8 du mois d'août 1825; quatre mois après on ouvrait une souscription dans cette même maison au profit des enfants de ce grand citoyen, et pour élever un monument à sa mémoire.

ges, dans la partie qui se trouve le plus à *l'est*. La Lauch et un bras de la *Fech* qui la traversent, se joignent en dehors de ses murs pour aller se jeter à une demi-lieue dans l'Ill. Les eaux de ces rivières, divisées en canaux dans l'intérieur, contribuent à son assainissement; l'air y est pur, le sol fertile, et l'étendue des belles prairies et des vignobles renommés qui l'entourent en font un séjour très agréable.

Colmar dans l'origine n'était qu'une ferme royale; elle devint un village important sous Charlemagne, et fut érigée en cité par l'empereur Frédéric II, qui l'entoura de murailles flanquées de tours; élevée plus tard au rang de ville impériale, on commença ses imposantes fortifications en 1552; les Suédois, qui s'en étaient emparés en 1632, les augmentèrent encore; mais Louis XIV, maître de cette place en 1673, les fit raser; et ce ne fut qu'en 1681 qu'il permit aux habitants de relever l'enceinte actuelle sur les fondements de ses vieilles murailles. La paix de Ryswick, en 1697, adjugea définitivement cette ville à la France; depuis ce temps elle lui a toujours appartenu.

Colmar est généralement mal bâti; ses maisons sont irrégulières; on n'y voit de remarquable que l'ancienne église des dominicains, dont la nef est d'une grande beauté. Cependant le palais de justice, où siége la cour royale, l'hôtel-de-ville, la préfecture, une salle de spectacle, de jolies promenades, une bibliothèque, où l'on compte trente mille volumes, un précieux cabinet d'histoire naturelle et de physique, où je retrouvai cette fameuse pierre tombée du ciel à Ensisheim, un collége royal, une orangerie, et une pépinière publique, annoncent une ville qui commence à sentir son importance. La position favorable de cette ville pour le commerce, à proximité de la rivière d'Ill, à une distance peu considérable du Rhin, baignée par d'autres petites rivières, et par le canal de *Monsieur*, qui bientôt passera sous ses murs, font de Colmar un entrepôt naturel pour les marchandises qui passent des états du Nord, de la Hollande, et d'une partie de l'Allemagne, en Suisse, et en Italie; aussi, peu de branches sont étrangères à son commerce; elle en a cependant de plus spéciales, telles que les *tabacs*, les *cuirs*, les *toiles peintes*, les *siamoises*, les *draps*, la *bonneterie*, et généralement tous les produits de l'Alsace; on y distingue une belle filature de coton au métier, qui appartient à MM. Bastard frères; une rubanerie en fil à l'instar de celles de Suisse, établie par M. Kiener, et enfin à *Logelbach*, sur le canal très voisin de Colmar, la vaste manufacture d'indiennes et de mousselines peintes de MM. Haussmann frères; ce dernier établissement occupe plus de six cents ouvriers, et livre au commerce annuellement plus de onze mille cinq cents pièces d'étoffes.

En citant d'honorables manufacturiers, on ne peut oublier les noms de MM. Schlumberger et Hertzog, et de J. J. Bolmann.

A une demi-lieue de Colmar, le village de *Horbourg* frappa mes regards ; soit qu'un heureux pressentiment guidât mes pas, soit que la campagne, arrosée par l'Ill de ce côté, eût réellement plus d'attrait, j'y dirigeai ma promenade ; je remarquai sur les murs de plusieurs maisons un grand nombre de figures sculptées, mais sans inscriptions ; d'où pouvaient venir ces restes endommagés dont la teinte sombre attestait une grande antiquité ? Un vieillard qui remarqua ma surprise m'apprit alors que le village de Horbourg avait remplacé l'ancien *Argentuaria* des Romains ; cette ville, l'une des plus distinguées de la Haute-Alsace, était la capitale de la *Séquanie antérieure,* comme Besançon, *Vésontio,* l'était de la grande Séquanie. C'est près de cette ville que les *Lentiens,* peuple d'origine allemande, ayant passé le Rhin, sous la conduite de leur roi *Priarus,* pour envahir les Gaules, furent entièrement défaits en 378 par l'empereur *Gratien :* de cette armée, composée de plus de quarante mille barbares, il n'en échappa que cinq mille à la faveur de l'épaisseur des forêts ; on compta parmi les victimes de ce désastre célébre le roi Priarus lui-même, auteur de cette guerre, qui fut également meurtrière pour les Romains : c'est à la suite de ce mémorable triomphe que Gratien reçut le surnom de *Germanique Alémanique*. Dans l'année 1772, en creusant un canal près de Horbourg, dans l'emplacement où fut livrée cette bataille, on trouva des médailles frappées pour perpétuer le souvenir de cette victoire, et de la délivrance de la contrée; elles portaient pour devise : *Securitas reipublicæ*. On trouva également des débris de lances, de haches, d'épées, qui provenaient sans doute de cette grande bataille.

Ce fut en 406 qu'Argentuaria, soumise aux ravages des Vandales qui la ruinèrent, perdit son nom avec ses murs; il ne resta qu'une espèce de fort qu'Attila détruisit plus tard. On voit encore à la Bibliothéque de Strasbourg, un autel dédié à Apollon, trouvé dans les ruines de cette ville importante; et en 1780 des fouilles firent découvrir les restes des murailles antiques d'Argentuaria; ils étaient absolument au niveau de la terre, large de quatre mètres à la partie basse de leurs fondations, et de deux d'épaisseur à leur partie supérieure.

Ce ne sont pas les seules traces que laissèrent dans ces contrées le passage de ces grands peuples : à deux lieues de Colmar, au *nord-est* de cette ville, on voit près du village de *Jepsheim* des *tombelles* ou *collines celtiques*, qui renferment plusieurs squelettes entiers, dont quelques uns avaient aux bras des débris de chaînes de fer; on présume que ces *monticules* avaient été élevés sur les corps de quelques captifs ou esclaves immolés sur le bûcher de leurs maîtres ou de leurs vainqueurs.

Au retour de ma promenade je vins prendre place à la table d'hôte de l'auberge de *la Clef*, ou j'étais d'abord descendu. En fixant mes regards sur les convives, je fus bientôt certain que je ne sortirais pas sans avoir quelques nouveaux renseignements sur les contrées que je parcourais. « Ici, nous dit un homme déja sur le retour, et dont le visage épanoui et vermeil annonçait un ami de la joie et du bon vin; ici ce ne sont pas seulement les belles manufactures ni cette bravoure héroïque dont les habitants ont donné tant de preuves qu'il faut admirer, c'est aussi la culture de la vigne qui peut donner une idée de l'esprit industriel des Alsaciens. Vous avez dû remarquer que le fruit chéri de Noé se retrouve dans tous les cantons: aux époques les plus reculées il fut l'objet des soins tout particuliers des habitants de cette province. Telle est leur prédilection pour la vigne, que ses pampres verts sont à leurs yeux la plus agréable décoration de leurs demeures: ils en entourent les fenêtres, les portes de leurs maisons; ils en décorent les moindres chaumières. On conçoit qu'un goût aussi décidé pour ce genre de culture ait fait du commerce des vins la principale richesse de ce département. On en récolte de très bons aux environs de Colmar; mais en général presque tous les vignobles célèbres de l'Alsace sont situés au pied des Vosges, exposés à l'est et au sud sur les versants des montagnes; c'est cette exposition favorable qui produit les vins de *Guebwiller*, de *Ribeauwiller*, d'*Hunawheir* et de *Reichenweyer*. Buvons donc, messieurs, ajouta le joyeux convive, à la santé de ces braves et industrieux Alsaciens, à qui nous devons encore cet excellent et limpide kirchen-wasser que j'ai l'habitude de boire comme *coup du milieu*. »

Son voisin, tout en applaudissant à cet éloge mérité des vins de l'Alsace, nous fit remarquer que les pays vignobles étaient sans contredit les plus féconds en hommes illustres, soit que cette liqueur généreuse ait une secrète influence sur le génie, soit que la température modérée qui convient à la vigne soit également plus favorable au développement de certaines facultés intellectuelles. Colmar vient à l'appui de cette assertion: cette ville a fait ses preuves en plus d'un genre; les beaux-arts, la littérature même, y ont trouvé des interprètes. C'est la patrie du célèbre *Conrad Pfeffel*, le plus distingué des poètes allemands; de *Martin Scheen*, désigné ordinairement sous le nom de *Martin de Colmar*, le plus ancien peut-être des graveurs connus, et le premier qui ait gravé sur métaux. C'est là que naquit cet aide-de-camp de Napoléon, ce général *Rapp*, dont le nom rappelle tant de beaux faits d'armes, et qui a couronné si noblement sa carrière militaire par la défense de Dantzig. Colmar s'honore aussi d'avoir donné le jour à Jean *Reubell*, bâtonnier des avocats au conseil-souverain de Colmar, membre de l'assemblée constituante en 1789 et du directoire exécutif en 1795.

Un troisième voyageur prit la parole; c'était un négociant: il nous parla du commerce de *Sainte-Marie-aux-Mines*, petite ville à près de dix lieues, et au nord-est de Colmar; il nous apprit que c'était après Mulhausen, la ville la plus manufacturière de tout le Haut-Rhin, qu'on y employait à la confection des guimgams, des siamoises, de la bonneterie, et des filatures de coton à la mécanique, plus de six mille ouvriers, tant dans la ville même que dans la vallée de Sainte-Marie et dans celle de Ribeauwiller, qui la touche; il nous cita, parmi les noms dont l'industrie s'honore, les MM. *Xavier Kaifer, Lindermann, Hepner, Édouard Schwart, Mohler, Aloïse Hollinger, Minder, Koch, Girardin*, et plusieurs autres dont je n'ai pas retenu les noms; il nous parla aussi des manufactures de draps des

MM. *Diches*, *Klein* père et fils; et enfin de la belle blanchisserie de toile et de mousseline sur pré et par procédés chimiques de MM. *Ellemer* frères. « Mais le nom de cette industrieuse ville, continua-t-il, annonce qu'elle possède encore d'autres sources de richesses, les mines d'argent, de cuivre, et de plomb, de Sainte-Marie sont importantes, et avaient autrefois une grande réputation; mais la difficulté de trouver le combustible nécessaire entravèrent les exploitations : une seule existe encore, c'est celle de plomb dirigée par M. de *Larochelle*, directeur des mines.

« Ce canton possède encore des curiosités naturelles qui ne sont pas sans intérêt ; à peu de distance de *La Poutroye*, petite ville au sud de Sainte-Marie et au sud-ouest de Colmar, on trouve deux lacs assez remarquables : l'un, nommé le *Lac Noir*, est situé au fond de la vallée d'Orbay; il tire son nom de la couleur de ses eaux, noires en apparence, à cause du limon qui en occupe le fond, et peut-être encore de la teinte sombre que lui donnent les sapins de ses bords, et les herbes qui croissent dans son bassin; il a trois quarts de lieue de circuit, et ses eaux alimentent un ruisseau qui coule vers l'ancienne abbaye de *Prairis*. L'autre, appelé le *Lac Blanc*, a une lieue de développement, et doit son nom et sa couleur, assez semblable à celle du lait, au sable sur lequel il repose : situé à un quart de lieue du Lac Noir, et sur le haut de la montagne de Reisberg, d'énormes blocs de rochers sont dispersés autour sans lui faire perdre sa transparence.

Près de la Poutroye, se trouve la vallée de *Munster*, qui a aussi son lac, le *Daren*; des montagnes couvertes de sapins forment autour de ses eaux une espèce d'amphithéâtre : sa profondeur au milieu est, dit-on, de trois cent cinquante-cinq mètres; l'empereur Frédéric IV en a concédé l'usage en 1478 à la ville de Colmar, et depuis ce temps l'administration surveille et règle l'écoulement des eaux qu'on épuisait auparavant par des tranchées trop profondes : cet écoulement forme un ruisseau proportionné aux besoins des moulins, des fabriques, et usines établies surses bords; on en compte au moins cinquante en activité depuis *Munster* jusqu'à Colmar, c'est-à-dire dans un espace de quatre lieues.

Le village de Munster, sur la *Fech*, n'est pas moins célèbre par la fameuse manufacture de toiles peintes de MM. Hartmann, père et fils, que par les magnifiques papeteries de MM. Kiener frères, et de M. Jaetklin fils, desquelles sortent de très beaux papiers vélins, et des papiers d'estampes, dont une grande partie passe à l'étranger.

A l'entrée de la vallée de Munster, se trouve la petite ville de *Turckeim*, qui existait déjà au neuvième siècle, et qui devint si célèbre par la fameuse bataille à laquelle elle donna son nom (5 janvier 1675): on connaît les résultats de cette éclatante victoire; on sait que le maréchal de Turenne força l'armée confédérée à quitter l'Alsace, ce qui fit dire au duc de Lorraine : « Un prince par la grace du « roi a fait repasser le Rhin à cinq princes par la « grace de Dieu sur le même pont où l'on avait vu « passer la même année soixante-dix mille Allemands « armés pour la cause du diable. »

N° CI. [18 juillet 1820.]

STRASBOURG.

> Honneur a la patrie de Guttemberg;
> honneur à la cité mère de tant de héros!
> M.

Le lendemain je quittai Colmar, et je m'avançai par la grande route de Strasbourg vers le département du Bas-Rhin; c'est toujours la même industrie, la même richesse, la même variété de sites; les Vosges, qui s'y prolongent sur la gauche, voient encore à leur pied, comme dans le Haut-Rhin, de belles vallées qui se succèdent à l'infini, animées, vivifiées, par de nombreux et utiles établissements : mille petites rivières, mille ruisseaux, arrosent et fertilisent la surface du sol nouveau que je parcours; les montagnes ont leurs monuments, leurs vieux débris de châteaux, leurs mines, et leurs délicieux points de vue : mais souvent je détournerai mes yeux des merveilles de la nature, souvent je ne rendrai qu'un hommage rapide aux œuvres admirables, aux progrès miraculeux de l'industrie, pour méditer sur le courage des héros.

Déja le Haut-Rhin, au milieu des tableaux de son active industrie, a offert à ma vénération quelques souvenirs de bravoure et de générosité. Avant de quitter la patrie des Rapp et des Lefebvre, j'aime à jeter de loin un regard sur la petite ville d'*Huningue*, à laquelle l'histoire associera désormais le nom glorieux de *Barbanégre*.

Au mois d'août 1815 tous les sièges étaient levés dans l'Alsace : Strasbourg, Schelestadt, Neufbrisach, avaient ouvert leurs portes; Huningue seule, attaquée depuis six semaines par trente mille ennemis sous la conduite de l'archiduc Jean, osait résister encore : une artillerie formidable écrasait ses remparts, et une poignée de braves n'opposait au nombre que de bonnes fortifications, une constante intrépidité, et le souvenir *d'Abattucci* qui défendit si courageusement en 1797 cette même place où il trouva son tombeau.

Le général Barbanégre, gouverneur de cette forteresse en 1815, se montra digne de suivre un si noble exemple; deux brèches étaient praticables, les murs fumants s'écroulaient de toutes parts, lorsqu'il consentit à signer une capitulation à laquelle il avait mis pour condition expresse, que sa garnison sortirait avec armes et bagages, et tous les honneurs de la guerre. Au moment de l'évacuation de la place, toute l'armée autrichienne était sous les armes; le prince impérial, les archiducs Jean et Ferdinand, des princesses, et un grand nombre de personnages illustres, attendaient impatiemment que Barbanégre se montrât... Il parut enfin à la tête de quelques travailleurs, et de quelques blessés portés par les plus robustes de leurs compagnons; cette garnison de cinquante hommes défila devant trente mille assiégeants qui n'avaient pu les vaincre!! « Où est votre « intrépide garnison? demanda l'archiduc étonné. « — Vous voyez tous les défenseurs d'Huningue!! » répondit le héros.

Me voici dans le département du Bas-Rhin, et dans la partie la plus resserrée de l'Alsace. En passant à Schelestadt, je jette un coup d'œil rapide sur ses fortifications élevées par Vauban, sur la cathédrale construite d'après le modèle du Saint-Sépulcre à Jérusalem, et sur l'ancien collége des jésuites, où j'ai bien peur de les revoir avant peu: je côtoie le département à l'est, dans une marche parallèle au cours du Rhin, et j'arrive à *Saint-Ludan*, d'où, après avoir traversé la *Scheer*, j'aperçois devant moi la flèche qui surmonte la cathédrale de Strasbourg. J'en suis cependant encore à quatre lieues, mais dans cet espace tout paraît s'abaisser autour d'elle pour laisser dominer son aiguille au milieu des airs.

Avant d'entrer à *Ilkirch*, village peu éloigné de

la ville, où passe l'Ill devenue considérable, et au-delà d'un petit hameau appelé Graffenstad, on jouit d'une vue magnifique sur les îles boisées du Rhin et de l'Ill : la plaine qui s'étend à droite offre de tous côtés une culture soignée qui rappelle celle des maraîchers des environs de Paris; mais les excellents légumes de Strasbourg n'ont de commun avec les nôtres que le nom. Un peu plus loin, je vois à gauche le chemin qui, à travers de beaux arbres, de charmantes habitations, de longues avenues, conduit au magnifique château de Saint-Oswald; les lieux s'embellissent encore. Bientôt une route plantée de quatre rangs d'arbres s'offre à ma vue; je traverse un bras du Rhin, et je me trouve au milieu des vergers et des jardins de Strasbourg.

Il était nuit quand j'entrai à *Strasbourg* par la porte Dauphine, et je ne pus distinguer les objets qui se trouvaient sur mon chemin jusqu'à l'hôtel de *l'Esprit*, où je mis pied à terre : cette auberge, soit dit en passant, ne le cède en rien aux meilleurs hôtels garnis de Paris ou de Londres.

Introduit dans une salle basse où j'attendais qu'un domestique vînt m'indiquer la chambre qu'on me destinait, j'y trouvai une autre personne qui s'empara d'abord de toute mon attention. C'était un homme d'une soixantaine d'années, autant qu'il m'était permis d'apprécier son âge à travers un large ruban noir qui couvrait son œil gauche, et une énorme cicatrice qui partageait une de ses joues, sa bouche et son menton; le seul bras qui lui restait lui servait avec peine à soutenir ses pas chancelants : mais le signe de l'honneur qui brillait sur sa poitrine indiquait suffisamment la cause de tant d'infirmités. Quelques paroles civiles de part et d'autre amenèrent un entretien assez intéressant pour qu'il me proposât de le finir à table et de réunir nos soupers, que nous avions commandés séparément.

Il s'aperçut de la curiosité qu'il faisait naître en moi, et prévint les questions que j'allais lui faire. « Les événements de ma vie toute militaire ne sont pas d'un grand intérêt, me dit-il; j'ai servi mon pays comme tout Français doit le faire, et si les blessures sont, comme on le dit poétiquement, les faveurs du dieu des combats, j'ai toujours été pour lui l'objet d'une prédilection toute particulière, car je n'ai pas assisté à une bataille, à la moindre affaire, à la plus petite escarmouche, que je n'y aie laissé quelque fragment plus ou moins important de ma personne; mais ce dont je suis plus fier à vos yeux, c'est d'être parent par ma mère de l'illustre Kléber, d'avoir été son élève, son aide-de-camp et son ami. »

Je ne perdis pas cette occasion de me procurer sur le héros de l'Égypte des renseignements bien précieux.

« *Kléber*, continua-t-il, naquit dans ces murs le 6 mars 1753; il était fort jeune quand il perdit son père, et sut se faire aimer du second mari de sa mère : celui-ci, voulant lui donner une profession distinguée, l'envoya à Paris suivre le cours d'architecture du célèbre Chalgrin. Un jour une dispute s'étant élevée dans un café où il se trouvait, il prit vivement le parti de deux jeunes gentilshommes bavarois insultés par quelques étourdis. Cette circonstance établit entre Kléber et ces deux étrangers un lien si étroit d'amitié et de reconnaissance, qu'ils l'entraînèrent dans leur patrie, et le firent recevoir à l'école de Munich; ses progrès le portèrent bientôt au grade de sous-lieutenant, en même temps que sa taille avantageuse, sa belle figure et son esprit le firent distinguer par le général Kaunitz, fils du ministre autrichien. Cependant il revint en Alsace en 1783, et accepta la place d'inspecteur des bâtiments publics à Béfort, jusqu'à ce que la révolution française, développant de nouveau son ardeur guerrière, le décida à entrer comme simple grenadier dans un des bataillons du Haut-Rhin, où ses talents, son maintien martial et ses exploits pendant le siège de Brisach, le firent rapidement arriver au grade de général de brigade. C'est alors que ses actions décelèrent son génie et présagèrent ses grandes destinées : je ne vous apprendrais rien en le suivant dans ses nombreuses campagnes ou plutôt dans ses nombreuses victoires; je rappellerai seulement un fait aussi honorable pour lui que pour le jeune et valeureux Marceau, son rival de gloire. Ce dernier venait d'être nommé général en chef, et Kléber, victime de la calomnie, était au contraire suspendu de ses fonctions ; le nouveau chef cache cette disgrâce aux troupes, et remettant l'autorité à Kléber : « Menez, « lui dit-il, l'armée à la victoire ; je suis plus sûr de « mon fait en marchant sous vos ordres à la tête de « l'avant-garde, et s'il est question de responsabilité « et d'échafauds, ils seront pour moi. » Quel temps ! quels hommes !

« Ce fut sur-tout en Égypte que Kléber s'acquit une immortelle renommée : tour-à-tour grand capitaine, pacificateur, administrateur habile, sa bonté, sa justice, le faisaient adorer des peuples que sa valeur lui avait soumis ; tant de vertus aiguisèrent les poignards du fanatisme, et celui que la mort avait tant de fois respecté sur le champ de bataille tomba sous les coups d'un assassin !.... »

Le souvenir de Kléber *l'Égyptien* réveilla chez l'honorable invalide celui d'un autre héros son compatriote. « *Kellermann*, duc de Valmy, naquit en 1734, et s'élança, comme Kléber, des derniers rangs de l'armée au commandement en chef. Entré fort jeune au service, il s'était distingué pendant la guerre de sept ans ; en 1788 il était déjà maréchal-de-camp. Sa sagesse et son patriotisme lui méritèrent une couronne civique de la part des habitants de Landau, et plus tard il acquit un titre plus brillant, mais non plus glorieux, dans les plaines de Valmy. Il vient de terminer en 1820 sa longue et honorable carrière, envisageant la mort en héros, et donnant jusqu'à son dernier soupir des preuves d'attachement aux braves qui avaient combattu sous ses ordres [1]. »

C'était avec enthousiasme que ce vétéran de la gloire parlait des deux héros sous les ordres desquels il avait servi. « Le berceau de Kléber et de Kellermann, ajouta-t-il, a été témoin, dans ces derniers temps, d'une action blâmable sans doute, mais qui fit voir dans un simple sergent une fermeté inébranlable : je veux vous parler du sergent *Dalouzi*, à qui la fortune seule a manqué peut-être pour déployer dans un grade élevé des talents supérieurs.

« En 1815 le général Rapp, après avoir battu le prince de Wurtemberg sur la Suffel, n'en avait pas moins été forcé de se renfermer avec l'armée française, forte au plus de vingt mille hommes, dans les murs de Strasbourg. La ville fut bloquée ; et mal-

---

[1] Une des clauses de son testament est ainsi conçue : « Un monument extrêmement simple sera érigé aux champs de Valmy ; mon cœur y sera déposé sous cette inscription : Ici sont morts glorieusement les braves qui ont sauvé la France au 20 septembre 1792. Un soldat qui avait l'honneur de les commander dans cette mémorable journée, le maréchal Kellermann, duc de Valmy, dictant après vingt-huit ans ses dernières volontés, a voulu que son cœur fût placé au milieu d'eux. »—Ce devoir sacré a été rempli par son fils le 26 octobre 1820.

gré leur petit nombre ces troupes effrayaient encore les alliés triomphants et marchant vers la capitale. Aussi l'ordre fut-il donné de licencier l'armée; mais les troupes, concentrées avec Rapp dans Strasbourg, refusèrent de consentir à ce licenciement avant d'avoir reçu le montant de leur solde, qui s'élevait à la somme de sept cent mille francs. Des bruits faux, dont on ignorait la source, donnaient à entendre que depuis peu le général avait reçu de la capitale des sommes considérables, et que le retard des paiements ne venait que de sa mauvaise volonté. Ces bruits provenaient-ils des Autrichiens, dont l'intérêt était de fomenter une révolte qui leur livrerait Strasbourg en divisant l'armée et son chef, ou provenaient-ils d'une malveillance plus coupable encore? Quoi qu'il en soit, des officiers furent députés vers le général pour lui soumettre les réclamations des troupes; Rapp, fort de son innocence, et indigné d'un outrage et d'un soupçon qui blessaient à-la-fois son désintéressement et son autorité, répondit avec emportement. Alors l'insurrection s'organise, Dalouzi, sergent de voltigeurs, en est déclaré le chef: ignoré jusqu'alors dans les rangs de ses camarades, il sut en débutant, sans préparation dans le commandement, montrer tout le sang-froid, toute la dignité, toute la justice d'un chef instruit à l'école de l'expérience. Le télégraphe, le tocsin, l'arsenal, les portes de la ville, tout est en son pouvoir : bientôt les officiers dans leurs logements, le général Rapp dans son hôtel, dont toutes les issues sont menacées par des pièces de canon, ne sont plus que des prisonniers à sa discrétion; mais rien ne se fait en désordre; la tranquillité de la ville est respectée, de nombreuses patrouilles en répondent; les spectacles continuent comme à l'ordinaire. Dalouzi, qui a pris le titre de *général Garnison*, se sert seulement de son autorité pour défendre aux soldats, sous peine de mort, d'entrer dans les lieux où l'on vend des liqueurs enivrantes; et aussi prévoyant pour les affaires du dehors que pour celles du dedans, où tout respecte ses ordres, il fait déclarer au prince Hohenzollern, chargé du blocus de la place, que l'insurrection ne doit lui donner aucune confiance dans ses projets d'hostilités sur Strasbourg; que la garnison est disposée à répondre avec la plus vigoureuse résistance aux attaques dirigées contre la ville.

« Cependant le maire est averti de se procurer dans le plus bref délai la somme de sept cent mille francs, parceque plus tard il serait difficile peut-être de contenir des soldats qui jusque-là ont respecté les personnes et les propriétés. Effrayés par le double danger d'une attaque au-dehors, et d'un pillage au-dedans, les Strasbourgeois fournissent dans la proportion des fortunes la somme demandée [1]. Dalouzi la remet aux différents quartiers-maîtres pour effectuer les paiements. Tout rentre alors dans l'ordre accoutumé ; les officiers reprennent leur autorité, les soldats rentrent dans l'obéissance, et Dalouzy se livre au général Rapp, qui lui obtient sa grace en admirant et son audace et son étonnante soumission. L'ennemi lui-même, dont les projets étaient déjoués, rend justice à cette conduite courageuse, et lui fait offrir un brevet de lieutenant, que Dalouzi refuse avec fierté. Un seul homme perdit la vie dans cette insurrection si extraordinaire ; ce fut le cocher de Rapp que les agitateurs accusèrent d'emporter de l'argent dans un chariot chargé de paille, et que la sentinelle perça d'un coup de baïonnette parcequ'il voulait forcer la consigne. »

Ces récits intéressants s'étaient prolongés fort avant dans la nuit. Mon vieux militaire, en me souhaitant le bonsoir, me promit de venir prendre le thé le lendemain matin avec moi. J'étais levé bien avant lui, et en l'attendant je me mis à feuilleter une chronique de Strasbourg qu'avait oubliée dans ma chambre le voyageur qui m'y avait précédé. Selon cette chronique la ville de Strasbourg ne reçut ce nom que long-temps après la conquête de l'Alsace par les Romains. Elle portait antérieurement les

---

[1] Le trésor royal en a tenu compte

noms d'*Argentoratum*, *Argentina*, ou *Argentora.* Selon d'autres auteurs elle se nommait encore *Silberthal* (vallée d'argent), expression dont on ne peut méconnaître l'analogie avec le mot *Argentoratum*; mais on assure aussi que ce nom est celtique, et désigne simplement un lieu situé près d'une rivière. Laissons donc ces noms presque oubliés pour nous occuper de l'origine plus certaine du nom actuel de Strasbourg. *Attila* en 451 fit abattre les murailles de cette ville à quatre endroits différents pour faire passer avec facilité ses nombreuses cohortes. C'est cet événement qui lui fit donner par les Francs, mais au sixième siècle seulement, le nom de *Strasbourg*, c'est-à-dire la ville des routes.

Sa fondation est incertaine; toutefois l'opinion la plus accréditée est qu'elle doit ses premières habitations aux Celtes ou aux Criboques, peuples d'origine germanique qui passèrent le Rhin avant l'arrivée de César dans les Gaules. D'autres pensent au contraire qu'elle fut bâtie par les Romains sur l'emplacement d'un de ces forts que Drusus fit établir le long du fleuve pour contenir les ennemis qui portaient avec peine le joug auquel il venait de les soumettre. Cette assertion est peu probable; car les forts dont il s'agit n'ont été construits que peu d'années avant la naissance de Jésus-Christ, tandis que Ptolémée, qui vivait à la fin du premier siècle et au commencement du second, cite Argentoratum comme servant de garnison à la huitième légion d'Auguste. Il faudrait alors supposer que non seulement cette ville eût été fondée, mais encore se fût agrandie au point de devenir considérable en moins d'un siècle, ce qui est peu vraisemblable; quoi qu'il en soit, je laisse toutes ces discussions peu importantes pour m'occuper des faits les plus marquants de son histoire.

Strasbourg, ou plutôt Argentoratum, ainsi que les autres villes, forts ou châteaux, qui servaient de retraites ou de quartiers d'hiver aux légions romaines sur la ligne du Rhin fut, en 70, détruit par Julius Trévirien, nommé par Vitellius commandant sur les bords de ce fleuve, et qui entra dans la conjuration de Civilis, noble et riche Batave, lorsque les deux Germanies se soulevèrent pour reconquérir la liberté que les Romains leur avaient ravie par la force des armes.

Rétablie par Trajan en 92, cette ville obtient, en 217, le droit de cité romaine; mais bientôt la guerre, la peste, et la famine, moissonnent les habitants, détruisent ses naissants édifices. Les barbares, ces hordes guerrières, destructives et ennemies de toute civilisation, l'envahissent plusieurs fois, et n'en sont définitivement chassés qu'en 357, après la fameuse victoire remportée par l'empereur Julien sur les sept rois allemands. Rentrée sous la puissance romaine, elle n'y reste que jusqu'en 406, époque où les Bourguignons et les Allemands, se joignant aux Vandales, s'en emparent par suite de la perfidie de l'ambitieux Stilicon, beau-père de l'empereur Honorius, et son lieutenant dans les Gaules. Elle ne jouit pas d'une longue tranquillité sous ses nouveaux maîtres. Quarante-cinq ans après, c'est-à-dire en 451, Attila, ce terrible roi des Huns, qui s'était lui-même donné le surnom de *fléau de Dieu*, y pénètre après une vigoureuse résistance, met tout à feu et à sang, renverse les autels, brûle les églises, étend ses cruautés sur tout ce qui porte figure humaine ; mais bientôt, attaqué et vaincu à son tour par Mérovée, roi des Francs, il abandonne ces tristes contrées, et porte ailleurs ses ravages.

Mérovée ne conserva pas cette malheureuse ville; reprise en 455 par Évitus, général gaulois, elle fut encore le but ou le prétexte de plusieurs excursions jusqu'en 496, où Clovis s'en rendit maître à la suite de la célèbre victoire qui lui soumit l'Alsace, et qui mit fin à la puissance de l'empire romain dans les Gaules.

Sous la domination des rois francs, Strasbourg, alors seulement, commença à jouir d'une tranquillité qui fut souvent troublée par des dissensions civiles, et par des guerres extérieures, féodales ou religieuses. Cependant ses ruines se relevèrent, ses limites s'agrandirent, et, devenue importante, elle échut en partage, en 870, à Louis-le-Germanique, fils de

Louis-le-Débonnaire. Jusque-là elle n'avait été soumise ni aux ducs, ni aux comtes qui gouvernaient l'Alsace; elle faisait un état politique à part, ce qu'on appelait un état dans l'état. C'est de cette époque de 870 que datent ses interminables discussions, tantôt avec ses ducs et ses comtes, tantôt avec les princes-évêques qui prétendent exercer dans son intérieur une plus ou moins grande juridiction. Ces troubles et ces agitations l'affaiblissent; en 1002 elle est surprise et complétement dévastée par Hermann, duc de Souabe, qui vivement attaqué à son tour par les troupes de l'évêque Wernher, se voit forcé de quitter cette place, n'emportant que la honte de sa défaite, et le regret de n'avoir pu soutenir les premiers succès de son entreprise contre les fils de Frédéric Barberousse. Pour achever la ruine de cette malheureuse ville une rixe violente s'élève pour des prétentions réciproques entre les deux plus puissantes familles de Strasbourg, les Lorn et les Mulluheim; mais tandis qu'elles cherchent l'appui des seigneurs voisins, les plébéiens se saisissent des rênes de l'administration, et se soustraient à la domination de la noblesse.

Un fléau plus terrible que la guerre vient augmenter encore les souffrances de Strasbourg ; la peste y étend ses funestes ravages en 1349. Le fanatisme attribue les maux qui accablent cette malheureuse ville aux juifs qui habitent son enceinte ; dès-lors, n'écoutant plus que leur animosité, poussés peut-être par le desir de s'approprier leurs richesses, les cruels Strasbourgeois s'emparent de ces infortunés, et en brûlent deux mille tout vivants au milieu de leur cimetière, qui se trouvait, dit-on, dans l'emplacement qu'occupent une partie de la rue dite rue Brûlée, l'hôtel de la préfecture, et les greniers publics.

La ville ne trouve pas dans cet horrible sacrifice le terme de ses vicissitudes. Entraînée dans de nouvelles guerres sanglantes et dévastatrices, elle devient tour-à-tour victime de la déprédation des Bretons, appelés plus tard Anglais (en 1362), et du marquis de Bade en 1388. Les premiers prennent et saccagent ses faubourgs; l'autre ravage impitoyablement ses environs. Tant de pertes et de malheurs éclairent enfin les esprits; on sent le besoin de fixer d'une manière invariable la forme du gouvernement. La noblesse et les bourgeois se rassemblent; plus de haine, plus de division; chacun, animé du desir de contribuer au bonheur et à la tranquillité générale, oublie ses prétentions particulières, et c'est alors que se dressent les articles de ce pacte très sage, puisqu'il présente tous les actes essentiels d'une constitution faite pour assurer les droits, les intérêts de toutes les classes de la société. Le protocole de cet acte, appelé la Charte des serments (Schwaerbrief), suffit seul pour en faire

connaître l'esprit: « Au nom de Dieu, amen ; nous
« les maîtres, nous les sénateurs, nous les cheva-
« liers, nous les écuyers, nous les bourgeois,
« nous les artisans riches et pauvres de Strasbourg,
« affirmons, reconnaissons et confessons par ces
« présentes lettres que nous sommes universellement
« et unanimement convenus ensemble, pour l'uti-
« lité et l'avantage de la ville de Strasbourg, comme
« aussi pour régir et juger le pauvre comme le
« riche, etc..... » Tous les ans, le mardi après le
jour des Rois, les magistrats et le peuple, rassem
blés devant le grand portail de l'église cathédrale,
renouvelaient cet acte dans une cérémonie imposante où ils recevaient de nouveau les serments réciproques d'attachement, d'obéissance et de protection. Voilà, à proprement parler, la première
époque de l'existence politique de Strasbourg; la
seconde est celle où le traité de Westphalie, en
1648, reconnut et conserva comme droits tous les
priviléges que lui avaient accordés les empereurs,
et qui jusqu'alors n'étaient considérés que comme
de simples concessions. Ce traité terminait cette fameuse guerre de *trente ans* si funeste à l'Allemagne.
Strasbourg n'avait pas été exempte des calamités in-
séparables de ces cruelles dissensions; ses domaines
étaient dévastés, son commerce ruiné, ses finances
dans le plus grand désordre: la paix ne put réparer
tant de maux ; l'agiotage, l'usure, et le renchérisse-

ment excessif des denrées plongèrent cette malheureuse ville dans un état de misère tel, que beaucoup d'habitants commencèrent à desirer de passer à l'exemple de quelques cités de l'Allemagne sous la domination française, tandis que les autres voyaient dans la conservation de leur religion, de leur liberté, de leurs lois, une compensation à toutes leurs peines. La différence des mœurs et du langage leur faisait sentir plus fortement encore la trahison de ceux que l'on soupçonnait d'entrer en correspondance avec les agents de la cour de Versailles. Cependant cette différence d'opinion et de sentiment ne put arrêter le cours des choses; Strasbourg, ville principale et libre, gouvernée depuis long-temps par ses propres magistrats, perdit enfin en 1681 son indépendance et son *immédiateté*. Louis XIV fut servi à souhait dans cette circonstance par la guerre de la Hollande, commencée en 1672, et dans laquelle ce prince eut à combattre les armées autrichiennes dans le voisinage de Strasbourg. Instruit que sur les demandes des magistrats, l'empereur devait envoyer à la ville un corps de six mille hommes, le roi de France s'empara de la redoute du *Péage*, occupa les bourgs et villages des environs; et tandis qu'au-dedans le général commandant, d'accord sans doute avec ce prince, déclara aux Strasbourgeois rassemblés que Louis XIV voulait prévenir l'empereur par la prise

de la ville, à laquelle d'ailleurs le traité de Westphalie bien interprété lui accordait des droits; tandis qu'il leur déclare encore que les moyens de défense sont insuffisants, et que la capitulation est le parti le plus sage, on capitule, le traité est signé, et Strasbourg est à la France. On raconte à ce sujet une anecdote fort singulière et peu connue : Louvois, ministre de la guerre, fait mander à l'improviste M. de Chamilly, et lui donne les instructions suivantes : « Partez ce soir même pour Bâle en
« Suisse; vous y serez dans trois jours; le quatrième,
« à deux heures précises après midi, vous vous éta-
« blirez sur le pont du Rhin avec un cahier de pa-
« pier, une plume et de l'encre; vous examinerez
« et écrirez avec la plus grande exactitude tout ce
« qui se passera sous vos yeux pendant deux heures;
« à quatre heures précises vous aurez des chevaux
« de poste à votre voiture; vous partirez, vous
« courrez jour et nuit, et m'apporterez votre ca-
« hier d'observations. A quelque heure que vous ar-
« riviez, présentez-vous chez moi. » M. de Chamilly, quoique tenté de rire d'une mission si plaisante, part à l'instant, arrive, et le voilà à écrire au jour et à l'heure indiqués tout ce qui se passe sur le pont. C'est d'abord une marchande fruitière avec ses paniers; c'est un voyageur à cheval et un petit Savoyard qui le suit en tendant la main; c'est un paysan avec sa pioche, des portefaix avec leurs far-

deaux; c'est enfin un homme en veste et culotte jaunes, qui, après s'être arrêté au milieu du pont, regarde le fleuve du haut du parapet, recule un pas, et frappe avec un énorme bâton trois coups bien distincts sur la banquette : tous ces détails et d'autres aussi peu importants sont bien notés. A quatre heures M. de Chamilly remonte en voiture, arrive le surlendemain avant minuit, présente au ministre ses observations qu'il croit puériles et de nul intérêt. M. de Louvois saisit avec avidité le cahier, les lit, et saute de joie en arrivant à l'homme en habit jaune qui a frappé les trois coups de bâton. Il court éveiller le roi, cause un instant au chevet de son lit, et fait partir à la hâte quatre courriers prêts depuis long-temps à se mettre en route. Ce fut huit jours après que Strasbourg ouvrit ses portes, et il paraît hors de doute que les trois coups frappés sur la banquette n'étaient que le signal de la réussite des cabales sourdes entretenues secrètement par le ministre dans la ville, et que l'homme jaune et M. de Chamilly, instruments passifs, ignoraient également le motif de leurs missions.

Le nouvel état de choses, loin de nuire à la prospérité de Strasbourg, ne fit que l'accroître, en ouvrant à son commerce et à son industrie un champ plus vaste et plus conforme aux intérêts de ses habitants. Plus tard la révolution, en anéantissant tous les priviléges, augmenta encore cette prospérité; elle doubla les progrès de l'industrie, éleva de nouvelles institutions aussi favorables aux sciences qu'à l'instruction, provoqua un mélange plus intime entre les populations allemande et française. L'usage alors de cette dernière langue prévalut de plus en plus, notamment dans les réunions les plus distinguées; et si l'on ne peut espérer qu'elle devienne entièrement l'idiome national, toujours est-il que dans ce moment Strasbourg compte plus de la moitié de ses habitants qui parlent plus ou moins bien le français. Louis XIV, lors de l'incorporation de l'Alsace à la France, afin de propager la langue de son royaume dans un pays destiné désormais à en faire partie, avait ordonné que toutes les procédures et les actes publics seraient écrits en français sous peine de nullité, et de cinq cents francs d'amende; Strasbourg et la régence de Bouxviller furent seules exceptées jusqu'en 1790 : cependant le but de Louis XIV n'avait été atteint qu'en partie ; les habitants de la campagne, ne comprenant ni les jugements ni les actes notariés qui pouvaient les intéresser, payaient un interprète, ce qui augmentait encore les frais.

Le dialecte allemand le plus usité à Strasbourg est communément considéré comme un patois; cependant si l'on en écarte les dégradations, les expressions familières et corrompues, qui dans toutes les langues sortent de la bouche du petit peuple, le véritable idiome des Strasbourgeois est le dialecte souabe dans toute sa pureté: il est généralement hérissé de consonnes, ce qui le rend dur et désagréable à l'oreille délicate du Français, tandis que l'autre dialecte allemand, désigné sous le nom de dialecte de la Haute-Saxe, a quelque chose de plus doux. Une chose qui frappe les étrangers, c'est que l'instruction de la jeunesse allemande de Strasbourg suit le dialecte de la Haute-Saxe, que tous les livres classiques sont écrits dans cet idiome, que les prédicateurs de toutes les croyances religieuses l'emploient dans leurs sermons, et qu'au contraire tous les habitants en général se servent du dialecte souabe : cela ne proviendrait-il pas de ce que la majeure partie des auteurs qui les premiers s'efforcèrent de cultiver la langue allemande étaient originaires des pays où se trouvait en usage le dialecte de la Haute-Saxe, et qu'ainsi ils ont écrit dans la langue de leur pays natal?

La vieille chronique s'était arrêtée au traité de Westphalie; et c'était en causant avec mon vieil invalide que je puisais ces renseignements ultérieurs. Il m'avait amené et présenté son neveu, jeune officier de cavalerie; après un déjeuner, où figuraient un excellent pâté de foie gras de *Muller* et une monstrueuse carpe du Rhin, des truites et des écrevisses, le tout apprêté de manière à me donner une haute idée des talents culinaires strasbourgeois, nous nous acheminâmes vers la citadelle. « Strasbourg, me dit le jeune officier, que je nommerai Léon, se trouvait d'abord renfermée dans des bornes étroites; cette ville eut successivement cinq enceintes différentes, non compris la citadelle : le cinquième et dernier accroissement fut entrepris et fini dans le quinzième siècle, et comme jusque-là rien ne fut stable au milieu de tant d'agrandissements successifs, c'est à cette époque seulement que les fortifications acquirent quelque importance ; six mille mètres environ de murailles de briques crénelées avec galeries, et flanquées de quatre-vingt-dix tours, furent la défense de la ville jusqu'en 1530; elles suffisaient alors pour s'opposer aux flèches, pour repousser l'escalade et pour déjouer ou du moins affaiblir l'action du *belier;* mais l'usage de la poudre à canon dans les sièges obligea d'adopter un nouveau système défensif: en conséquence, les fortifications de Strasbourg furent étendues et perfectionnées à différentes époques, et presque toujours lorsque la ville fut menacée par ses voisins; aussi la disposition des ouvrages se ressent-elle des interruptions survenues dans leur exécution. » En discourant ainsi, nous arrivâmes à la citadelle, construite en 1683 par le célèbre Vauban; on frappa à cette occasion une médaille représentant la ville et la citadelle avec la légende *Clausa Germanis Gallia,* et l'exergue *Argentorati arces ad Rhenum.* De là mon guide me fit remarquer un point faible qui, une fois occupé par les assiégeants, donnerait de grands avantages contre cette forteresse; c'est l'Ile-des-Épis qu'en temps de siège on garde avec beaucoup de soin pour observer l'ennemi et déjouer ses projets. Nous sortîmes et continuâmes à examiner les remparts, en commençant par la partie méridionale : le jeune officier, qui possédait bien ses éléments de fortification, me nomma en détail tous les ouvrages qui passaient sous nos yeux; je dispenserai mes lecteurs d'une nomenclature aussi fastidieuse et dont ils ne retiendraient qu'avec peine les noms d'*ouvrages à cornes, bonnets de prêtres, flèches, demi-lunes, bastions, contre-gardes, tenailles, lunettes, cunettes, caponnières,* etc., etc., etc..... J'examinai avec intérêt plusieurs parties de fortifications qu'on rend inaccessibles par des inondations très étendues, et plusieurs points faibles de cette clef de l'Allemagne, où cependant on s'est efforcé de rassembler tous les moyens défensifs les plus efficaces. D'après l'inspection d'une si grande réunion d'obstacles, je jugeai qu'une telle ville devait être imprenable; mais j'appris que depuis Vauban, qui perfectionna l'art des sièges, l'attaque était bien supérieure à la défense, et de telle sorte, qu'une place où les fortifications sont les plus multipliées ne peut tenir que quarante à quarante-cinq jours de tranchée ouverte; que depuis ce grand homme, nos ingénieurs modernes ont fait en vain les plus grands efforts pour rétablir l'équilibre : Vauban, qui n'eut que des places à prendre, y serait parvenu, peut-être, s'il en eût eu à défendre.

Également versé dans les sciences ou plutôt dans l'art hydrographique, le jeune Léon me fit observer le cours des eaux ; il me fit voir le grand Rhin qui baigne le pied de la citadelle, et ses deux petits bras, appelés *Rhin tortu*, et le *canal du Rhin*. Ils se réunissent à l'*Ill* et à la *Bruche* pour entrer dans la ville, et se divisent ensuite dans son intérieur pour former plusieurs canaux, dont l'un, celui de la Bruche, est navigable.

On remarque dans la banlieue de Strasbourg de grandes et belles usines : l'une, devant la porte blanche, se compose d'un moulin à martinet de cuivre, et d'une blanchisserie....

Le Rhin tortu alimente d'autres établissements ; les uns près de la *porte de l'Hôpital*, les autres devant celle des *Bouchers*. Ces établissements consistent en une manufacture de toiles à voiles et en quatre moulins, dont l'un met en mouvement une filature de coton. Dans la partie *nord-est* on voit encore deux belles fabriques de produits chimiques et une blanchisserie considérable ; mais de ce côté toute l'attention se porte sur une partie considérable de terrain appelée *la Robertsau*, entourée par les eaux de la rivière d'Ill et du Rhin.

Cette presqu'île, en y comprenant un grand bois, a plus de deux lieues de circuit, et touche pour ainsi dire à la ville dont elle semble dépendre. Le nom de Robertsau (en français, pré Robert) tire son origine d'un gentilhomme nommé Robert, qui y demeurait en 1200, et qui, père de vingt enfants, ne contribua pas moins à peupler qu'à embellir ces lieux. L'aspect de la Robertsau est celui d'un immense jardin anglais avec ses sinuosités, ses ponts, ses grottes, ses eaux, ses ombrages : cependant on y trouve plusieurs rues dont trois principales, qui se dirigent parallèlement vers le Rhin, de l'ouest à l'est; mais des maisons, isolées, séparées par des jardins, des champs cultivés, de riches plantations, malgré leur jolie apparence et l'espèce de luxe qui y règne, ne présentent à l'œil que le plus agréable des villages : ces charmantes habitations appartiennent presque toutes à de riches citoyens de Strasbourg, qui en font leurs maisons de campagne. L'industrie, qui partout dans ces contrées étend son empire, a élevé à la Robertsau deux blanchisseries, une vaste filature de coton que l'eau fait mouvoir, ainsi que plusieurs moulins à eau.

Curieux de voir de plus près une des promenades les plus fréquentées de Strasbourg, nous nous dirigeâmes de ce côté; le vieil invalide nous parla en soupirant d'une superbe allée de peupliers d'Italie, que l'on détruisit en 1793, époque où l'on craignait l'approche de l'armée autrichienne : mais ni son neveu ni moi ne concevions ses regrets en parcourant la magnifique allée de platanes, plantée en 1799, et qui, bordée de beaux jardins, de belles campagnes, vient se réunir à une double allée d'arbres majestueux, flanquée à gauche d'une très belle pelouse entourée de tilleuls, et à droite par l'Orangerie, établie au milieu d'une vaste étendue de terrain plantée d'allées et de contre-allées qui forment le plus délicieux ombrage; ce bâtiment avait été élevé en 1804 pour l'impératrice Joséphine : on y a rassemblé une quantité considérable d'orangers d'une beauté remarquable ; c'est là que commence le village de la Robertsau. On arrive d'abord au jardin Christian, où se réunissent les jeudis et les dimanches une foule de personnes de toutes les conditions attirées par le bal champêtre et les divers plaisirs que l'on y trouve réunis.

Le lendemain en nous dirigeant au midi de Strasbourg, nous parcourûmes encore une espèce de Tivoli, appelé jardin Baldner, placé sur la chaussée qui conduit au polygone, situé lui-même dans une plaine vaste disposée à cet effet en 1720, et agrandie en 1766. L'espace en est commode pour les différentes manœuvres d'artillerie : le caractère guerrier des Alsaciens, et leur goût pour les exercices militaires, se décèlent dans toutes les circonstances; car les habitants ont cédé d'eux-mêmes, et sans aucune indemnité, le lieu où est construit ce polygone; et, voulant stimuler davantage encore l'émulation des soldats, ils y ont élevé un obélisque en l'honneur de Kléber : qui pouvait mieux retracer leurs devoirs aux défenseurs de la patrie que celui qui adressa ces paroles énergiques au jeune Marceau près de se tuer de désespoir pour s'être laissé vaincre : *Jeune homme, allez vous faire casser la tête en défendant ce passage avec votre cavalerie; c'est ainsi qu'il vous est permis de mourir.*

Un monument devait être élevé également à la mémoire du général Moreau au milieu des belles allées de tilleuls, de platanes, de marroniers, et d'acacias qui forment ce qu'on appelle la promenade de *Contades*. La première pierre en fut solennellement posée le 27 septembre 1801; une plaque en cuivre, des monnaies, une inscription y furent enterrées; mais les événements firent discontinuer ces travaux. Peut-être un jour en fouillant cette terre nos neveux croiront-ils qu'un monument fut élevé sur cette place à la mémoire du moderne Coriolan!.....

Les environs de Strasbourg offrent encore d'autres promenades aussi agréables, mais moins fréquentées; car ici comme par-tout la mode dirige les pas des promeneurs. Elle leur fait souvent abandonner les belles allées de Contades, les frais ombrages de la Robertsau pour les conduire derrière la citadelle dans une île située en face du village de Kehl, formée par le petit et le grand Rhin, appelé alors *bras Mabile*; deux ponts en bois facilitent les communications avec cette île, dans laquelle l'armée du Rhin éleva un monument à la gloire du général *Desaix*. Le héros est ici dans ses domaines, puisque de ce monument on aperçoit les ruines du fort de Kehl, dont la défense rappelle un des beaux faits d'armes du *Sultan-Juste*. On critique généralement l'ensemble de cet obélisque; mais on en admire les bas-reliefs exécutés par le célèbre sculpteur Ohmach, qui habite Strasbourg, à l'embellissement duquel il consacre son habile ciseau.

J'étais dans cette ville depuis quarante-huit heures, et, grace à mes promenades autour et hors de son enceinte, je n'avais encore rien vu de son intérieur : Léon me fit remarquer combien cette grande ville est irrégulièrement bâtie; des rues sombres et étroites, des maisons avec pignons sur le devant, des étages saillants rappellent le vieux et mauvais goût de l'architecture allemande, et contrastent avec de belles rues, de beaux hôtels, des habitations élégamment bâties : mais c'est sur la cathédrale que la vue se porte avec un sentiment d'admiration! Plus de quatre siècles s'écoulèrent pendant sa construction; ses premiers fondements datent de l'an 510; ils furent jetés sous le règne de Clovis, à la place même où se trouvait dans des temps plus reculés encore le temple de Crutzmann, vieux guerrier vénéré à Strasbourg, et chez les anciens Germains. Le chœur, commencé sous Pépin, avait été continué sur un fort mauvais plan par son fils Charlemagne, qui décora cette église, l'enrichit, et lui fit présent de plusieurs reliques : mais frappée de la foudre en 1007, ce fut Wernher, évêque de Strasbourg, qui entreprit de la réédifier en 1015, et posa la première pierre de la cathédrale proprement dite; sa nef ne fut achevée qu'en 1275. On assure que durant les treize premières années de sa construction plus de cent mille personnes concoururent aux travaux dirigés par un sentiment religieux qui rappelle la puissance de celui qui éleva en Égypte les fameuses pyramides. En 1277, l'évêque Conrad III fit construire l'une des deux flèches projetées [1]; l'architecte Erwin donna les dessins, et en dirigea l'exécution jusqu'en 1318. Son fils, sa fille Sabine, puis enfin Jean Hultz de Cologne, continuèrent les travaux d'après le même plan. Ce dernier mourut en 1365, après avoir élevé la flèche jusqu'au couronnement, et ce fut l'évêque Guillaume de Dietsch qui eut la gloire de l'achever en 1439. Mais comment décrire les merveilles de cet édifice ? sa forme grandiose, l'harmonie de ses proportions, le fini de ses détails, la délicatesse de ses

---

[1] L'autre ne fut point exécutée.

nombreuses sculptures, son magnifique portail, la rosace qui le surmonte, les statues qui le décorent, la belle division de ce portail en deux étages, sa hauteur prodigieuse que couronne une vaste plateforme d'où s'élève majestueusement cette flèche pyramidale qui commande l'admiration : tout attire, surprend, étonne, dans ce monument, chef-d'œuvre d'architecture gothique, et témoignage frappant de la puissance religieuse.

La tour est octogone, mais les quatre tourelles dont elle est flanquée font croire d'abord que sa forme est carrée.

Ces tourelles renferment un petit escalier en spirale soutenu par des piliers fort délicats; l'effet d'ombre et de lumière qui se projette dans l'intérieur, joint à la marche ascensionnelle tournante, fatigue et cause souvent une sorte de vertige qui empêche beaucoup de personnes d'arriver jusqu'au sommet dont la hauteur a été déterminée trigonométriquement, en 1804, par le corps des ingénieurs géographes à quatre cent trente-six pieds et un quart ou cent quarante-deux mètres [1].

[1] Plusieurs auteurs anciens ont porté cette élévation à cinq cent soixante-quatorze pieds (cent quatre-vingt six mètres), et les Strasbourgeois, habitués à considérer leur cathédrale comme plus élevée que la plus haute des pyramides d'Égypte, qui a cent quarante-six mètres, contestent l'exactitude des opérations des ingénieurs; et pour prouver que le calcul établi pour servir aux bases géodésiques de la nouvelle carte de France manque de justesse,

L'intérieur de l'église se divise en trois nefs; le chœur a été rebâti dans les temps modernes : une horloge exécutée en 1574, et placée sur la droite dans un des bas-côtés, est un chef-d'œuvre de calcul astronomique; les mouvements des corps célestes, les heures, jours et mois, les phases de la lune, tout y est indiqué; de petites figures y marquent le temps par leurs gestes : cette machine très compliquée n'est plus en mouvement depuis bien des années, et ne pourrait y être remise qu'au moyen d'une dépense de cent mille francs. Dasypodius, mécanicien d'un mérite rare pour l'époque, en est l'auteur. On admire également la chaire à prêcher construite en 1485, et remarquable en effet par la délicatesse de ses sculptures.

Beaucoup d'autres édifices méritent encore d'être cités; mais une description trop exacte deviendrait fastidieuse, et je me contenterai de les désigner sans ordre, et selon qu'ils se présenteront à ma mémoire. Je dois la priorité cependant au *château royal* et à sa magnifique terrasse; c'est en effet, après la cathédrale, le plus bel édifice de la ville : commencé par Gaston de *Rohan* en 1728, et fini

---

M. le chevalier *Coqueugniot* cite à l'appui les résultats des anciens géographes, Lacroix et Moréri, et s'en rapporte sur-tout à l'historien Rollin qui, dit-il, a consulté les auteurs grecs et romains.

M. le chevalier C*** sera sans doute plus heureux dans ses recherches historiques sur les Sarrasins, et il justifiera par de meilleures preuves la réputation qu'il s'est acquise parmi ses concitoyens par d'autres travaux littéraires.

en 1741, il fut successivement palais épiscopal, palais impérial; il est aujourd'hui château royal, et résidence de l'évêque, qui toute fois n'en occupe pas les grands appartements. *L'hôtel de la préfecture* est au moins aussi vaste; il a été bâti en 1730 par le préteur royal Klinglin, qui l'habita long-temps.

L'hôtel-de-ville, autrefois hôtel de Hanau ou de Darmstadt, fut bâti au dix-huitième siècle; il renferme une belle collection de tableaux provenant de nos conquêtes en Italie, en Belgique, et en Hollande. Près de l'hôtel des *Deux-Ponts*, habité par le commandant de la division militaire, se trouve, dans une petite rue qui conduit à la nouvelle salle de spectacle, un bâtiment appelé *Luxhof*, vieux palais destiné au logement des souverains, et qui aujourd'hui est transformé en brasserie. En 1433 l'empereur Sigismond y logea. La dépense de sa table n'était fixée qu'à six pfennings (deux sous de notre monnaie) par personne. Il est probable que dans ces siècles peu éclairés les dindes truffées, les *Gibraltar* de foie gras, les terrines de Nérac, et tant d'autres richesses gastronomiques, n'exerçaient pas comme de nos jours leur influence ministérielle sur les élections et sur le bonheur des contribuables.

La plus ancienne église de Strasbourg (celle de *Saint-Étienne*, construite en 718) avait été convertie en salle de spectacle, tandis qu'une autre, destinée aux troupes allemandes, est devenue une synagogue. Après plus de quinze ans de délibérations, de projets commencés, abandonnés, et repris, une salle de spectacle, digne d'une ville de cette importance, est enfin terminée. Elle est ornée d'un péristyle composé de six colonnes d'ordre ionique, provisoirement couronné par six muses. On ne peut regretter dans cette construction aussi élégante que solide qu'une seule chose, c'est que les lois de l'acoustique n'y aient pas été mieux observées ; défaut presque général des salles de spectacle de province.

Le caractère et les inclinations des Alsaciens m'étaient un sûr garant que les établissements militaires n'avaient pas été négligés ; aussi accordai-je une entière confiance à tout ce que m'en dit le jeune Léon, mon guide fidèle. En effet, *l'école d'artillerie* de Strasbourg est aussi bien établie qu'honorablement et savamment dirigée par l'officier-général qui en a le commandement depuis dix ans. Elle est placée dans un bel hôtel situé près de la salle de spectacle, et possède un musée d'armures antiques et gothiques, dont quelques unes semblent n'avoir pu appartenir qu'à des géants. On a toujours reconnu le mérite des professeurs de cette école, et l'on ne peut passer sous silence des noms tels que *Lombard*, *Arbogast*, *Brakemhoffen*, et *Dobenheim*.

La *fonderie de canons*, si renommée par l'excellence de ses procédés nouveaux introduits par l'ancien directeur M. *Maritz*, est attenant à l'école d'artillerie, ainsi que toutes ses dépendances.

L'*arsenal*, situé au nord est entre la ville et la citadelle, est très remarquable par la beauté et l'étendue de ses bâtiments. Il est du petit nombre de ceux dans lesquels nos fidèles alliés, en 1815, n'ont point eu la faculté de puiser des gages de leur amitié pour nous.

Ne quittons pas les établissements militaires sans parler des casernes de la *Finckmast*, au-devant desquelles on passe en se rendant à l'église de *Saint-Pierre-le-Vieux*, dont la nef appartient aux protestants, et le chœur aux catholiques. Celle de *Saint-Pierre-le-Jeune* n'a de curieux qu'une tour et le tombeau du maréchal *Dubourg*; il n'en est pas ainsi de l'église de *Saint-Thomas*, vieil édifice de peu d'apparence dont l'origine remonte vers l'an 670, où se trouvent de belles statues exécutées par Ohmacht, déja tant de fois cité. Nous signalerons entre autres celles des professeurs *Schœpflin*, *Oberlin* et *Koch*. Le mausolée de ce dernier, célèbre professeur de droit, mort en 1813, représente son buste de grandeur plus que naturelle; au bas du piédestal sur lequel il est placé est assise une figure qui lui offre une couronne de feuilles de chêne: c'est la ville de Strasbourg; près d'elle est un Génie pleurant la mort du savant; ce Génie tient sous son bras des rouleaux de papiers qui indiquent ses ouvrages.

Mais le monument le plus remarquable renfermé dans cette église est, sans contredit, le tombeau en marbre de *Maurice*, électeur de Saxe, maréchal de

France. Ce magnifique ouvrage est de *Pigal*, et suffirait seul pour immortaliser son auteur.

Le héros de Fontenoy, la tête couronné de laurier, le bâton de commandement à la main, et le corps couvert d'une armure guerrière, descend avec dignité les marches du tombeau, à la gauche duquel est la Mort que le héros regarde avec mépris, tandis qu'elle le presse d'entrer dans la tombe qu'elle tient entr'ouverte. A la gauche du maréchal est un Génie éploré qui éteint son flambeau renversé, en observant l'auguste victime ; à la gauche de ce Génie les drapeaux français s'élèvent et rappellent les victoires de Maurice, tandis qu'à la droite du vainqueur on voit un lion, un léopard, un aigle, animaux symboliques des trois nations alliées dont il triompha dans les guerres de Flandre. Leur attitude d'épouvante, et les drapeaux brisés de ces puissances, indiquent leur défaite. Sur les degrés et au-dessous du maréchal paraît une figure pleine de grace et d'expression, inspirant dans sa douleur et sa dignité le plus touchant intérêt : c'est la France qui paraît vouloir d'une main retenir le héros, et de l'autre repousser la Mort. Derrière une pyramide, au bas de laquelle est le maréchal, Hercule témoigne aussi sa douleur, et on lit sur le devant de la pyramide cette inscription en lettres dorées :

Mauritio Saxoni
Curlandiæ et Semigalliæ duci
summo exercituum regiorum præfecto

SEMPER VICTORI
LUDOVICUS XV
VICTORIARUM AUCTOR ET IPSE DUX
PONI JUSSIT.
OBIIT XXX NOV. ANNO MDCCL ÆTATIS LV

« A Maurice de Saxe, duc de Courlande et de Sémigalle, maréchal général des armées du roi, par-tout vainqueur. Louis XV, auteur et témoin de ses victoires, lui a fait ériger ce monument. Il est mort le 30 novembre, l'an 1750, à la cinquante-cinquième année de son âge. »

Je citerai cette autre épitaphe en vers blancs, remarquable par sa singularité; chacun des vers se termine par un nombre dont le total produit 55; elle nous a paru mériter une place ici.

Son courage l'a fait admirer de chac...............	1
Il eut des ennemis, mais il triompha...............	2
Les rois qu'il défendit sont au nombre de..........	3
Pour Louis son grand cœur se serait mis en........	4
Des victoires par an il gagna plus de.............	5
Il fut fort comme Hercule et beau comme Tyr......	6
Pleurez, braves soldats, ce grand homme *hic ja*.....	7
Il mourut en novembre, et de ce mois le...........	8 [1]
Strasbourg contient son corps en un tombeau tout..	9
Pour tant de *Te Deum* [2], pas un *De profun*.........	10
Total pareil................	55

[1] Mis ici par nécessité, puisque l'inscription latine porte que le maréchal est mort le 30 novembre.

[2] Maurice de Saxe était protestant.

Nous échangeâmes, mon guide et moi, nos observations sur ce magnifique mausolée. La figure, la démarche, l'attitude du maréchal sont sublimes; et en général tout le côté droit qui se compose du héros, de la *France* sous les traits d'une femme désolée, du *Génie* éteignant son flambeau, et de la Mort entr'ouvrant la tombe, est admirable; seulement la Mort représentée sous la figure d'un squelette, quoique presque entièrement voilée, offre une image repoussante; l'autre côté présente une allégorie assez froide; l'*Hercule*, chef-d'œuvre pris isolément, n'est plus, eu égard à l'ensemble de la composition, qu'une figure sans rôle essentiel ayant toute la froideur de l'allégorie mythologique; j'aurais préféré un vieux compagnon d'armes du maréchal.

Strasbourg réunit à son commerce déja si actif une autre branche d'industrie autrefois très importante, et qui vivifiait toute l'Alsace, mais que le monopole a retirée des mains des particuliers pour la concentrer dans celles du gouvernement, qui s'en est par-là approprié les bénéfices les plus considérables, ceux de la fabrication et de la vente exclusive: je veux parler de la culture et de l'exploitation du tabac.

Toutefois la culture de cette plante occupe encore une grande portion du sol, dans le département du Bas-Rhin. Les tabacs qui ne sont pas livrés à la régie jouissent de la faculté d'être exportés, et vont alimenter à l'étranger les nombreuses fabriques qui s'y sont élevées depuis le régime du monopole en France. J'ai vu la *manufacture royale des tabacs*, elle occupe un vaste terrain et un grand nombre d'ouvriers de tout âge et de tout sexe.

Le *palais de justice* tient encore un rang distingué parmi les édifices de cette ville.

Avant de parler des bibliothèques, des musées, et des différentes écoles, il est temps de considérer les Strasbourgeois sous un nouveau point de vue : j'ai rendu justice à leur loyauté, à leur dévouement pour la patrie, à leur vertu guerrière, à leur émulation pour tous les genres d'industrie, examinons-les actuellement sous les rapports de l'instruction, des belles-lettres et des beaux-arts. Les villes allemandes, depuis le seizième siècle, se sont toujours distinguées par leurs goûts pour les établissements littéraires ; les sciences et les arts y ont trouvé de dignes interprètes, dans des temps même où les ténèbres de l'ignorance régnaient encore sur toutes les contrées voisines. Strasbourg, ville libre ou protégée par les empereurs, n'est point restée en arrière ; déja avant la fin du quinzième siècle, il y avait une société littéraire et un gymnase établi en 1537, sous les auspices du célèbre Jean Sturm, qui, faisant rougir la noblesse de son peu d'aptitude aux sciences, et de son mépris pour l'accroissement des lumières, compta bientôt parmi ses disciples, outre la foule des plébéiens, trois princes, vingt-quatre comtes et barons, et plus de deux cents gentilshommes; mais ce fut sur-tout l'établissement du culte protestant à Strasbourg qui acheva d'y étendre et d'y propager cette noble émulation pour le développement des lumières que l'on remarque dans toutes les classes de la société. En adoptant la doctrine de la confession d'Augsbourg, les chanoines du chapitre Saint-Thomas avaient promis de se vouer à l'instruction publique; ils le firent, et c'est là l'origine de l'académie de Strasbourg, à qui l'empereur Maximilien II accorda, en 1560, de nombreux priviléges, qui furent confirmés vingt ans plus tard par Ferdinand II, et maintenus lors de sa réunion à la France. Convertie en séminaire protestant, par un décret du 20 mai 1803, cette académie est actuellement subordonnée au consistoire général de la confession d'Augsbourg; son président est directeur né de l'académie, et c'est sur sa présentation, d'après toutefois les avis de l'académie, que sont nommés les professeurs; déja avant la révolution on y avait réuni un pensionnat, désigné sous le nom de collége de Withelmites, dans lequel on reçoit gratuitement ou pour une pension modique de jeunes étudiants qui se destinent au ministère du culte protestant de la confession d'Augsbourg; n'ayant plus de professeurs particuliers, ils suivent les cours de l'académie protestante, désignée sous le nom de gymnase et y reçoivent des leçons de théologie, et de droit canon; ils y étudient en même temps les langues hébraïque, grecque, arabe, et syriaque. Strasbourg renferme une académie proprement dite dont toutes les sections étaient réunies naguère dans un vaste et magnifique bâtiment attenant à la cathédrale et communiquant au collège royal; elle en a été évincée par le grand séminaire. Placée aujourd'hui dans l'ancien hôtel de la prevôté, et dans d'autres édifices isolés, elle n'offre plus cet ensemble si nécessaire, si précieux, qui permet de tout coordonner, et d'offrir à-la-fois aux élèves tous les moyens d'instruction que l'institution des académies a pour but de leur procurer.

Cette dislocation a été très fâcheuse, et le sera aussi long-temps que la ville ne trouvera pas le moyen d'affecter à son académie, qui méritait peut-être plus d'égards, un local digne des richesses qu'elle possède et de la célébrité qu'elle a acquise. Parmi ses richesses on distingue sur-tout un beau cabinet d'anatomie comparée, enrichi tous les jours par les travaux du savant J. Frédéric *Lobstein*, et du conservateur M. *Grauel,* homme aussi modeste qu'instruit; une belle collection d'instruments, un laboratoire de chimie, et un riche musée d'histoire naturelle, qui vient en partie de celui du célèbre *Hermann*, acheté par la ville: parmi les cent soixante espèces de mammifères qu'il contient, et dont quelques unes sont fort rares, je remarquai un loup énorme, qui avait été pris par les habitants du village et de la forêt de Haguenau pour un *loup-garou*; mon guide m'avoua qu'en dépit de leur goût pour l'instruction, ses compatriotes avaient toujours eu la faiblesse de croire aux revenants et aux sorciers; que cette ridicule superstition était si répandue, qu'il y a peu d'années encore que le loup qui était sous nos yeux, et qui fut tué d'un coup de hache par un homme peu robuste, en 1799, avait jeté la terreur dans tous les environs; et qu'on croyait voir revenir sous la forme de cet animal un infame brigand puni de mort dans ce temps-là pour ses crimes.

Une anecdote plus ancienne, mais aussi authentique fait voir à quel excès de crédulité peuvent s'abandonner des hommes privés de toutes lumières. En 1417, un grand nombre de nobles se trouvant réunis pour les affaires de l'état, le chevalier Jean de *Westhuse*, décédé depuis huit jours, apparut dans l'assemblée monté sur une chèvre; la stupeur fut si complète parmi ces gentilshommes, que vingt-deux en tombèrent malades, et que la moitié en mourut.

Outre les bibliothèques particulières de chaque faculté, la ville en possède deux, l'une située dans l'une des tours sur le rempart, à laquelle on a réuni un observatoire et un cabinet d'antiquités, appelé pompeusement le musée de Strasbourg; l'autre, beaucoup plus considérable, est la *bibliothèque publique*, placée dans le *Temple-Neuf*, près du gymnase protestant, établi dans l'ancien couvent de *Saint-Guillaume*; cette bibliothèque en réunit trois bien distinctes, savoir : celle de l'ancienne université protestante, celle du professeur Schœpflin, et celle qui est formée des débris des bibliothèques des couvents; la première, quoique publique comme les autres, appartient au séminaire protestant; c'est la plus curieuse; elle contient plus de quatre mille volumes des premières époques de l'imprimerie, une centaine même ont été imprimés avec des caractères sculptés; elle possède encore plusieurs rares manuscrits parmi lesquels on remarque une lettre autographe de François Ier adressée aux états d'Allemagne en 1535, un traité en grec appelé synodicum (συνοδικον) rédigé au neuvième siècle par un auteur anonyme, et contenant le sommaire des conciles tenus pendant les neuf premiers siècles de l'Église chrétienne.

Je remarquai sur-tout avec plaisir dans ces vastes salles le portrait de Jean *Guttemberg* inventeur de l'imprimerie; il naquit à Mayence, mais ce fut à Strasbourg, en 1436, qu'il fit ses premiers essais. Jean *Mentel*, ou Mentelin, cultiva après lui cet art, et fit paraître la première Bible allemande en 1466. L'épitaphe du célèbre imprimeur est placée auprès du portrait de Guttemberg. On y voit également d'autres portraits d'hommes plus ou moins célèbres ; l'épée de Kléber, et le poignard de son assassin, y sont aussi déposés.

Au-dessous de la bibliothèque est l'*auditoire* du séminaire protestant, où l'on célèbre les actes publics, et où se fait la distribution des prix aux élèves du gymnase.

Tant de bibliothèques, tant d'établissements littéraires, un goût si prononcé pour les belles-lettres, ont dû produire des hommes distingués ; aussi les Strasbourgeois citent-ils avec orgueil une foule de savants, d'érudits, que chaque siècle a vus naître dans ses murs : les nommer tous ici serait impossible ; mais comment ne pas signaler Sébastien *Brandt*, orateur, poete, professeur de législation, auteur d'une satire accueillie avec transport dans toute l'Europe ; Thomas *Murner*, que son esprit vif, que son imagination brillante placent au premier rang des poëtes satiriques de son temps. Jean *Fischart*, comparé à Aristophane et à Rabelais pour l'esprit et la verve comiques ; Michel *Moscherosch*, à qui l'on accorde le tact d'observation, la finesse de Lucien ; *Agérius*, qui enrichit la botanique de ses précieuses découvertes ; Daniel *Speklin*, qui de simple fermier devint l'un des plus habiles architectes du quinzième. siécle ; *Blessig*, célèbre professeur en théologie, dont le monument exécuté par Ohmacht doit être placé au Temple-Neuf ; *Obrecht Obry*, que Bossuet considérait comme *un abrégé de toutes les sciences, et un homme de toutes les nations. Silberrad et Ehrlen*, ses élèves; *Schoepflin*, le même qui a légué sa bibliothèque à la ville, l'un des plus illustres professeurs de l'ancienne université protestante; Michel *Lorente*, son disciple, historien aussi profond qu'érudit, mort en 1800; *Brunck*, savant helléniste, membre agrégé de l'Institut, ainsi que Lombard et Arbogast, savants mathématiciens; *Villecourt*, mort à vingt-deux ans, et que M. de Laplace comparait à Pascal; Jean *Hermann*, médecin et naturaliste distingué, le premier qui ait donné des leçons publiques d'histoire naturelle, et qui a laissé dans son fils Frédéric *Hermann* un digne successeur de ses vastes et utiles connaissances; Jean Frédéric *Hermann*, frère du premier, ancien doyen de la faculté de droit, ancien maire de Strasbourg, et l'un des hommes qui méritent le plus l'estime et la considération de ses concitoyens, tant par les services qu'il leur a rendus, par ses vertus publiques et privées, que par son excellent ouvrage sur l'histoire de leur ville.

J'ai déja cité quelques poëtes; en voici d'autres encore qu'il n'est pas non plus permis d'oublier; on doit à *Ottfried* de Vissembourg le plus ancien et le plus curieux monument de la langue Tudesque; c'est une traduction paraphrasée de l'Évangile en vers. Le pape *Léon IX*, de la famille des comtes de Dabo, a laissé un recueil de poésies religieuses; en-

fin au couvent de Sainte-Odile trois abbesses cultivèrent les lettres et la poésie avec succès; *Rélinde* au douzième siècle; *Héralde*, plus célèbre encore; et enfin *Édelinde*, sa sœur ou sa parente. Ce sont ces trois femmes illustres qui ont fait dire à M. Grandidier : « Au douzième siècle on vit Hohenbürg
« rempli de chanoinesses également savantes et ré-
« gulières; et tandis que presque toute l'Europe
« était plongée dans la barbarie et l'ignorance, on
« vit quelques femmes rappeler dans l'Alsace l'a-
« mour de la littérature et des sciences. »

Je citerai encore *Gunther*, qui s'est immortalisé par son poeme de Ligurinus, réimprimé en 1812; *Godefroy* de Strasbourg, le plus célèbre des troubadours alsaciens; Jean *Sapidus*, ami d'Érasme; Paul *Crusius*, auteur de comédies héroïques latines; Jacques *Balde*, appelé l'Horace des Allemands; Gaspard *Brubow*, connu par plusieurs drames latins; le baron *Nicolai*, fils d'un magistrat de Strasbourg, précepteur de l'infortuné Paul Ier, empereur de Russie, puis conseiller d'état, et président de l'académie de Saint-Pétersbourg, l'un de nos poètes les plus féconds, et dont le fils, diplomate éclairé, a épousé une princesse de Broglie, petite-fille d'un maréchal de France. Strasbourg revendique encore la gloire d'avoir donné le jour au baron *Ramond*, conseiller d'état, et membre de l'Institut, section des sciences; au savant et spirituel *Andrieux*, l'un de nos académiciens et de nos professeurs les plus distingués! *Arnold, Ehrenfried, Staeber, Schaller Jaeglé, Lamey* méritent aussi d'être cités parmi les poëtes dont s'honore notre Parnasse alsacien.

Les beaux-arts ne sont pas moins heureusement cultivés à Strasbourg que les belles-lettres. Dans tous les temps, à toutes les époques, cette ville a produit d'habiles artistes : reportons-nous au quatorzième siècle, nous trouvons les noms illustres des deux *Wurmser,* inventeurs de la peinture à l'huile ; *Diéterlin,* bon peintre, grand architecte, inventeur du pastel ; *Scheffer,* non moins célèbre dans les mêmes parties ; *Bauer,* peintre et sculpteur de Ferdinand ; *Gassner,* paysagiste des plus distingués; Jean *Weyler,* reçu en 1791 membre de l'académie de peinture, lequel a excellé, ainsi que sa femme, dans la miniature sur émail; *Lutherbourg,* reçu également à l'académie à peine âgé de vingt-six ans ; *Manlich,* dont les tableaux de genres sont si recherchés ; et enfin *Benjamin de Zix,* qui nous a laissé de belles vues d'Alsace.

Parmi les modernes, j'ai déjà signalé le célèbre sculpteur Ohmacht, né en Souabe, mais fixé depuis long-temps et pour toujours à Strasbourg, qu'il embellit de ses chefs-d'œuvre. Je retrouve ici un nom cher à la nouvelle école, *Christophe Guérin,* dessinateur et graveur distingué ; son frère, peintre en miniature, Gabriel *Guérin*, qui remporta la médaille d'or à l'exposition de 1818; *Heim*, qui obtint le grand prix l'année précédente; *Sculler, Bein, Muller*, graveurs célèbres; et enfin Louis *Merlin*, habile paysagiste, fils de Charles Merlin, à qui l'Alsace doit la création d'une grande partie de ses mécaniques, de ses filatures et de ses fabriques. Heureux l'amateur admis dans la galerie nombreuse et si remarquable du baron *Mathieu Faviera*, ancien intendant des armées en Espagne, où il a recueilli la plupart de ces beaux ouvrages, dans la crainte, dit-on, qu'ils ne tombassent en des mains sacriléges, et ne fussent perdus pour l'admiration de la postérité !

Strasbourg ne m'offre plus rien de curieux à voir, et pourtant j'ai peine à quitter cette grande et belle cité, où tant d'éléments de gloire, d'illustration, et de bonheur se trouvent réunis !....... Sa population, d'environ cinquante-quatre mille habitants, présente une agglomération assez singulière. Les cinq cultes différents qu'on y professe sont divisés dans les proportions suivantes : *vingt-sept mille catholiques, vingt-cinq mille luthériens, neuf cents réformés, quinze cents juifs, et cent quarante anabaptistes.*

La tolérance religieuse n'est pas la seule cause de la prospérité de cette ville florissante. Avant de la quitter cherchons à nous faire une idée des goûts et du caractère propre de ses heureux habitants. La fertilité du sol, l'industrie, le commerce, et l'indépendance qui en est la suite naturelle, y attirent de tous côtés une foule de Suédois, d'Allemands, d'Espagnols, dont les caractères et les goûts ont dû nécessairement modifier ce que j'appelle la physionomie alsacienne. Le Strasbourgeois n'en diffère pas moins de ces aventureux cosmopolites qu'un vol ingrat emporte si souvent loin de leur patrie, ou que le besoin du changement porte à l'émigration ; rien n'altère son attachement à la terre qui l'a vu naître : c'est là que de loin comme de près il place son bonheur, ses délices ; et si des événements impérieux l'en éloignent, ses souvenirs l'y reportent sans cesse : il est rare qu'il ne vienne pas de temps à autre saluer ce berceau chéri, ou du moins lui faire un dernier adieu.

Doué par la nature d'une force et d'une vigueur particulières, il fait servir ces avantages à la prospérité de son pays ; sa patience, sa persévérance qu'aucun obstacle n'arrête, seconde le génie, et le conduit souvent aux éclatantes découvertes : mais si tous les arts, toutes les sciences, ont droit à son hommage, il est cependant facile de remarquer sa prédilection pour tous ceux qui ont un but d'utilité publique ; ce qui n'est que brillant ne parvient pas à le séduire ; et c'est à cette préférence pour les avantages réels et solides, qu'il faut sans doute attribuer le développement de tous les genres d'industrie dans ces contrées: toutefois sa patience, son économie, son desir même d'acquérir des richesses, sont loin de le rendre égoïste; froid au premier abord avec les indifférents, il est franc et généreux envers le malheureux, il prévient sa prière; et son insouciance que l'on croirait naturelle se change bientôt en un vif empressement lorsqu'il s'agit de faire le bien: sa gravité apparente ne détruit pas un véritable penchant à la gaieté; et si elle cesse avec l'occasion, elle n'en est que plus ardente les jours consacrés aux plaisirs, ce qui forme alors un contraste bien plus frappant avec l'austérité un peu monotone de sa vie habituelle; du reste, observateur rigide des devoirs que lui imposent son état, sa constitution politique, et les bienséances sociales; dévoué à sa religion et aux formes de son gouvernement; sensible à l'injustice et aux malheurs, sa tête s'exalte, son cœur se passionne lorsqu'il croit voir les intérêts de la patrie compromis ou méconnus...: son enthousiasme alors tient de la colère; il se calme rarement sans avoir commis quelques excès, et menace encore après avoir recouvré son sang-froid: en un mot, calme et modéré au sein de la paix, il sait mieux que tout autre faire fleurir les arts et l'industrie; mais, ardent et impétueux dans la guerre, il se précipite dans les combats, sûr d'y rencontrer la victoire ou la mort.

Je me répéterais en parlant des nombreuses fabriques qui enrichissent Strasbourg et ses environs comme le reste de l'Alsace; cependant je ne puis me dispenser de dire un mot de la manufacture d'armes blanches établie à *Klingenthal*, d'où il sort des lames damassées égalant au moins celles de Perse et de Syrie; de six fabriques de crics; de celles où se confectionnent les instruments de chirurgie, de mathématiques, de musique, et de physique; enfin des fabriques d'orfèvrerie, à la renommée desquelles a si puissamment contribué le célèbre ciseleur *Kirstein*, qui fait en ce genre des ouvrages vraiment admirables.

Rien de plus joli, de plus élégant, de plus riche que le costume alsacien. Les hommes portent de prédilection un habit noir de ratine, sans collet, de forme carrée, et chargé de brandebourgs. Cet habit reste ouvert, et laisse voir une veste rouge à boutons dorés; leur culotte de même étoffe que l'habit est recouverte au-dessus du genou par des bottes molles, ou par de longues guêtres s'ils sont chaussés en souliers : un chapeau de paille ou de feutre complète l'habillement des hommes. Les femmes portent également un grand chapeau de paille; la forme en est basse, et les longues tresses de leurs cheveux qu'elles laissent flotter au-dessous sont terminées par des nœuds de rubans; celles dont la tête est découverte (j'ai déja dit que c'était le privilége de la sagesse) relèvent ces longues tresses en forme de couronne, et les fixent avec de longues épingles ou des flèches d'or : elles portent une pièce de carton terminée en pointe devant leur corsage; cette pièce, couverte d'ornements, est retenue par d'élégants nœuds de rubans, tandis qu'une longue cravate de soie noire, après avoir fait plusieurs fois le tour de leur cou, vient retomber sur la poitrine; un justaucorps qui dessine gracieusement la taille, des manches de toile d'une blancheur éclatante, et dont l'ampleur disparaît au poignet, où elles se terminent par une petite manchette plissée, une jupe de serge fine, qui est ordinairement de couleur verte, complètent l'habillement des femmes du peuple et de la petite bourgeoise; cette jupe, bordée d'un large ruban pourpre dont le vert fait encore mieux ressortir l'éclat, présente mille plis par-derrière, et ne tombant que jusqu'à la moitié de la jambe laisse voir un bas fin du plus blanc coton; le soulier, dont le talon est ordinairement très haut, est serré par une boucle d'un métal brillant.

Je me disposais à quitter l'antique Argentina, et à porter mes pas vers de nouvelles contrées, lorsque Léon me décida à faire encore une excursion au-dehors. « Vous avez, me dit-il, parlé des talents de trois célèbres abbesses de *Sainte-Odile;* mais vous ignorez l'intéressante histoire de la sainte; et c'est sous les ruines mêmes du monastère fondé par elle, que je veux vous en entretenir. « Nous dirigeâmes nos pas vers le sud-ouest, et après quatre heures de marche nous arrivâmes à la petite ville de Barr.

En sortant de ses murs, au milieu des nombreuses vallées qui l'environnent, nous aperçûmes l'ancien château de *Landsberg*, et le *Mont-Chauve*, dont le nom indique la stérilité. Landsberg, dont l'origine remonte à *Frédéric Barberousse*, est tombé sous la faux du temps; il n'en reste plus qu'une haute tour carrée, deux tourelles, et une muraille antique : à travers les arbres qui disputent à ces ruines ce sol oublié, je m'avançai jusqu'au sommet de la montagne. C'est là où se trouve l'ancien monastère; mais avant de nous y rendre, Léon dirigea mes pas vers le nord, et bientôt la terre ne nous offrit plus qu'un sol sans végétation. Parvenus sur la crête d'un énorme rocher environné de précipices, «C'est ici, me dit mon guide, le *Manoelstein*, nom qui signifie la pierre du *Petit-Homme*. » Une vue magnifique se déroule alors à nos regards; le vaste bassin de l'Alsace, les belles vallées qui le coupent, les collines qui le forment, les rivières qui le fertilisent, attirent tour-à-tour notre attention : j'aperçois le *Hungersberg*, qui élève sa cime au-dessus des autres montagnes; le beau val de *Villé* s'étend à sa base; d'autres sommités moins élevées m'offrent de sombres forêts, et les ruines des châteaux d'*Andlau* et de *Sperburg* : mais il faut quitter ce charmant point de vue, et revenir à travers des masses de rochers sur le plateau du

Hohenbürg, où l'on voit encore des vestiges d'une muraille romaine qui comprenait une enceinte de quatre lieues : au-delà d'un bâtiment que nous traversons sous un passage voûté, on arrive sur une esplanade plantée de vieux arbres ; à droite s'élèvent les murs du monastère, à gauche la chapelle des Anges, construite sur un rocher à pic. A l'entrée un arbre antique entouré d'un banc de pierre offre le repos et l'ombrage aux pélerins, et aux jeunes filles qui viennent demander des maris, et qui, pour voir leurs vœux exaucés, doivent faire sept fois le tour de la chapelle. Nous entrons enfin dans l'enceinte où sont déposés les restes de sainte Odile ; l'aspect en est sombre et pénible : sous ces voûtes surbaissées quelques ouvertures rares laissent à regret pénétrer une sinistre lumière ; à peine aperçoit-on la statue de sainte Odile placée à genoux sur son tombeau.

C'est là que je devais apprendre les malheurs de cette infortunée fille d'*Attichus*, duc d'Alsace, qui la voua à la mort parcequ'elle était aveugle. Plus chère par son malheur même au cœur de *Béréshinde*, cette tendre mère parvint à la soustraire à la fureur de son père, et la confia aux soins d'une abbesse son amie : un médecin célèbre lui rendit la vue ; mais son ame sensible se reportant sans cesse près de ses parents, elle passait ses jours dans le chagrin et la douleur ; bientôt, dévorée du desir d'embrasser les auteurs de ses jours, elle parvint à informer son jeune frère *Hermand* de ses sentiments; celui-ci les partage; mais ses sollicitations sont repoussées par la colère et l'emportement de son père, irrité de savoir la victime échappée à ses ordres cruels; ce prince barbare les renouvelle : et veut derechef livrer à la mort sa fille infortunée : mais Hermand ne peut croire que son père résistera à la vue d'Odile, il engage sa sœur à venir se jeter à ses pieds; le lieu est fixé : c'est sur la cime même du Hohenbürg. Attichus faisait construire sur ce point un château; il s'arrêtait souvent pour en surveiller les travaux; c'est là, c'est dans ce lieu paisible, que le frère d'Odile veut la présenter à son père : au jour marqué le jeune Hermand suit le duc à la chasse ; tandis qu'Attichus contemple en se reposant les murs qui s'élèvent, un murmure confus semble partir du fond de la vallée, des voix se mêlent, des prières se font entendre, et deviennent à chaque instant plus distinctes; c'était Odile, objet de respect et de pitié !... Le peuple se précipitait sur son passage et admirait sa grace, sa modestie, en sollicitant sa bénédiction. Le duc étonné demande au jeune Hermand d'où vient ce rassemblement; mais a peine celui-ci lui a-t-il répondu, en lui montrant la vertueuse Odile qui vient essayer de fléchir son courroux, que ce père dénaturé saisit l'épieu dont il est armé pour la chasse, en frappe son fils qui tombe sans vie à ses pieds. Le remords cruel vient alors se fixer dans le cœur de ce père barbare; sa fille paraît, mais c'est lui qui tombe à ses pieds; il fait vœu de passer sa vie à prier sur le tombeau d'Hermand, et ne comptant plus, pour fléchir l'Éternel, que sur les prières de sa fille, il lui demande le sacrifice de sa liberté; la douce vierge l'avait déja résolu: elle renonce sans peine au bonheur de l'hymen, aux pompes d'un monde qu'elle ne connaît pas, et bientôt le château de Hohenbürg, changé en monastère, se peuple de filles nobles, accourues, à la voix d'Attichus et de sa fille, de toutes les parties de l'Europe. Odile alors fit construire dans la vallée de *Niéder-Munster* un second monastère qu'elle gouverna, comme le premier, selon la règle de Saint-Augustin : charitable autant que pieuse, elle éleva aussi un hôpital où elle soignait elle-même les vieillards et les malades, et c'est au milieu de ces soins pénibles qu'elle vécut un siècle, entourée du respect et de la vénération publique. Il ne reste plus de Niéder-Munster que des voûtes en ruines, et de l'hôpital, qu'un ermitage ombragé par de vieux arbres.

En descendant du Hohenbürg, vers Niéder-Munster, nous trouvâmes à droite du chemin une fontaine formée, dit la chronique, par les pleurs de sainte Odile: on prétend que son eau a la vertu de guérir les maladies des yeux, et l'on voit suspendu en *ex voto*, à la chapelle de la sainte, un grand nombre de tableaux représentant des yeux de toute espèce.

Il fallut enfin me séparer du jeune militaire et de son bon et respectable parent; ils m'accompagnèrent jusqu'à la voiture, et de loin encore j'apercevais le vieil invalide agitant son mouchoir du seul bras qui lui restait.

Je dirigeai ma course vers la Lorraine : en traversant *Saverne*, petite ville de quatre mille ames sur la frontière du département du Bas-Rhin, à cinq lieues de Strasbourg, on me raconta une anecdote assez curieuse relative au goût prononcé des Alsaciens pour la valse; en voici, dit-on, l'origine : En 1418, une femme sujette à des maux de nerfs se mit à danser, et au bout de quatre jours dansait encore, lorsqu'on la conduisit à Saverne dans la chapelle consacrée à saint *Guy*, lequel, suivant l'opinion générale, guérissait de la passion déréglée de la danse; il suffisait de faire sauter les malades autour de cette chapelle; cette femme fut guérie; mais bientôt d'autres femmes éprouvèrent les mêmes accès, et il fallut avoir recours au seul remède efficace; toutefois, plus il en guérissait, plus le nombre des danseuses semblait s'accroître : en moins d'un mois la maladie devint contagieuse; on fut alors obligé de répartir plus de deux cents de ces femmes dans de grandes salles rondes, où on les laissa danser tout à leur aise, en tournant deux à deux : la chronique ne dit pas si on leur envoya des danseurs; mais on prétend, et il est notoire, que c'est depuis cette époque que date le goût prononcé des Strasbourgeoises pour la valse, et c'est de là aussi qu'est venu le proverbe autrefois commun en Allemagne : *Das dich sanet veits-tãur ankomme!* Que la danse de Saint-Guy te prenne!

Quels sont, demandai-je à un de mes compagnons de voyage, ces bons paysans qui sortent avec nous de Saverne, emmenant leurs voitures attelées d'un ou deux chevaux? Leurs habits taillés à l'antique n'ont pas de boutons; leur tournure simple, leurs figures paisibles, offrent un caractère qui leur est particulier. Ce sont des *anabaptistes*, me répondit-il; mais ce nom ne rappelle plus les cruels disciples de *Stock* et de *Muncer*. Ce ne sont plus ces fanatiques féroces qui, se fondant sur ces paroles : *Je ne suis pas venu apporter la paix, mais le glaive*, désolaient l'Allemagne, égorgeaient tout ce qu'ils appelaient les ennemis du Seigneur; et qui, sans s'intimider de la mort de leurs chefs, renouvelaient sans cesse leurs vengeances et leurs assassinats. Les anabaptistes actuels n'admettent pas d'autres principes que celui de la justification de l'homme par les mérites de Jésus-Christ..... Ils rebaptisent leurs enfants [1], parceque le Sauveur du monde fut lui-

---

[1] C'est ce qui leur fit donner le nom d'Anabaptistes.

même baptisé une seconde fois : mais du reste ce sont les plus doux comme les plus humains des hommes ; ce sont les quakers de l'Alsace : livrés aux travaux agricoles, à ceux des manufactures ou du commerce, ils vivent au milieu des autres communions condamnés par elles, mais paisibles, ignorés, pratiquant toutes les vertus, et n'en affichant aucune. Ils n'habitent que les montagnes, et ne descendent dans la plaine que fort rarement.

Nous étions sur la montée de Saverne ; c'est une grande et belle route qui conduit au sommet des montagnes qui séparent deux provinces également intéressantes pour l'observateur. Ici l'œil ne rencontre plus ces monts élevés, si communs en Alsace ; à peine aperçoit-il quelques sommités peu remarquables, et de distance en distance des collines qui divisent le département en une foule de vallons ; s'il est vrai, comme me l'assurèrent mes compagnons de voyage, que celui-ci soit le plus fécond en rivières, en ruisseaux, une fertilité abondante, une végétation qui se renouvelle sans cesse, doit régner dans cette belle contrée.

Me voici à *Sarrebourg*, siége d'une sous-préfecture et d'un tribunal de première instance, petite ville de quinze cents ames, qui n'est importante que par sa situation sur la grande route conduisant de Nanci à Strasbourg, et considérée sous ce rapport comme le point le plus favorable pour l'établissement d'un entrepôt militaire, d'où l'on tirerait les subsistances pour alimenter une armée qui se trouverait sur le Rhin. La ville de Sarrebourg renferme dans son enceinte de vastes magasins, et huit fours de boulangerie, qui peuvent fournir trente-deux mille rations de pain par jour. Quoique petite, cette ville a des manufactures importantes; on y fabrique des faux, des scies, du fer-blanc, de l'alun, de l'eau-forte, de la porcelaine, et des tabatières. La manufacture de toile à voiles, de M. *Demange*, a aussi de la réputation. Tout l'arrondissement offre de belles plantations de merisiers, et l'excellent kirchenwasser, que l'on en distille, est en grande réputation.

A quelques lieues de Sarrebourg, et toujours sur la grande route, je traversai la petite ville de *Blamont*, arrosée par la *Vezouze*, qui prend sa source au milieu des forêts limitrophes du département des Vosges; cette petite rivière passe à très peu de distance et à l'est de Blamont, près *Cirey*, ce lieu charmant, immortalisé par le séjour de Voltaire et de madame du Châtelet. C'est là, c'est dans cette douce retraite, embellie par le travail, l'étude, et l'amitié, que le grand homme traça les beaux vers d'*Alzire*, de *Mahomet;* qu'il acheva ses admirables *Discours sur l'homme*, qu'il écrivit l'*Histoire de Charles XII*, prépara les belles pages du *Siècle de*

Louis XIV, et rassembla les précieux matériaux pour son *Essai sur les mœurs*.

C'était en méditant sur les traits sublimes qui devaient animer l'entretien du génie universel, et de cette femme si extraordinaire par le but de ses études, par son savoir profond, par sa rare supériorité, qu'elle cachait avec tant de grace dans les cercles frivoles, où son rang, son âge, sa fortune, et même son enjouement naturel l'entraînaient; c'était, dis-je, en m'occupant de madame du Châtelet, que j'arrivai à *Lunéville*, où mourut cette femme célèbre, dans un âge où elle promettait de faire encore long-temps les délices de la cour et des cercles les plus brillants, cette femme enfin dont son illustre ami a dit en si beaux vers :

> L'univers a perdu la sublime Émilie,
> Elle aima les plaisirs, les arts, la vérité :
> Les dieux, en lui donnant leur ame et leur génie,
> N'avaient gardé pour eux que l'immortalité.

Lunéville est située à l'entrée d'une belle plaine sur la gauche de la Vezouze, à droite de la Meurthe, et un peu au-dessus du confluent de ces deux rivières. L'opinion la plus accréditée sur l'origine de cette ville est qu'elle n'était qu'un simple rendez-vous de chasse, mais que son heureuse position y fit multiplier les habitations; en sorte qu'au dixième siècle Lunéville était déja chef-lieu d'un comté, qu'un duc de Lorraine, *Mathieu II*, réunit à ses états en 1243. Entourée de fortifications par ses successeurs, elle les perdit peu de temps après que le maréchal de *Longueville* s'en fut emparé : mais c'est au duc *Léopold* qui y fixa sa résidence que Lunéville a dû une partie de ses agrandissements. Ce prince y fit construire un très beau palais; et *Stanislas*, roi de Pologne, qui depuis y avait aussi établi son séjour, l'embellit encore en y créant de nouveaux édifices, de superbes jardins, de belles pièces d'eau, et une chapelle construite sur le modèle de celle du château de Versailles.

Ce palais, où habita un bon roi, où naquit un empereur (*François I*), n'est plus, depuis la mort du prince qui y laissa de si chers souvenirs, qu'une vaste *caserne*. Les beaux jardins qui l'entouraient ont disparu : il n'en reste que les bosquets, qui servent de promenade publique; cependant on remarque encore à Lunéville une *belle fontaine* sur la place neuve ; l'*église paroissiale*, d'une architecture moderne, où l'on voit le tombeau de la marquise du Châtelet ; le *champ de Mars*, et le *manége couvert*, dont on admire non seulement l'étendue, mais encore la magnifique charpente en châtaignier.

Le nom de Lunéville vient, dit-on, d'un temple de Diane (Phébé ou la Lune), dont on me montra l'emplacement à peu de distance de la ville, près de

Vic et du village de Vitrimont; on y voit également une source qui était et qu'on appelle encore *la Fontaine-Sacrée*.

C'est dans Lunéville que fut conclu, en 1801, ce traité si remarquable au moyen duquel les puissances contractantes, voulant réparer les pertes occasionées par de longues guerres, s'y dédommagèrent, aux dépens de l'Allemagne et de l'Italie, de ce qu'elles avaient perdu ou de ce qu'elles prétendaient leur être dû.

Quoique le département de la Meurthe soit essentiellement agricole, on y rencontre néanmoins une grande quantité de fabriques en plusieurs genres, à l'exclusion des forges : il n'en existe que trois dans tout le département, parcequ'il ne renferme aucune mine de fer en exploitation; ce ne sont même que les besoins de l'agriculture et le voisinage des forêts qui ont fait établir ces trois petites forges à martinet dans les montagnes des Vosges, à Brecheviller, Cirey et Saint-Maurice, où l'on ne fabrique que des outils et desinstruments aratoires.

La principale branche d'industrie de Lunéville est la faïencerie qu'exploitent avec succès les maisons *Keller, Mouginot*, et *Grand-Mougin*, connues par d'excellentes poteries brunes, plusieurs espèces de terres de pipe émaillées, et d'autres dites *cailloutage*, façon d'Angleterre. Les carrières de gypse transparent des villages de *Moncel* et de *Léomont*, situées près de Lunéville, sont précieuses : on en extrait des morceaux susceptibles du plus beau poli, et dont plusieurs ont servi à la décoration aux palais des princes de Lorraine et aux églises de *Nanci*.

Lunéville est la patrie de *Charles* de Lorraine, gouverneur des Pays-Bas, général des armées autrichiennes, né en 1712, et mort en 1780; de *Chiron*, excellent graveur de médailles, né en 1635; de *Desnesle*, né en 1702, célèbre dessinateur de jardins; de Jean *Girardet*, peintre d'histoire; de François Richard, mécanicien ingénieux ; et du docteur Rivard, lithotomiste célèbre.

C'est à Vétro, petit village à l'est de Lunéville, que naquit l'évêque de Blois, cet abbé *Grégoire*, dont le caractère et les principes inflexibles en religion et en politique ont été un sujet d'admiration pour les uns et de blâme pour les autres, mais qui, considéré simplement comme moraliste et comme philantrope, mérite la reconnaissance de tous les peuples et de tous les cultes par les idées religieuses et tolérantes dont ses écrits brillent de toutes parts.

Je devais d'abord suivre la Meurthe, qui m'eût conduit à Nanci; mais le desir d'examiner les salines porta mes pas vers le nord-est, et j'arrivai bientôt à la petite ville de *Moyenvic*, située dans le lieu le plus fertile du département, et arrosée par la *Seille*, qui sort à l'est d'un étang considérable appelé *étang de Lindre;* cette rivière est remarquable par la lenteur de son cours, par la vase épaisse dont ses eaux sont mélangées, et que le peu d'élévation de ses bords lui fait déposer à la moindre pluie sur les vallons qui l'entourent; les terres elles-mêmes reposent sur une espèce de marne, sur des bancs de pierre calcaire, et sur des carrières de gypse; mais c'est ici sur-tout que se trouvent les sources les plus riches de muriate de soude (sel marin): par-tout on y rencontre à peu de profondeur, une eau plus ou moins chargée de sel, principalement dans la partie du nord, c'est-à-dire dans l'arrondissement de *Château-Salins.*

Moyenvic n'a d'importance que par les beaux établissements qui servent à l'exploitation des sources d'eau salée; celle que l'on trouve dans la saline même est très abondante, mais comme elle n'a que treize degrés de salure, on ne l'emploie qu'à défaut de celle que l'on fait venir de *Dieuze* au moyen d'un aqueduc, et qui lui est bien supérieure en qualité: cent quarante mille quintaux de sel sortent tous les ans de cet établissement. On y voit cinq poêles placés à côté les uns des autres, et élevés d'environ trois mètres au-dessus du sol; des régulateurs sont établis pour diriger et graduer les courants d'air, et augmenter ou diminuer la chaleur à volonté. Par une autre perfection empruntée aux constructions économiques en usage dans les salines de Bavière, l'excédant du calorique qui a servi à l'évaporation de l'eau est employé avec art à sécher le sel déja cristallisé.

Je traverse la Seille, et me voici à *Vic:* c'est là que se trouve cette fameuse mine de *sel gemme*, découverte récemment et qui attire l'attention générale, parcequ'elle est reconnue par les savants de tous les pays supérieure à toutes les autres mines de même nature.

Les recherches avaient été commencées en 1818 par le général *Thiébault*, sur les hauteurs de Vic, et ensuite dans l'enceinte même de la ville; pendant plus d'un an elles ne donnèrent aucun résultat satisfaisant: ce ne fut que le 14 mai 1819 que la sonde atteignit le premier banc de sel, à une profondeur de soixante-cinq mètres. Les puits alors furent multipliés, et après plusieurs années de travaux et une longue série d'expériences, on a reconnu que les bancs de sel gemme occupent une superficie de trente lieues carrées: dans les différents puits, on rencontre la mine à des profondeurs inégales dont la moindre est de cinquante mètres et la plus considérable de quatre-vingt-quatorze. Quant à la profondeur totale de la mine, elle est ignorée et le sera probablement toujours.

Il faut les avoir vus pour se faire une idée de la difficulté des travaux préparatoires à l'exploitation régulière: de longues galeries souterraines s'établissent, mais avec tant de lenteur et de prudence qu'on ne gagne souvent par jour que trente centimètres de terrain : cependant ces premières galeries ne donnent qu'un sel des plus communs ; et c'est au moyen de nouvelles galeries transversales appelées *tailles*, qui coupent les premières à angle droit, qu'on parvient à extraire les sels employés dans le commerce.

Jusqu'au premier banc de sel on trouve, en fouillant le terrain, des débris de coquillages, des roches calcaires, de la marne argileuse, du gypse et du sel fibreux avec des argiles schisteuses salifères ; mais lorsqu'on est arrivé à la mine, neuf bancs de sel se succèdent à mesure que l'on creuse : la première couche se compose presque entièrement du plus beau sel blanc, tandis que la seconde ne présente qu'une exploitation de peu de valeur : la partie supérieure de la troisième, offre des sels blancs et gris-blancs d'une beauté remarquable et d'une grande abondance ; plus loin, des sels roses, colorés par l'oxide de fer ; et enfin vers la base, des sels mélangés de polialithe. La profondeur de cette mine et la surface du terrain qu'elle occupe la font considérer comme inépuisable ; et trois grands avantages doivent en favoriser l'exploitation : 1° la pureté et la salubrité de l'air dans les puits ; 2° l'expérience qui a fait reconnaître que, passé le premier banc de sel, il ne se trouve plus de sources, ni d'infiltrations dans les galeries ; 3° enfin les bancs de sel et les roches d'intervalle offrent une telle solidité, que tout boisage dans ces mêmes galeries est inutile.

Chaque puits de cette mine étonnante, peut donner deux cent cinquante mille quintaux métriques de sel par an, et quatre exploitations pouvant en produire un million, on pourrait facilement concentrer dans un seul enclos, une exploitation triple de celle des huit salines de l'est réunies.

En continuant ma route au nord-est, j'arrivai dans la petite ville de *Dieuze*, située sur la rive droite de la Seille, au sein d'une plaine fertile arrosée par le *Verbach* et le *Spin*; c'est une des plus anciennes villes de France, puisqu'elle était connue du temps d'Attila sous le nom de *Décempagis*; en 1657, elle fut surprise par des aventuriers sortis de Luxembourg, qui s'y introduisirent sous des habits de femme, et s'emparèrent des principaux postes.

J'allai voir la saline; elle est connue depuis le onzième siècle, et fut regardée long-temps comme supérieure à toutes celles de France par son abondance : ce sont les eaux superflues de sa source qui alimentent la saline de Moyenvic, où elles descendent à travers la vallée de la Seille par une file de chéneaux. Deux pompes, mues par un courant d'eau et des chevaux qui mettent en mouvement une chaîne sans fin, servent à extraire l'eau salée du puits, et d'immenses chaudières servent à sa fabrication; les unes placées au niveau du sol, les autres enfoncées de près d'un mètre dans la terre; on emploie la houille et le bois dans cet établissement : la différence, c'est qu'avec le bois le sel est cristallisé en vingt-quatre heures, tandis qu'avec la houille il faut le double de temps.

C'est à une lieue de Dieuze et au sud-est que se trouve l'étang de *Lindre*, célèbre par sa profondeur et son étendue, qui pourrait le faire considérer comme un lac environné de plusieurs petits étangs. Il se divise lui-même en trois branches principales, dont chacune a plus d'une demi-lieue de longueur.

Dans une petite île, formée par cet étang, j'allai voir le village de *Tarquinpol*, dont la singulière position est le moindre avantage : les nombreuses antiquités qu'on y rencontre à chaque pas le font visiter par une infinité de voyageurs. Tout atteste que là fut autrefois une ville considérable très fortifiée, dont l'origine remonte à ces temps où la puissance romaine n'avait pas de limites, ou du moins à la domination des premiers princes de Lorraine. On y voit les ruines d'un vieux château dont les murs, d'une épaisseur extraordinaire, font croire qu'il a dû y exister de grands moyens de défense, tandis que les débris d'une voie romaine, des restes de colonnes, des tombeaux morcelés, y désignent encore un luxe qu'on ne trouve que dans les sépultures de quelques puissants du siècle.

La petite ville de *Marsal* présente encore un exemple de ces travaux extraordinaires qui semblent n'appartenir qu'aux Romains; bâtie sur un marais dont on ne peut sonder la profondeur, on a employé pour donner de la solidité aux constructions, un briquetage, c'est-à-dire l'assemblage d'une énorme quantité de morceaux de terre cuite jetés sur le sol, pour l'affermir et servir de base aux bâtiments; ces morceaux informes n'ont eu d'autres moules que la main qui les a pétris; quelques uns même offrent encore l'empreinte des doigts parfaitement marqués; d'autres contournés ou percés font croire que des blocs de terre ont été entortillés et pressés autour d'un bâton : Marsal est assis sur ce briquetage dont toutes les parties sont liées entre elles de manière qu'elles ne forment qu'une masse très difficile à rompre et à pénétrer; mais comme le terrain est sujet aux inondations qui y déposent une vase assez compacte, il s'est formé à la surface du sol, et par succession de temps, un second marais, qui, dans quelques endroits, a quatre mètres de profondeur; en sorte que le briquetage sépare deux marais qui sont l'un au-dessus de l'autre; mais si l'on ne craint pas de fouiller dans cette terre épaisse et gluante, on en retire des médailles, des monnaies, et des monuments, traces certaines du passage des maîtres du monde.

Un ancien château construit par les ducs de Lorraine, et dans lequel on établit une saline en 1730, indique l'origine de Château-Salins, petite ville qui compte à peine treize cents habitants; elle est située au nord-ouest de Vic, et la fabrication du sel s'y fait d'après les mêmes procédés qu'à Dieuze; son produit est d'un million cent mille myriagrammes.

N° CII. [28 JUILLET 1820.]

LE ROI PHILOSOPHE.

> Les peuples ne seront heureux que quand les rois seront philosophes, ou quand les philosophes seront rois.
>
> MARC-AURÈLE.

J'ai parcouru avec rapidité la première partie du département de la Meurthe, et toutes ses petites villes qui s'élèvent à peu de distance les unes des autres, offrent tour-à-tour leurs utiles établissements, et leurs précieuses antiquités ; mais ici trop de souvenirs se pressent dans ma mémoire, trop d'émotions font tressaillir mon cœur.... Je m'arrête, je considère tout ce qui m'entoure ; ces murs, ces palais, ces belles places, tout me parle du bon roi, du roi philosophe, l'idole de la Lorraine, de Stanislas enfin !.... Je suis à *Nanci*.

Descendu à l'*Hôtel-Royal*, je prends à peine le temps d'un repos nécessaire ; je brûle de parcourir cette ville, l'une des plus belles de France, où chaque édifice, chaque monument, me signalera la bienfaisance et le génie ; mais mon hôte me retient : quelques mots lui ont révélé mon enthousiasme, et il veut, dit-il, l'augmenter encore en me donnant pour *cicérone* un de ses pensionnaires, le chevalier Balesksinski, vieillard octogénaire qui vint à la cour de Stanislas avec les enfants même d'Auguste, lorsque celui-ci, accablé par le malheur, crut devoir les confier à son rival : le chevalier avait passé sa jeunesse sous les yeux du nouveau Marc-Aurèle, et fut le témoin de ses derniers moments. Soixante ans écoulés depuis la funeste catastrophe n'ont pas réfroidi son amour pour le bon prince; il m'en parle, il voit que je partage ses sentiments; de douces larmes bordent sa paupière, affaiblie par les années, et je suis son ami. « Vous avez, me dit-il, parcouru déja plusieurs de nos cités, et par-tout vous avez dû apercevoir des traces de cette ame généreuse autant que sensible; mais en nous reportant vers cette époque, si nous arrêtons nos regards tour-à-tour sur Léopold et sur Stanislas, quel concert de louanges et d'admiration n'adresserons-nous pas à ces deux princes également bons, justes, et adorables, qui, régnant successivement sur cette terre, y ramenèrent le siècle d'Idoménée, tandis que de tous côtés le despotisme, l'ambition, la faiblesse opprimaient, imposaient, divisaient les peuples!

« Je ne vous parlerai que succinctement de la première origine de la Lorraine. On sait qu'elle échut en partage à l'un des fils de l'empereur Lothaire, qui lui donna le nom de *Lotharinge*, devenu par contraction Lorraine. Cette province formait alors un royaume qui contenait tout le pays situé entre le Rhin, l'Escaut, la Meuse, et la mer; le Brabant même était appelé Basse-Lorraine, tandis que tout le reste était connu sous le nom de la Haute. Devenue par la succession des temps un simple duché concédé par les rois de France au duc de *Giselbert*, ce n'était plus qu'une faible portion du royaume primitif de Lotharinge, disputée sans cesse par les empereurs d'Allemagne, la cour de France, et les évêques souverains de Liége et de Metz; envahie par les armées françaises en 1644, malgré les efforts de son vaillant et infortuné duc, Charles IV; ravagée en 1674 par Turenne; restituée enfin par Louis XIV, lors de la paix de Ryswick (1697), cette malheureuse contrée connut enfin le repos et le bonheur sous le gouvernement de Léopold, fils de ce duc célèbre (Charles V) le soutien de l'empire et l'effroi de la Porte-Ottomane. Léopold fut le digne précurseur de Stanislas; il calma par la sagesse de son administration tous les maux causés par des guerres longues et cruelles; il repeupla la Lorraine, l'enrichit, établit une université à Lunéville, où se rendait en foule la noblesse de l'Allemagne, ranima et fit fleurir le goût des beaux-arts et des belles-lettres. Doué lui-même d'un esprit aussi juste qu'éclairé, d'une rare bonté, il savait mettre dans ses manières, une noblesse, une affabilité qui lui gagnait tous les cœurs : « Je quitterais « demain ma souveraineté, disait-il, si je ne pouvais « plus faire de bien. » Paroles dignes de Titus; aussi, long-temps après sa mort, les Lorrains ne pouvaient prononcer son nom sans répandre des larmes, et il fallut toutes les vertus de son successeur, non pour les consoler, mais pour adoucir les regrets de l'avoir perdu.

« On connaît les résultats de ce traité célèbre, qui, amenant une pacification générale, fit passer sur le trône des Médicis, François, duc de Lorraine, fils de Léopold, et gendre de l'empereur Charles VI, tandis qu'elle amena à Lunéville le héros de la Pologne, le bon, le juste, le vertueux Stanislas. Quel historien nous retracera avec la dignité convenable, ce caractère toujours grand, toujours noble, toujours lui-même dans les vicissitudes inouies qui traversèrent sa longue et honorable carrière! Il naquit en 1677; son père, homme d'un grand caractère, dirigea son éducation, forma son ame, et sut, par une instruction aussi élevée que solide, le préparer à toutes les faveurs comme à toutes les disgraces de la fortune. On sait avec quel éclat il parut à la diète de convocation, qui eut lieu après la mort de Jean *Sobieski*, roi de Pologne. Déja les hommes les plus impartiaux ne doutaient pas qu'il ne dût être un jour la gloire de son siècle, et le considéraient comme la joie de sa nation; mais sans le suivre pas à pas dans ces temps orageux, voyons-le en présence de l'Alexandre suédois. Sa jeunesse, sa franchise, cette physionomie ouverte où se peignent les plus nobles sentiments, lui ont bientôt acquis le cœur de Charles XII : *Ce Polonais, dit-il, sera toujours de mes amis; il manque d'ambition, j'en aurai pour lui.* En effet, il voulut porter sur le trône cet ami aussi modeste que grand; les suffrages du peuple et des nobles Polonais l'y portèrent également. Cependant la fortune trahit d'aussi nobles espérances sans abattre celui qui ne regardait la couronne que comme un moyen de faire des heureux; aussi grand, plus grand peut-être au milieu des disgraces, on le voit constamment opposer aux caprices de la fortune le courage, la patience, la résignation; il renonça lui-même à toutes les chances que voulaient tenter encore ses nombreux partisans : *Jamais, dit-il, jamais on ne me verra prendre les armes pour me faire restituer ma couronne.* Étranger désormais aux rêves de l'ambition, l'étude, les soins prodigués à sa famille, les doux exercices d'une bienfaisance active, remplissent ses journées; il serait heureux si l'avenir incertain de tout ce qui lui est cher n'inquiétait et n'affligeait son ame. Tout-à-coup sa destinée change; le sort de son enfant chéri est fixé, elle devient reine de France; on veut encore le reporter lui-même sur le trône de Pologne. Il cède..... Mais enfin, cessant d'être le jouet d'une ambition qui ne lui fut jamais personnelle, il se fixe dans la Lorraine, dont il accepte la souveraineté jusqu'à sa mort.

« C'est alors que toutes les vertus de cette ame céleste se déploient; simplicité, grandeur d'ame, bienfaisance, économie, amour des arts, sage administration, lui méritent tour-à-tour les hommages de l'univers et l'amour des peuples; c'est ce dernier sentiment sur-tout qu'il est jaloux d'inspirer; la ville de Nanci le fait consulter sur le cérémonial à observer à son égard comme roi de Pologne et duc de Lorraine : *Qu'on dise aux Lorrains,* répond ce bon prince, *qu'ils peuvent oublier le roi de Pologne, et que, pourvu qu'ils m'aiment comme leur père, je serai content d'être honoré comme leur duc.* Loin d'être mortifié des regrets que ses nouveaux sujets firent éclater lors du départ de la famille de son prédécesseur, il s'écrie : *Ah! que j'aime ces sentiments, ils m'annoncent que je vais régner sur un peuple sensible et reconnaissant, qui m'aimera aussi quand je lui aurai fait du bien.*

« Impatient de connaître les besoins des Lorrains, il travaille avec ses ministres le jour même de son arrivée; il rejette les vains hommages des courtisans; il éloigne tout ce qui ne tend pas à prévenir et à réparer les abus; c'est là sa première occupation, son premier soin, son premier vœu, auxquels est subordonné tout ce qui ne regarde que sa personne. On lui présente un plan pour l'embellissement du château de Lunéville, où sa cour était fixée : *Il n'en est pas encore temps*, dit-il; *quand nous aurons réglé les affaires publiques, nous songerons aux petits détails du palais.*

« Mais comment citer tant de mots heureux, qui peignent ou qui caractérisent cet excellent homme? comment énumérer ses actes de bienfaisance de tous les jours, de tous les moments? Deux millions lui suffisent pour créer des prodiges de générosité et de magnificence; des ponts s'élèvent sur les rivières, des routes nouvelles sont tracées, les anciennes se réparent, tandis que l'exploitation des salines, celle des mines, auxquelles on adapte de nouveaux procédés, et l'agriculture honorée d'une protection toute particulière, doublent et triplent la valeur des terres; l'industrie n'est pas oubliée, et des hommes habiles, choisis par le souverain, parcourent la province pour apprendre aux artisans les découvertes nouvelles. Les manufactures fleurissent et se multiplient; mais ces bienfaits ne se concentrent pas dans une seule ville. *Bar* voit, aussi bien que Nanci, s'élever dans son enceinte des greniers d'abondance; la ville de *Saint-Diez* sort de ses cendres, et revit, construite sur un plan mieux ordonné; *Plombières* voit embellir son établissement, et soixante pauvres ou malades peuvent aller à ces bains soulager, aux frais du roi, leur souffrance. *Je ne veux pas,* dit Stanislas, *qu'il y ait un seul genre de maladie dont mes pauvres sujets ne puissent se faire traiter gratuitement.*

« Des charlatans abusent de la crédulité des bons Lorrains, mais d'habiles médecins vont bientôt sortir de l'école qui s'élève dans la capitale : un jardin des plantes se dessine; de tous côtés l'éducation publique favorisée reçoit de nouvelles formes, et prend un nouvel essor au sein des écoles gratuites qui se fondent dans les principales villes de la Lorraine; car ce n'est pas seulement en créant des hôpitaux, en les surveillant lui-même, en multipliant les institutions de bienfaisance que Stanislas satisfait les généreux sentiments de son cœur; aussi éclairé que bon, il met aussi sa gloire et son plaisir à rétablir les colléges, à fonder de nouvelles chaires, à assurer enfin les progrès des connaissances humaines : une bibliothèque publique est ouverte; une académie nationale se forme, et bientôt les noms des Hénault, des Saint-Lambert, des Montesquieu, des Solignac, des Tressan, viennent grossir la liste de ses membres : ils donnent à l'auguste fondateur le surnom de *Philosophe bienfaisant,* et la postérité le confirme. Lui-même réunissant la théorie à la pratique, de la même main qui traça tant d'édits pour le bonheur de son peuple, trace encore les devoirs du prince, répond au fameux discours de Rousseau sur les sciences, et répand une foule d'observations aussi sages, aussi morales que philosophiques; ces observations annoncent non seulement l'homme de bien, le véritable philantrhope, mais encore l'homme aimable, aussi éclairé que spirituel. Sa cour était un séjour délicieux; une vaine étiquette, un cérémonial gênant en étaient bannis, tandis que le véritable amour des bienséances y faisait régner un ton d'aisance, de douceur, de gaieté, que ne peuvent oublier ceux qui, comme moi, en goûtèrent les charmes; les courtisans eux-mêmes, modelant leurs manières, leur esprit et leur cœur sur celui du monarque, épuraient leur goût et leur caractère, et voulaient être bons, aimables et vertueux, pour ressembler à Stanislas.

« *Le pauvre allait le voir, et revenait heureux*, tandis que lui-même, trouvant son bonheur dans ces témoignages d'amour et de reconnaissance, ne se lassait jamais de leur empressement. Bienfaiteur de ses sujets, il eut la gloire de consoler ses ennemis; et quand Frédéric-Auguste, chassé à son tour de la Pologne, devint lui-même proscrit et fugitif, ce fut à ce rival détrôné, persécuté par lui, qu'il envoya ses enfants. Ils retrouvèrent auprès de ce prince un père, un ami, qui ne cherchait qu'à les consoler. « Rassurez-vous, leur disait-il; le ciel sans doute « m'éloigna de ma patrie pour que je fusse à portée » de vous accueillir dans le malheur; il est doux « pour mon cœur de pouvoir me venger sur vous

« par des bienfaits. Vous ne serez point étrangers
« dans ma cour; et jusqu'au jour où vous embras-
« serez votre père, c'est moi, mes amis, c'est moi
« qui vous en tiendrai lieu. »

« J'étais exilé comme les enfants d'Auguste, et j'eus part aux bienfaits du roi philosophe. C'est à lui que je dus les conseils qui me dirigèrent avec honneur dans la carrière des armes; c'est de sa main que je reçus le brevet qui fixa mon sort!.... La patrie était où régnait Stanislas Lecksinski, et ce fut sans regret comme sans hésitation que j'abandonnai la Pologne pour vivre sous ses lois.

« Pourquoi faut-il qu'en terminant cette esquisse trop rapide de ses vertus, je sois obligé de faire la part du blâme,

Quel homme est sans erreur, et quel roi sans faiblesse?

de convenir que vers le déclin de la vie de ce nouveau Marc-Aurèle, l'âge affaiblit les hautes facultés de son ame, et que sa dévotion jusque-là si éclairée, si tolérante, devint minutieuse, tracassière, et entièrement surbordonnée aux vues étroites, au caprice du père *Menou*, son confesseur! Il éloigna même les comtes de Lucé et de Tressan, devenus odieux à ce jésuite pour avoir voulu venger la philosophie des calomnies des enfants d'Ignace; il reçut et protégea cette société perverse avec tant de zèle que, lors de sa dissolution ordonnée par le parlement de France, on craignit d'avancer la mort de ce bon prince en chassant les jésuites qui vivaient dans ses états.

« Aurai-je la force de vous retracer l'affreuse catastrophe qui termina la vie de l'adorable Stanislas? Ce fut peu de temps après la mort du dauphin. Le roi voulut aller à Nanci pour assister au service de ce prince; le froid le fit rester à coucher dans cette ville : le lendemain il arriva tard à Lunéville, ce qui ne l'empêcha pas de se lever comme à l'ordinaire de grand matin; il s'approche de la cheminée; sa robe d'une étoffe légère prend feu; il sonne...... Ses valets, encore fatigués de la veille, n'étaient pas à leur poste.... Il perd ses forces, chancelle et tombe sur les charbons ardents; un garde-du-corps, averti par la fumée, mais retenu par l'étiquette qui lui défend l'entrée des appartements, ne peut qu'appeler au secours : il est trop tard; Stanislas n'a plus que quelques jours à vivre. Toujours bon, toujours calme, il ne s'inquiète que de sa famille, de ces Lorrains accourus de toutes parts pour avoir des nouvelles de leur roi bien-aimé. Il leur fait donner des secours; il ordonne qu'on distribue aux plus pauvres l'argent nécessaire pour regagner leurs chaumières : il veut qu'on les tranquillise; et touché jusqu'aux larmes de leur empressement : *Voyez*, disait-il, *combien ce bon peuple m'est encore attaché, aujourd'hui qu'il n'a plus rien à craindre ni à espérer de moi.* Le mal allait toujours croissant; mais conservant jusqu'à la mort toute sa sérénité, toute sa gaieté même, Stanislas cherchait à nous distraire par des mots heureux qui dissimulaient mal ses horribles souffrances. *La reine,* disait-il, *me recommande dans ses lettres de me prémunir contre le froid; mais elle aurait dû plutôt me recommander de ne pas avoir si chaud.* Une jeune dame accourue aux cris du garde-du-corps, avait été atteinte par les flammes. *Qui nous eût dit, madame,* dit-il le lendemain en l'apercevant, *que nous devions brûler des mêmes feux ?* Mais tout espoir était perdu ; après dix-huit jours de souffrances, supportées avec le courage et la résignation d'un héros, la mort saisit sa proie, et le ciel compta un ange de plus. »

Le chevalier ne put terminer ce récit sans verser un torrent de larmes ; il me quitta en me demandant la permission de remettre au lendemain les détails ultérieurs qu'il avait encore à me donner sur la Lorraine.

Le lendemain le chevalier B**** me conduisit à l'église de *Bon-Secours*, située près de la ville, et où sont déposés les restes précieux du meilleur des rois auprès de ceux de son épouse, Catherine *Opalinski*, morte à Lunéville le 19 mars 1747. Cette église fut le premier monument de la générosité de Stanislas. Ce fut lui qui en posa la première pierre en 1738. Le tombeau de la reine, exécuté en marbre blanc par le célèbre sculpteur *Nicolas-*

Sébastien Adam, est un de ses chefs-d'œuvre. La reine à genoux a bien toute la sérénité d'une bienheureuse ; l'ange qui vient lui annoncer que le temps des épreuves est fini a toute la légèreté d'un esprit céleste : enfin l'aigle de la Pologne qui semble porter son vol vers le ciel offre une ingénieuse allégorie. Le tombeau de Stanislas est placé en face de celui de la reine ; il fut commencé par Louis *Vassé*, élève du célébre Bouchardon, et terminé après sa mort par *Félix Comte* ; une pyramide assez élevée en forme le fond : on admire sur un socle la statue de Stanislas vêtue à la polonaise ; à sa droite la Lorraine sous la figure d'une femme suppliante écrivant les bienfaits de ce prince, et le regardant avec douleur ; à sa gauche, la Charité éperdue pleure amèrement une perte irréparable : un globe voilé indique le deuil de toute l'Europe. Le 22 septembre 1768 le cœur de la reine de France, Marie Lecksinska, fut déposé dans ce monument, sur lequel on lit deux inscriptions nouvelles, que l'instabilité des choses humaines pouvait seule rapprocher. L'une rappelle le passage du comte d'*Artois* en 1814 ; l'autre, le touchant hommage des Polonais dans la même année. Ces braves guerriers ne voulurent point abandonner la France sans saluer les cendres de celui qui, de loin comme de près, fut toujours leur gloire et leur amour. Un service funèbre fut ordonné par eux ; le général *Sokolnicki* prononça un discours qui rappelait toutes les vertus du héros, et où il exprimait tous les sentiments qui agitaient son cœur et celui de ses compagnons d'armes.

Dans ce jour solennel les Polonais, les Lorrains, confondirent encore une fois leurs regrets et leur vénération. Voici le sens de l'inscription placée sous l'égide de ce brave : « Les débris de l'armée « polonaise alliée des Français, cherchant dans le « monde une patrie que leur ont méritée et leur per- « sévérance et leur courage; rassemblés enfin par « les soins bienveillants d'Alexandre le pacifica- « teur, et allant retrouver leurs pénates sous la con- « duite de Michel Sokolnicki, viennent en pleu- « rant dire un éternel adieu aux cendres de Stanis- « las Lecksinski, leur père bienfaisant, l'aïeul du roi « très chrétien, et à la nation hospitalière qui les a « recueillies. »

Nous quittâmes cette église et ces monuments en réfléchissant combien est profonde et durable la reconnaissance des peuples pour un bon roi; chaque jour ces lieux sacrés sont visités par le Lorrain et l'étranger, qui viennent tour-à-tour y déposer, les uns, les vœux d'une gratitude éternelle, les autres, ceux du respect et de l'admiration.

Avant de rentrer dans la ville, le chevalier me fit remarquer sa position : elle est bâtie au milieu d'une plaine fertile, au pied de plusieurs coteaux cou- verts de riches vignobles et couronnés par la torêt de *Heys*. La Meurthe, qui donne son nom au département, arrose cette plaine et passe près de la ville, à *Tomblaine*. Cette rivière a deux sources principales dans les Vosges, l'une sur le penchant de la montagne du *Valtin*, l'autre sur l'un des principaux ballons nommé *Montaben*. Après avoir parcouru le département de la Meurthe, du sud au nord-ouest, dans une longueur de quinze lieues, elle va se jeter dans la Moselle, au-dessous de Nanci, entre *Rouard* et *Custine*; ce n'est qu'à Nanci que cette rivière devient navigable. Jusque-là elle n'est utile qu'au flottage, attendu que son lit, souvent trop élargi, présente des gués et des bas-fonds qui, pendant les sécheresses, réduisent sa profondeur à un blanc d'eau seulement.

On divise Nanci en ville vieille et en ville neuve; l'époque de la fondation de la première ne remonte qu'au onzième siècle: ce n'était, dit-on, qu'un château appartenant à la maison de Lenoncourt; mais les ducs de Lorraine y ayant fixé leur résidence, on vit bientôt s'élever une ville autour de son enceinte. Elle fut fortifiée par les ducs Raoul et René II. Ce commencement de prospérité disparut dans les vicissitudes de la guerre cruelle que lui déclara Charles-le-Hardi, duc de Bourgogne. Prise par ce prince en 1475, assiégée de nouveau l'année suivante, cet ennemi infatigable réduisit ses malheureux habitants à la dernière extrémité; mais il vint lui-même expirer sous ses murs, dans une bataille livrée le 5 janvier 1477. Son corps, retrouvé après la victoire dans l'étang *Saint-Jean*, qui baigne les murs de la ville, était tellement défiguré que l'on supposa d'abord qu'il s'était retiré dans une solitude après sa défaite. Cependant le chevalier m'assura que ce prince téméraire avait son tombeau dans l'église des *Cordeliers*, devant laquelle nous passions, et qui fut élevée par le vainqueur, comme un monument de son triomphe sur l'ennemi impitoyable qui désola si long-temps cette contrée : plus tard les restes de ce prince furent transportés à Bruges pour être mêlés aux cendres de sa fille.

La ville neuve, commencée en 1603, fut continuée et fortifiée par les soins de Charles III, et embellie, ainsi que la vieille, par Léopold : mais c'était à Stanislas qu'il était réservé d'achever ce grand ouvrage et de faire de Nanci une des belles villes de l'Europe. Sous ce prince, les fortifications n'existaient déjà plus; Louis XIII et Louis XIV les avaient fait démolir : mais ce fut sur ses plans et toujours à ses frais que s'élevèrent tant d'édifices dont on ne peut se lasser d'admirer la magnificence. La *préfecture*, l'*hôtel-de-ville*, la *salle de spectacle*, le *palais de la bourse*, le *palais de justice*, qui lui est parallèle ; la *cathédrale*, l'*église des Minimes*, la *bibliothèque*, les magnifiques *casernes*, le *séminaire*, le *collège*, l'*hôpital*, le *musée*, attirent tour-à-tour les regards et l'étonnement. Quatre grandes rues, tirées au cordeau, dont toutes les maisons présentent une façade régulière, et qui commencent aux quatre portes de la ville, furent également élevées par Stanislas; elles viennent aboutir sur une grande place, que décorent une grille magnifique, quatre fontaines et de beaux hôtels : au milieu de cette place, nommée *Royale*, la reconnaissance et l'amitié du bienfaiteur de la Lorraine lui avaient fait élever la statue de Louis XV; cette statue, coulée à Lunéville en trois minutes, avait quatre mètres de hauteur; détruite par la révolution, elle doit être remplacée par celle de Stanislas : ce prince réunit cette belle place à une autre nommée *Carrière*, par un arc de triomphe qui excite encore aujourd'hui l'admiration; celle de *Saint-Stanislas*, ou d'*Alliance*, n'est pas moins magnifique; quatre belles façades l'entourent et la décorent, tandis qu'une *belle fontaine* placée dans le milieu représente l'union des maisons de Bourbons et d'Autriche; c'est de cette fontaine qu'elle prend sa seconde dénomination : enfin les yeux, fatigués par tant de beaux monuments d'architecture, se reposent avec plaisir sur les promenades qui sont généralement agréables.

« Vous devez trouver, me dit le chevalier, nos belles rues un peu désertes; en général la ville n'est pas assez peuplée; il n'en était pas ainsi avant la révolution; sa beauté, l'attrait de sa situation, y attiraient de toutes parts un grand nombre de familles opulentes : mais depuis que les événements ont divisé les fortunes; depuis sur-tout qu'un élan général vers l'industrie a fait sentir le besoin de se rendre utile, le nombre des oisifs a grandement diminué, et les villes manufacturières, commerçantes ou propices au développement des arts et des sciences, se sont peuplées aux dépens de celles qui, comme Nanci, ne présentent qu'une stérile magnificence : cependant notre ville n'est pas restée absolument en arrière; il y a ici plus d'industrie, plus de commerce qu'autrefois; le luxe et l'étiquette ont fait place à une louable activité qui augmente tous les jours ; et Nanci, toujours belle, voit déja diverses branches de commerce vivifier son existence morale et politique. On y trouve des fabriques de draperie, de boutonnerie, de lainage, de faïence, et sur-tout de poterie façon d'Angleterre; les chandelles de Nanci ont beaucoup de réputation, et il s'en fait une exportation considérable tant dans les départements qu'à l'étranger; nos liqueurs, nos papiers peints, nos boules vulnéraires d'acier, connues sous le nom de boules de Nanci, ne sont pas moins recherchées : enfin nous possédons une fabrique de produits chimiques où l'on procède en grand à la fabrication de l'acide sulfurique, du muriate ammoniacal (sel ammoniac), et du prussiate de fer (bleu de Prusse).

« La toilette des femmes est ici fort recherchée, et il est peu de villes en France où l'on ait plus de penchant à sacrifier à la mode ; ce qui n'empêche pas qu'on ne puisse à tout autre égard adresser encore aujourd'hui aux Lorrains le reproche d'une économie sordide passée depuis long-temps en proverbe. Si vous les suivez au sein de leurs familles, et surtout à leur table, vous y trouverez la parcimonie la plus ridicule : telle personne qui affecte un grand luxe de vêtement ne se nourrit que d'un pain grossier et d'aliments peu délicats ; les plus riches donnent rarement à dîner : cependant on aime les réunions, et d'agréables soirées viendraient embellir nos hivers, si nous pouvions nous affranchir de cet esprit de coterie et de caquetage, de cette disposition malheureuse à critiquer sans ménagements nos amis, nos voisins, et même nos parents. »

Cependant, malgré ces tracasseries et ces jalousies sans cesse renaissantes, les habitants de la Lorraine ne sont pas susceptibles de haine durable : on y est rarement méchant avec constance, et les mésintelligences entre les citadins cèdent presque toujours à la voix de la conciliation. Il n'en est pas ainsi dans les campagnes, où il n'est pas rare de voir les querelles suivies du ravage d'un champ, de la destruction d'un arbre, ou de quelques ceps de vigne ; néanmoins les Lorrains de la Meurthe vivent en bonne intelligence avec leurs voisins, et particulièrement avec les habitants du Haut et du Bas-Rhin; il existe même un usage entre ces trois départements qui a quelque chose du temps patriarcal; c'est celui de s'envoyer des enfants en échange pour les instruire réciproquement dans les langues française et allemande : ces mutuels rapports occasionent des alliances, et il en résulte aussi d'autres avantages relativement aux progrès des arts, du commerce, et de l'industrie.

Il est question, depuis quelque temps, d'un projet qui vivifierait cette ville; on doit former ici des camps d'instruction pour l'infanterie et la cavalerie; leur utilité s'est fait sentir chez tous les peuples guerriers : c'est dans ces rassemblements, où les troupes de toutes armes sont exercées avec succès, que l'éducation militaire de tous les grades acquiert le degré de perfection qu'elle ne peut atteindre dans des garnisons éparses; il s'établit au camp une noble émulation qui excite l'ardeur des militaires; tous y retrouvent l'image de la guerre, souvenir de gloire pour les uns, espérance de fortune militaire pour les autres.

Le dîner vint interrompre notre conversation; mais ce repas amena des observations d'un autre genre. Au dessert, on servit des prunes d'une forme ovale, et de la grosseur d'un bel œuf de pigeon ; ce fruit, inconnu dans la plus grande partie de la France, est spécialement affecté au département de la Meurthe, où il porte le nom de *coetche* : il est très savoureux, et l'on en fait sécher une grande quantité; des abricots, connus sous le nom *d'abricots de Nanci*. Cet excellent fruit fut apporté de la Syrie par les ducs de Lorraine. L'éloge de ces fruits amena le chevalier à me parler de la préférence, accordée par les habitants de la campagne, à la culture des vergers sur celle des jardins et des potagers; cela vient de ce que leur commerce ne se compose que du produit de leurs vaches, de leur volaille, et sur-tout de leurs salaisons, qui arrivent en abondance jusque dans la capitale; la grande culture toutefois n'est pas négligée, car le pays produit de beau blé, du chanvre, du lin, du houblon, et sur-tout de la pomme de terre, à laquelle ils donnent un soin particulier. Ils affectionnent aussi la culture de la vigne; elle couvre une grande partie des coteaux, et il n'est pas rare d'y voir les plants se soutenir l'espace d'un siècle, sans diminuer de produit; mais, en général, les vins de ce département sont faibles et froids; cependant ceux de *Pagny*, *Thiaucourt*, *Arnaville*, et *Vic*, sont agréables. Nous buvions et nous jugions celui de *Baudonville*, près Nanci, qui n'est pas sans qualité.

C'est dans les murs de Nanci que naquit le célèbre *Bassompierre*, maréchal de France; le grand ministre *Choiseul*; et ce noble général qui, après s'être illustré dans vingt batailles, se signala dans ces derniers temps par un désintéressement digne des siècles antiques ; je parle de *Drouot*, l'un de nos meilleurs généraux d'artillerie, jugé digne, à seize ans, d'être admis au nombre des officiers de ce corps, et dispensé des deux années d'école d'application. Nous rencontrâmes l'illustre général, et je saluai avec vénération ce modèle des guerriers philosophes qui, sans fortune, renonça si généreusement à des pensions acquises au prix de son sang, mais désormais payées par un gouvernement qu'il n'avait pas servi. Le général Drouot vit heureux, dans la retraite, au sein de sa famille et de ses amis.

Nanci présente avec orgueil aux amis des lettres les noms du chantre harmonieux des saisons, l'aimable *Saint-Lambert* ; de madame *Graffigny*, auteur des *Lettres d'une Péruvienne* ; de madame de *Vannoz*, connue par ses poésies élégantes ; de *Palissot* ; de *Chompré*, écrivain laborieux, auteur du Dictionnaire de la Bible et de la Fable ; et de *Laffize*, aussi célèbre médecin que bon littérateur. Nanci est la patrie des frères *Adam*, sculpteurs distingués ; du célèbre graveur *Callot*, dont le nom ne rappelle pas seulement un beau talent, mais encore un généreux patriotisme ; on sait qu'il refusa de graver la prise de sa ville natale par Louis XIII, en disant *qu'il se couperait plutôt le pouce que de rien faire contre l'honneur de son prince et de sa patrie* ; de Jacques-Charles *François*, inventeur de la gravure en dessin ; d'*Isabey*, ce peintre charmant dont le suave pinceau a immortalisé le genre du portrait en miniature, où il excelle; de *Sylvestre Israël*, fameux graveur, qui laissa dans ses fils et petits-fils une suite d'artistes recommandables.

Avant de me rendre à *Épinal*, situé dans les Vosges, au sud-est de la Meurthe, B**** m'engagea à visiter avec lui *Pont-à-Mousson*, non pour la ville elle-même, mais pour les lieux qui y conduisent. Nous partîmes; et, dirigeant notre course vers le nord-ouest de Nanci, nous arrivâmes en peu de temps à *Dieulouard*, bourg situé au pied d'une côte escarpée, sur la rive gauche de la Moselle. Près de là, et dans une île formée par cette rivière, on voit un petit hameau nommé *Scarponne;* c'est tout ce qui reste d'une ville puissante, qui autrefois se réunissait à Dieulouard, et qui fut détruite au dixième siècle : ses ruines désertes sont fécondes en vases, statues, et autres monuments qui attestent la splendeur de son origine.

Plus loin se trouve un village situé sur un ruisseau, entre deux coteaux couverts de vignes; c'est *Blénod*, dont le nom pourrait bien venir de *Blénus*, mot gaulois qui signifie Apollon, puisqu'on a découvert en cet endroit les vestiges d'un temple et d'une statue consacrés à ce dieu : les évêques de Toul, qui en avaient fait le chef-lieu de leur seigneurie temporelle, y avaient un château fort; dans le quinzième siècle un de ces prélats, *Hugues des Hasards*, né dans ce village, y fit construire une superbe église.

Nous voici à *Pont-à-Mousson*, ville agréablement située dans un large vallon arrosé par la Moselle, elle tire son nom de la montagne de Mousson, au pied de laquelle elle est bâtie, et du pont qui communique à une ancienne forteresse qu'on voyait autrefois sur cette montagne. Pont-à-Mousson était jadis une des villes les plus importantes de la province; elle devait son importance non seulement à son université, fondée par Charles III, et qu'elle posséda long-temps, mais aussi à sa position commerciale sur une rivière navigable ; le temps n'a pu lui enlever ce dernier avantage : on y trouve des filatures de coton, des chapelleries, des manufactures de draps communs, une belle fabrique de sucre de betterave; et l'on en tire des vins, des grains, et des eaux-de-vie. Cette ville est bien bâtie; l'on y remarque une belle place : elle est la patrie du général *Jacquinot*, et du maréchal *Duroc*, qui avait et méritait toute la confiance de Napoléon, et qui mourut si glorieusement dans les champs de Bautzen.

Le village de *Noroy*, situé à peu de distance de Pont-à-Mousson, fut en 1817 le théâtre d'un singulier accident : des coteaux couverts de vignes entourent cette commune; un jour les habitants n'y retrouvèrent plus leurs terres : les vignes, les jardins, renversés pêle-mêle, ou transportés plus loin, avaient changé de place; la terre végétale avait glissé vers le bas du coteau avec toutes ses plantations. La société des sciences, à Nanci, a expliqué ainsi ce phénomène : La couche de terre végétale, qui recouvrait le coteau, s'étant détachée du fond argileux, à la suite de grandes pluies, et n'étant plus soutenue, fut entraînée par son propre poids dans la plaine.

Noroy, au nord de Pont-à-Mousson, et *Mousson*, autre village à l'est de cette ville, ont cela de commun qu'on trouve, dans l'un comme dans l'autre, un grand nombre d'antiquités. A Noroy, dans les excellentes carrières qui fournissent de bonnes pierres à bâtir, on a découvert deux inscriptions consacrées l'une à Jupiter, et l'autre à Hercule; sur une colline près de là, l'abbé Garnier a également trouvé un petit autel romain du temps de Titus; et enfin des fouilles nouvelles ont amené des médailles, des vases, et d'autres objets précieux, qui prouvent évidemment que dans cet endroit existaient un camp romain et un temple dédié à Jupiter.

Nous traversâmes, en revenant à Nanci, un petit village où je fus témoin d'un usage qui s'est conservé dans les campagnes de ce département, et qui rappelle les mœurs antiques. Aux mariages, le banquet nuptial est toujours célébré dans la famille de l'époux; la mère du jeune homme attend sa bru sur le seuil de la maison, et lui présente une assiette, sur laquelle se trouvent une poignée de grain, du lin, et des œufs; la jeune femme répand le grain autour d'elle, et garde le surplus. Il est probable que cet usage n'est qu'une allégorie emblématique des devoirs d'une femme de ménage. Le lendemain des noces, les jeunes gens du village vont porter aux nouveaux époux une soupe copieuse avant leur lever, et, pour prix de cet hommage, ils ont le droit d'enfoncer la porte si l'on refuse de la leur ouvrir : à cette cérémonie burlesque et toujours accompagnée de plaisanteries dignes d'une telle coutume, on en joint une toute religieuse, et dont la tristesse contraste singulièrement avec la gaieté des noces; les deux familles réunies font célébrer, pour leurs parents communs, un service funèbre qui termine la cérémonie nuptiale.

En rentrant à Nanci, le chevalier rencontra madame de Saint-Ouen, à laquelle il me présenta : c'est l'aimable éditeur des œuvres choisies du bon Stanislas; dans une notice, qui les précéde, elle a su retracer, avec autant de grace que de sensibilité, les vertus du bienfaiteur de la Lorraine.

Je ne dirai pas avec quel regret je fis mes adieux au vénérable Polonais dont les souvenirs et les observations avaient jeté tant d'intérêt sur mon séjour à Nanci. Il est des sentiments dont il suffit de convaincre ceux qui les inspirent.

Pour me rendre à *Épinal*, je remonte la Meurthe vers Lunéville ; cette partie du département est remarquable par les vallons larges et fertiles qui la traversent, et par les plaines riantes qui bordent les rives de cette rivière. A deux lieues de Nanci je passe sur sa rive droite, dans la petite ville de *Saint-Nicolas-du-Port*, qui n'était encore qu'un hameau, avec une petite chapelle, en 1087 ; mais, à cette époque, on y apporta un doigt de Saint-Nicolas, évêque de Myrrhe, et les pèlerins, qui vinrent en foule, concoururent à son rapide accroissement. On peut juger de l'importance qu'elle avait acquise en 1397, par l'établissement d'une justice consulaire qui eut lieu vers cette époque ; sa position sur la Meurthe fut aussi une des causes de cette prospérité, qui toutefois fut entièrement anéantie après l'affreux incendie de 1635. Je m'arrêtai pour admirer son église, superbe édifice commencé en 1495 par les bénédictins, et achevé en 1644 par les libéralités des ducs de Lorraine, d'Alsace, et des seigneurs de la Suisse : sa voûte élégante, soutenue par de frêles piliers de vingt-huit mètres de hauteur, ressemble parfaitement à la carène d'un vaisseau ; sa nef se compose de deux parties qui font un pli à leur jonction, mais il est dissimulé avec beaucoup d'art.

Je laisse la route qui m'aurait ramené à Lunéville, et, prenant celle de droite, pour arriver plus directement à Épinal, je passe près de la petite ville de *Rosières-aux-Salines*, ainsi désignée à cause des sources salées qui sillonnent son territoire.

Je ne suis pas éloigné d'un village sur lequel on m'a raconté une anecdote qui prouve l'extrême superstition des habitants. En 1792, une épizootie désastreuse régnait sur les bestiaux; ils périssaient misérablement. Un charlatan accourt et persuade d'immoler le taureau de la commune : « Ce sa-« crifice, dit-il, étant le seul moyen de salut des « autres animaux. » On pare de fleurs la victime, on la conduit en pompe au chœur de l'église, et, pour rendre la cérémonie plus solennelle, le curé l'attend revêtu de ses habits sacerdotcaux : tous les paroissiens font les honneurs de leurs places à leurs bestiaux; bœufs, vaches, moutons, chèvres, ânes, et pourceaux, occupant pêle-mêle le chœur et la nef, mêlent leurs chants à ceux des assistants : après l'office divin, le prêtre bénit l'assemblée, et, ayant arrosé l'holocauste d'eau lustrale, il le livre aux sacrificateurs, qui le brûlent sur un bûcher dressé à la porte de l'église. On ne dit point si l'épidémie céda, mais depuis les habitants sont devenus la fable des environs par leur sotte crédulité.

En côtoyant presque toujours la Moselle, j'atteins, après quelques heures de marche, la lisière du département des Vosges, et j'entre dans la petite ville de *Charmes*, située sur la frontière. Je traverse un beau pont auquel on compte dix arches : les fenêtres de la ville sont en partie ornées de vitraux de couleur, peints avec goût, et bien conservés.

Cette ville, ruinée plusieurs fois dans les guerres des quinzième, seizième, et dix-septième siècles, a repris une sorte de vie, grace à son commerce, et à l'activité de ses habitants; tout son territoire abonde en grains, en vins, et en bois. La forêt de Charmes, qui touche à cette ville, est une des plus belles des Vosges. Située sur la Moselle (rive gauche), Charmes a de plus l'avantage d'avoir dans ses environs de belles forges et de nombreuses tanneries.

Les bords riants de la Moselle m'amènent enfin à Épinal, où je descends à l'*hôtel des Vosges*. Un singulier personnage m'y attendait ou plutôt attendait tour-à-tour chaque voyageur : c'était un grand jeune homme de la figure la plus intéressante, et dont les traits, beaux et réguliers, auraient pu servir de modèle pour peindre l'enthousiasme, si ses regards un peu égarés n'eussent provoqué la compassion; l'infortuné n'avait cependant qu'une exaltation prononcée, suite malheureuse d'un travail trop assidu, et d'un amour trop passionné pour les beaux-arts : fils d'un riche propriétaire, qui ne négligeait rien pour le rendre heureux, il venait de parcourir les Vosges avec un de ses amis; et, malgré le désordre qui régnait dans ses récits, ce dernier m'assura qu'ils étaient exacts, nullement exagérés, et pleins de lucidité : au reste, sa description, entremêlée de longues tirades de vers, de peintures riantes et pittoresques, me donnait les avant-goûts les plus agréables de ce département; il appuyait d'ailleurs son opinion de témoignages honorables, et sa narration rapide autant que séduisante ne laissait pas plus de prise à l'ennui que de regrets à la curiosité. « Le département des Vosges, disait-il, tire son nom des monts qui l'environnent; c'est sans doute un des plus curieux de toute la France, et rien certainement n'est plus varié, plus pittoresque que l'aspect de ces hautes montagnes, rivales heureuses de celles de la Suisse, alors sur-tout que l'on prend pour terme de comparaison celles qui s'élèvent dans l'arrondissement de Remiremont : c'était l'opinion de l'un de nos poètes modernes, de l'ex-ministre François de Neuf-Château, qui s'exprime ainsi sur ces belles contrées où il a reçu le jour :

« Curieux empressés, dans vos courses perdues,
Qu'allez-vous demander à la Suisse? Des vues,
Des eaux, des lacs, des rocs? un peuple fier et doux?
Ne cherchez pas si loin ce qu'on trouve chez vous.

C'est de l'esprit humain l'éternelle devise :
Il ne sait rien de beau s'il ne se dépayse ;
Ce que l'on voit de loin a toujours plus d'attraits,
Et l'on connaît bien moins ce dont on est plus près.
Marmontel fut plus juste. Aux Vosges, dans Bruyère [1],
Il conduisit exprès l'Alceste de Molière. »

« Tout, en effet, dans les Vosges, présente l'aspect le plus gracieux, et l'on pourrait appliquer à ces lieux enchanteurs, ce que l'auteur d'Anacharsis dit si élégamment d'une contrée de la Grèce : *De tous côtés l'œil semble respirer la fraîcheur, et l'ame recevoir un nouvel esprit de vie.* Aussi les plus hautes sommités ont des habitations comme les plus sombres forêts, et par-tout et toujours, cette terre accessible est aussi féconde que variée.

« Adorateurs des grandes cultures, allez d'Épinal à Nanci, ou de Mirecourt à Neuf-Château ; là, de toutes parts, s'offriront à vos regards surpris, de vastes plaines où l'or des moissons, et le pampre joyeux étalent leur opulence. Peintres de la nature, cherchez-vous de gigantesques montagnes, les unes nues et décharnées, comme celles des Alpes, les autres gracieuses, encore dans leur imposante majesté ; gravissez les cimes orgueilleuses du *Ballon*, du *Saint-Mont*, et du *Framont*. Desirez-vous d'épaisses forêts, où les rayons du jour ne pénétrent

---

[1] Petite ville à cinq lieues d'Épinal.

qu'avec peine, où le silence habite avec la paix, où l'on n'entend que le murmure des zéphyrs, celui des ruisseaux, et les chants de mille oiseaux divers; enfoncez-vous dans les forêts d'*Hérival*, de *Nossencourt*, de *Longegoutte*, de *Saint-Maurice*; là, loin de tout chemin frayé, isolé du monde entier, livrez-vous librement à la contemplation des merveilles de la nature : mais si vos pinceaux cherchent des eaux limpides, de frais gazons, des rivières imposantes, des lacs transparents, des cascades bruyantes, des eaux minérales ou thermales, égarez-vous dans les vallons d'Épinal, de Remiremont, de Saint-Dié; de tous côtés chaque site vous offrira des sources vives et cristallines pour apaiser votre soif, des lits de verdure, des ombrages délicieux pour accueillir votre repos. Suivez le cours de la Moselle ou de la Meurthe; ces deux rivières, en déroulant lentement leurs ondes argentées, vous rappelleront le fabuleux Pénée : en voyant le lac de Gérardmer vous croirez qu'il existe deux lacs de *Zug* ou de *Bienne*, tandis que la cascade de *Tendon* vous offrira une miniature des grandes cascades de la Suisse, ou plutôt ce sera celle de *Chéde*, près de Genève, mais plus ombragée, plus agréable encore; les eaux minérales de Bussang, à l'extrémité sud-est du département, et sur la limite du Bas-Rhin. Les eaux thermales de Plombières, les bains de Contrexeville, de Saint-Dié, vous offriront les autels du plaisir à côté des autels d'Esculape, et les ris et les jeux toujours de moitié dans les miracles du dieu d'Épidaure.

« Mais ici, dans ces belles montagnes, le premier attrait c'est la variété; vous y voyez renouveler sans cesse les singuliers contrastes que présente le *Valais*, non dans ces scènes horribles d'avalanches qui entraînent et détruisent le voyageur imprudent et l'habitation paisible, mais sous le rapport des plus aimables oppositions; si, d'un côté, l'œil s'égare sur les rochers stériles, ailleurs la culture étend cependant ses bienfaits sur un sol rocailleux : mais une autre source de richesses se présente, et ce qui manque aux productions céréales est remplacé par le produit des nombreux troupeaux que le pasteur conduit au sein des forêts, ou sur les nombreux pâturages qui embellissent les hauteurs. Le lait coule en abondance, et les fromages anisés, connus sous le nom de fromages de *Gérardmer*, amènent l'aisance dans la chaumière. Si vous abandonnez ce séjour de la vie pastorale pour celui de la vie agricole et industrieuse, allez donc admirer ces campagnes fertiles que couvrent de toutes parts le blé, l'avoine, le chanvre, le colza, le houblon, sans que la vigne refuse d'y ajouter ses dons précieux. Arrêtez vos regards sur ces vergers magnifiques et féconds que le prunier et le merisier, arbres privilégiés de ces contrées, décorent toujours, l'un pour donner ses pruneaux exquis, l'autre ses fruits délicieux, ou une liqueur plus délicieuse encore. Aucune plante, aucun produit n'est étranger à ces belles plaines, où le cultivateur éclairé sait apprécier le sol, deviner ses besoins, et conduire avec habileté l'eau dans les champs qui en sont dépourvus.

« Partisans de l'heureuse industrie, pénétrez dans ces gorges profondes, interrogez les entrailles de la terre, et bientôt les mines de plomb, d'argent, de fer, de cuivre, et d'antimoine paraîtront à vos regards ; descendez avec ces ruisseaux, ces torrents qui serpentent ou se précipitent, et vous trouverez les fabriques où l'on sait mettre en usage ces matériaux précieux. Là mille petits moulins à scie fendent les bois résineux en planches qui s'exportent par la Meurthe, la Meuse, et la Moselle. Ici vous voyez sortir des papiers, des fils de fer, de cuivre ; ailleurs, des dentelles pour orner la beauté ; des instruments pour charmer ses loisirs : amateurs de la magnificence, nos montagnes vous donneront la pierre pour bâtir vos palais, l'ardoise qui les couvrira, le marbre et le granit qui doivent les décorer ; et près de toutes ces richesses, toujours des eaux salutaires et abondantes pour réparer une santé perdue dans les plaisirs ou dans la vie indolente de l'inactive opulence. »

L'imagination encore remplie du tableau que m'avait tracé avec tant d'enthousiasme le jeune et malheureux Théodore, je sors de mon hôtel pour parcourir Épinal, avant d'en vérifier l'exactitude. Cette ville a toujours vaillamment combattu pour son indépendance; fortifiée dans les temps anciens, elle soutint en 1670 un siége contre l'armée de Louis XIV, commandée par le maréchal de Créqui; et, prise avec peine par les Français, elle fut démantelée en punition de sa résistance. On voit encore les ruines d'un antique château qui la dominait; mais, du reste, ce chef-lieu de département, qui ne compte à peine que huit mille habitants, n'a de remarquable que sa situation agréable, dans une plaine fertile, et sur deux bras de la Moselle, qui la divisent en *grande* et *petite;* dans l'intérieur, ses rues irrégulières, les sombres masures qui bordent la rivière, attristent la vue : elle a néanmoins les richesses littéraires et scientifiques d'une ville importante; on y voit une bibliothèque, un cabinet de physique et d'histoire naturelle, un collége, une société d'agriculture, une salle de spectacle, et de jolies promenades : je passai devant l'ancien collége des jésuites, converti en hôtel de préfecture, et devant les casernes, qui m'ont paru belles; l'hospice était anciennement un couvent de capucins. Dans les grandes sécheresses on a recours, pour les faire cesser, à la châsse de saint *Georgy,* suspendue dans l'église.

Le principal commerce de cette ville consiste en

fil, grains, chanvre, lin, colza, bois, bestiaux; les routes adjacentes sont couvertes de voitures de roulage, chargées de planches de sapin, qu'on amène à Épinal, pour être embarquées sur la Moselle, et les faire descendre jusqu'à Metz. Son industrie consiste en fil, toile, faience, huile et potasse; dans les environs, à quelques lieues de distance, on rencontre des papeteries importantes, renommées surtout pour les papiers à impression.

Je rentrais à mon hôtel pour faire mes préparatifs de départ, lorsque le jeune T***, ainsi que son ami, me grondèrent sérieusement de ce que je voulais partir sans avoir visité les jardins de M. *Doublat*, ancien député. Rien de plus beau que ses jardins, où la curiosité attire sans cesse les baigneurs et les voyageurs; on y remarque, non seulement un magnifique parterre, mais encore de belles ruines, et un pont jeté avec élégance sur un chemin vicinal. Je ne saurais mieux faire que de répéter les vers qu'on me récita, en me prévenant que ces lieux charmants les avaient inspirés à un jeune poète :

> Le doux parfum des fleurs, le cristal de ces eaux,
> L'air frais, l'air embaumé de ces pompeux berceaux
> Ont enivré mon cœur d'une volupté pure.
> Des flancs de ce rocher tout couvert de verdure,
> Sur ces vieux chapiteaux, sur ces marbres épars,
> Sur ces dieux renversés, promenons nos regards.

> Hélas! par-tout du temps j'aperçois les ravages;
> Vieux débris! murs sacrés noircis par les orages,
> Jadis avec orgueil votre superbe front
> Semblait braver la foudre au sommet de ce mont.
> Le temps a fait un pas, et vos tours écroulées
> Ont vu des châtelains les ombres consolées,
> Avec les vents du soir se glisser doucement
> Sous le feuillage épais de ce bosquet charmant.
> O nature! en ces lieux tout cède à ta puissance;
> Ton éclat, ta fraîcheur, ta brillante opulence,
> Confondant les efforts de l'art imitateur,
> Ont surpassé par-tout son prestige enchanteur.

Nous rencontrâmes le propriétaire, dont l'accueil obligeant me mit à l'aise; les seules prérogatives que cet homme aimable se réserve dans ses jardins consistent à en faire admirer les beautés, à en indiquer les arbustes rares, les plus frais ombrages, les magnifiques berceaux, en un mot, à en faire les honneurs de la manière la plus gracieuse.

Tandis que T*** cherchait de nouvelles inspirations, ou de nouveaux souvenirs dans les objets qui nous environnaient, son ami voulut bien me donner quelques détails sur les hommes du pays. Après M. Doublat, il me nomma M. *Welche*, également député, administrateur habile, et qui a mérité l'estime de toutes les classes et de toutes les opinions, par sa modération et sa justice; l'ancien maire d'Épinal, M. *Drouel*, homme de bien dans toute l'acception de ce mot; *Pellet*, homme de lettres, avocat aussi distingué par ses talents, comme orateur, comme poète, que par son caractère noble et désintéressé. Bientôt mon jeune biographe, qui aimait les contrastes, amena d'autres hommes sur la scène; il m'en fit voir un assez grand nombre qui pourraient figurer, en première ligne, dans une nouvelle édition du dictionnaire des *girouettes* : l'un, fils d'un bon fermier, désavoue son origine, ne voit et ne pense plus que comme les grands seigneurs d'autrefois; l'autre, ancien magistrat, après s'être signalé par mille excès révolutionnaires, est devenu, depuis 1815, le défenseur ardent de la religion et de la légitimité; tandis qu'un troisième, après avoir fait des confitures à Versailles, est devenu maréchal-de-camp, possède un titre, des charges, qu'il a bravement acquis dans une administration des plus paisibles.

Je fus charmé d'apprendre que je retrouverais les deux amis à Plombières, et après des vœux de part et d'autre pour notre heureuse rencontre, je sortis d'Épinal : je remontai la Moselle, et par-tout je reconnus la vérité des descriptions du jeune T***; des sites, des points de vue ravissants, passent tour-à-tour devant moi, et s'éloignent à mesure que je fuis moi-même : de brillantes prairies, des bois épais, des ruisseaux qui serpentent, des sources qui bouillonnent, des vallées profondes, charment mes regards. C'est ainsi que j'arrive à *Remiremont*, l'une des plus jolies villes du département, et que sa position contribue à rendre le centre d'un commerce considérable, en fer, bois, chanvre, bestiaux, kirchenwasser, fromages, glu, et thérébentine. De toutes parts les habitants des montagnes voisines y viennent vendre leurs denrées, et y acheter, en échange, ce qui leur est nécessaire. On y trouve des fabriques de toiles de coton, de siamoises, de velours, de basins. Elle n'est qu'à un demi-quart de lieue de la Moselle, et de belles routes y aboutissent de tous côtés, soit par Épinal, soit par Bâle, soit enfin par Plombières. Les rues sont larges et régulières, mais les maisons peu élevées ne sont remarquables que par leur propreté l'hôpital sur-tout se distingue par son excellente administration, qui le rend le véritable sanctuaire d'une douce charité, d'une tendre prévoyance.

Derrière l'hôpital, sur un mamelon fort élevé, est le *calvaire*. De son sommet on découvre un pont de bois, d'une construction élégante et solide, que l'on vient de jeter sur la Moselle, et de ce pont la vue se porte, avec admiration, vers les monts d'où se précipite, en torrent fougueux, ce fleuve devenu paisible sur lequel on se trouve ; la base des uns se perd sous les eaux, tandis que leurs sommets cherchent à atteindre le ciel, dont ils empruntent la teinte bleuâtre.

Je quittai à regret la vue de ces montagnes qui

offrent au naturaliste tant d'excursions intéressantes, et aux poètes tant d'inspirations gracieuses, pour aller visiter la riche et brillante église des dames du chapitre, qui sert aujourd'hui de paroisse, et dont l'architecture rappelle les élégantes églises de l'Italie. Là j'apprends l'histoire de cette fameuse abbaye de Remiremont, où des princesses dotées de seize quartiers de noblesse paternelle et maternelle contestèrent aux filles de nos rois le droit de prendre place au milieu d'elles, parceque le sang plébéien des Médicis s'était allié au noble sang des Bourbons. C'est au fondateur de cette belle église collégiale et séculière que Remiremont doit sa première célébrité, c'est-à-dire à saint Romaric, comte d'Habsbourg en Sicambrie, et prince royal du sang de Pharamond, dans le cas où il y aurait eu un Pharamond : quoi qu'il en soit il était fils de ce Romulphe, premier prince de la cour de Théodebert, roi d'Austrasie, qui, partageant le sort de son maître, fut massacré comme lui par Théodoric, roi de Bourgogne, frère de Théodebert. Ces deux meurtres, et celui des deux fils du malheureux roi, n'ayant pas satisfait l'infame Brunehaut, elle persécuta le fils de Romulphe, et lui ravit son héritage. Rentré dans tous ses biens sous le règne de Clotaire, saint Romaric devint maire des deux palais d'Austrasie et de Bourgogne ; mais bientôt dégoûté du monde et de la cour, il se retira suivi de ses deux filles Adalonde et Segoberg, de saint Amé, et des principaux seigneurs de sa maison au nombre de trente-huit. Ils allèrent d'abord à Luxeuil suivre la règle de saint Colomban ; mais plus tard, quittant ce séjour avec les siens, saint Romaric convertit son château de Habsbourg en un couvent et une église ; il bâtit ensuite sept corps-de-logis ornés de sept chapelles pour le logement des vierges du monastère qu'il allait fonder. C'est depuis ce temps que la montagne de Rombech, vis-à-vis Miremont, fut appelée le Saint-Mont, et que les récluses de saint Romaric prirent le titre de dames chanoinesses de Remiremont. « Elles n'étaient, dit la chronique, entretenues « dans ce saint lieu que pour servir Dieu plus libre- « ment, en attendant qu'elles se mariassent, ou « qu'elles choisissent telle autre condition qui leur « serait inspirée. »

Saint Romaric mourut le 8 octobre 653. Il fut enterré au sommet du Saint-Mont, à côté de saint Amé, mort en 627. Ses restes furent ensuite transférés à Remiremont, le 17 mai 910. A cette époque, les Huns, envahissant la France, réduisirent le monastère en cendres; les dames descendirent alors à Remiremont, séjour fort agréable, où Louis-le-Débonnaire allait chasser et pêcher. Louis III accorda aux chanoinesses une portion de ce domaine pour bâtir l'église. Quelque temps après, une partie des religieux, qui habitaient avec les chanoinesses, allèrent s'établir dans le désert appelé Aspreval (aujourd'hui Hérival); et en 1090, les autres se retirèrent au Saint-Mont, où ils relevèrent ce que les barbares avaient détruit.

L'abbaye de Remiremont était gouvernée par une princesse du sang. A Rome les vestales étaient enterrées toutes vives, lorsqu'elles venaient à faillir; ces nouvelles vestales, plus indulgentes ou moins barbares, n'étaient condamnées qu'à être décoiffées publiquement.

Le lundi de la Pentecôte les paroisses voisines étaient obligées de venir, en procession, apporter leurs hommages et leurs prières à l'église de *Mesdames;* les habitants portaient des branches d'arbres odoriférants, tels que le genièvre, le genêt, l'aubépine; d'autres étaient forcés d'apporter un bloc de neige, ou de fournir deux génisses blanches. La marche était accompagnée de vieux cantiques, ou *kriolés,* qui ne brillaient ni par la poésie ni par le charme des pensées. Un des couplets chantés par les jeunes filles de *Vagney,* village à deux lieues de Remiremont, en donnera une idée:

Criaulé est bien chanté, chanterons-nous?
Criaulé, chanterons-nous? jouirons-nous?
Criaulé, c'est pour Madame qui est aux fenêtres;
Criaulé, elle voit venir la croix tant belle;
La croix tant belle et le pennon; oyez-nous Dieu!
Criaulé, ô Jésus-Christ! oyez-nous Dieu!

Les chants des sauvages étaient-ils plus barbares?

Je sortais de l'église, lorsque mon attention se fixa sur une troupe de jeunes filles, vêtues en blanc, qui s'avançaient en faisant retentir les airs de chants religieux, plus agréables que les fameux *kiriolés;* une seule était vêtue de noir[1]; son costume, sa figure candide, ses yeux modestement baissés, m'inspirèrent le plus vif intérêt; un vieillard, qui s'en aperçut, me dit que ces chants étaient un hommage rendu à la vertu de la jeune fiancée, que distinguait son noir vêtement; autrefois, continua-t-il, un autre usage établissait la distinction entre le vice et la sagesse; on portait, devant la jeune et pudique épouse, une poule blanche symbole de pureté. Ici un usage différent sert à rappeler (faiblement sans doute) les longs et pénibles travaux des anciens chevaliers. Le jour du mariage, lorsque le futur arrive dans la maison de sa fiancée, on lui présente plusieurs jeunes filles voilées· et pour posséder celle que son cœur a choisie, il faut qu'il la devine au milieu de ses jeunes compagnes; mais elle lui échappe encore souvent en sortant de l'église, en s'y rendant, ou pendant le repas, comme si elle ne devait être le prix que de l'amour le plus ingénieux et le plus tendre.

Irons-nous au *coërge,* disent les jeunes paysans de ces environs; ce qui veut dire dans le langage des Vosges : Ferons-nous, en troupe, la cour aux

[1] C'est la couleur usitée pour les robes de noces.

jeunes filles; et si la partie est acceptée, on les voit le samedi, quand le soir arrive, se rendre au nombre de dix ou douze dans la maison où il y a des jeunes filles à marier; ils reconnaissent les bonnes ou les mauvaises dispositions aux fumiers qui sont devant les portes; s'ils sont relevés avec soin et propreté, ils peuvent entrer, l'accueil sera favorable, et les jeux innocents les attendent; mais si le fumier ne présente que l'image du désordre, il n'y a point de filles pour eux, et ils peuvent passer outre, sans perdre leur temps et leur galanterie.

Une surprise agréable m'attendait à l'hôtel du *Cheval de bronze*, où j'étais descendu; j'y trouvai les deux jeunes gens d'Épinal, que je ne croyais revoir qu'à Plombières. La vie active et la distraction convenait à T***; et son ami, toujours bon, toujours aimable, parcourait avec lui, pour la troisième fois, ces aimables lieux. Ils se rendaient dans ce moment à *Xertigny* et à *Ruaux*, villages situés à peu de distance de Remiremont, pour y visiter leurs belles forges. Je les accompagnai, ainsi qu'à *Bellefontaine*, où règne une industrie florissante due en grande partie au commerce de la coutellerie. Là nous terminâmes nos excursions par Vagney; nous y goûtâmes dans les fabriques d'excellents fromages de la même espèce que ceux de Gérardmer. Près de ce bourg il y a des mines d'agathe, de grenat, et d'autres pierres précieuses.

T*** voulut partir pour Plombières; et, décidé à les accompagner, il fallut bien me contenter des détails qu'ils me donnèrent sur la petite ville de *Bains*, célèbre par ses eaux minérales déjà connues du temps des Romains, et que leur chaleur rend efficaces pour un grand nombre de maladies.

« Situé au milieu d'un vallon magnifique qui s'étend de l'est à l'ouest, arrosé par un joli ruisseau appelé *Baignerot*, Bains, traversé lui-même par le courant d'eau qui sillonne la vallée, est un séjour des plus agréables; ses promenades sont charmantes, et les bois qui l'environnent offrent un refuge assuré contre les ardeurs du soleil. On y compte sept sources d'eaux minérales, dont trois sont renfermées dans un vaste bâtiment situé au milieu du bourg, et appelé le *Bain-Vieux*. Le *Bain-Neuf* en renferme trois autres; et la septième, appelée *Fontaine-des-Vaches*, jaillit près du Baignerot entourée d'un petit pavillon.

« A une demi-lieue de Bains on voit une superbe fabrique de fer-blanc, et dans la ville même, une tirerie de fil de fer, la *forge Grenoie*, et deux autres dites *Moulins-aux-Bois*. L'exploitation des tourbières complète son industrie. »

C'était pendant un dîner délicieux que mes jeunes conducteurs me donnaient ces détails. La truite délicieuse de la Moselle en faisait les honneurs; elle était accompagnée d'une autre plus petite, d'un brun noirâtre, dont le goût est exquis, et qui ne se trouve qu'aux sources mêmes des mille et un ruisseaux qui descendent des montagnes; mais le poisson qui tient ici le premier rang est celui que l'on nomme le *René*: on ne le trouve que dans les eaux de la Moselle; son nom lui vient du duc René qui l'aimait passionnément et qui en avait tous les jours à sa table.

Au dessert l'ami de T***, remplissant nos verres du vin blanc et léger des coteaux de la Moselle, nous proposa de les vider en l'honneur des grandes notoriétés de l'arrondissement : « Je reprends, me dit-il, mon emploi de biographe près de vous; car tandis que mon ami se plaît à explorer nos montagnes et nos vallées, nos coteaux et nos plaines, je me mets en quête des originaux du pays; ici, par exemple, j'aperçois un ancien maire plus à même que tout autre de gouverner une bonne ville, puisqu'il a passé par toutes les conditions de la société: d'abord domestique, ensuite commis marchand; à la révolution il devint presque guerrier, puisque son zèle lui fit écrire au district de Remiremont, que si les aristocrates, renfermés dans cette ville faisaient le moindre mouvement, il irait à la tête des habitants des montagnes les exterminer; ses opinions exaltées lui firent contracter un riche mariage; mais bientôt il les mitige, devient partisan de l'empire sous l'empereur, travaille à l'organisation des gardes nationaux pendant les cent jours, etc., etc.; et depuis la restauration, il a dit-il, reconnu les erreurs d'une jeunesse fougueuse; son amour pour la race légitime des Bourbons est aussi ardent que sincère; et si l'opinion publique s'élève contre lui, s'il reçoit de piquantes apostrophes, il s'en console en proclamant qu'il ne les doit qu'à son attachement aux principes monarchiques.

« Là c'est un noble chevalier dont le bisaïeul était officier de bouche dans la maison du duc de Lorraine; homme calme et honnête, mais que tourmente le desir d'être quelque chose : il est si bien comme il est.

« Ailleurs je vous ferais voir un militaire depuis la paix qui, au passage du duc de Wellington dans cette commune en 1818, allait se placer au milieu des groupes de curieux pour crier bravement : « Vive le duc de Wellington, le sauveur de la France! »

« Je pourrais encore vous parler d'un homme méprisé de tous les partis, même du sien, et qui, malgré cela ou à cause de cela, n'en a pas moins obtenu un fort bon emploi depuis la seconde restauration; vous signaler un receveur d'arrondissement qui chanta successivement la république, l'empire, et la royauté légitime.... Mais ces hommes-là se trouvent par-tout; laissons-les en place, puisqu'il ne dépend pas de nous de les en faire sortir, et portons une santé franche et loyale en l'honneur du bon Vatot, chef de bataillon en retraite, homme aussi sage que modéré, attaché franchement aux doctrines constitutionnelles ; de l'abbé *Janny*, ancien principal du collége, homme doué de beaucoup d'instruction, qui vient de publier une brochure sur le *Bon sens de la Législation*, toute propre à ramener aux rêveries de l'âge d'or ; son utopie, bonne à renvoyer au pays des chimères, se ressent un peu de son âge avancé ; d'Albert de Montemont, jeune écrivain, que ses Lettres sur les Alpes, sur l'Italie, sur l'Astronomie, sa traduction en vers des odes d'Horace, et sa Grammaire générale, en neuf langues comparées, ont déjà placé dans les lettres de la manière la plus honorable ; du marquis du Tholy, avocat très distingué, non seulement par son talent, mais encore par sa probité et son désintéressement ;.... les souvenirs s'arrêtent avec plaisir sur de tels hommes, et l'on oublie facilement les autres......

« Mais il faut partir ; la voiture nous attend, et les charmants environs de Plombières vont nous consoler des paysages que nous abandonnons, tandis qu'une nouvelle galerie d'originaux présentera un champ plus vaste à nos observations. »

n° CIII [4 août 1820.]

PLOMBIÈRES.

> Nos maladies sont plus agréables et plus voluptueuses que la santé des étrangers.
>
> Madame DE MAINTENON.

Arrivés à Plombières, nous descendîmes à l'hôtel de l'*Ours*, où mes guides m'assurèrent que je trouverais non seulement une société choisie, une cuisine fine et délicate, de beaux appartements, mais encore des domestiques complaisants, fidèles, et des voitures aussi élégantes que commodes pour parcourir sans fatigue les montagnes des Vosges; admis bientôt à une table d'hôte exquise, où brillaient une eau limpide et transparente, des convives aimables et du meilleur ton, j'aurais fait un repas délicieux si deux aliments indispensables aux Français eussent été en harmonie avec le reste: je me rappelai alors l'assertion de Montaigne qui, en parlant de cette ville, assure que le pain et le vin y sont également mauvais; et il fallut bien me contenter de l'opinion de mon voisin, qui m'assura avec gravité que ce serait déroger à un usage antique et respectable, si l'on buvait à Plombières du vin passable.

Le lendemain, levés avec l'aurore, nous allâmes parcourir les établissements de bains; ils sont au nombre de quatre, tous alimentés par des sources différentes. Le *bain des Dames* situé sur la rive gauche de l'*Angronne,* rivière qui baigne la ville, eut notre première visite : nous entrâmes dans une grande salle, en forme de parallélogramme, contenant une vingtaine de baignoires en bois, symétriquement rangées les unes à côté des autres; à droite en entrant, un cabinet à l'usage alternatif de tous les baigneurs de la salle; les murs de cette salle sont crépis en mortier de chaux et sable, le sol est dallé, le plafond d'un peu plus de deux mètres d'élévation est fait en solives apparentes. Deux petites fenêtres à petits carreaux, qui permettent à peine à la lumière de pénétrer, sont les seuls ornements du sanctuaire des graces, du bain des Dames.

«Ici, me dit mon guide, lorsqu'on a pris possession de son tonneau, salué à droite et à gauche ses deux voisins, il est permis de se livrer de suite et sans autre cérémonie, aux charmes d'une douce causerie, aussi libre, aussi bienveillante que si une longue connaissance, une longue amitié l'eussent précédé. Heureux effet de cette espèce de confrérie des baigneurs! de cette longue robe de grosse laine blanche qui les enveloppe depuis la tête jusqu'aux pieds! l'étiquette, la morgue disparaissent; l'égalité du costume, l'identité des positions, la ressemblance des baignoires, tout concourt à effacer les rangs, à rapprocher les conditions en les confondant, et à établir entre tous les baigneurs une franche cordialité : dans ces lieux le *fashionable*, dépouillé de ses vêtements élégants, semble se dépouiller aussi de sa présomptueuse impertinence. La jolie tournure, les graces légères de la coquette, ses apprêts, ses atours éclipsés sous le costume commun, la forcent de recourir à une amabilité gracieuse, à une complaisance soutenue, parcequ'il ne lui reste plus que ce moyen de plaire; et le sot, en dépit de son extrême démangeaison de parler, devient silencieux et réservé, parceque la liberté tolère le rire moqueur aux dépens de celui qui l'excite. »

Nous entrons dans une autre salle; elle est de la même forme que la première; seulement, le plafond est voûté, et dans le milieu de la salle se trouve un grand bassin; c'est le bain commun destiné à ceux qui aiment à s'immerger à grande eau; on y descend par des marches, servant de sièges aux baigneurs, qui leur donnent la facilité de s'enfoncer plus ou moins dans l'eau; de hautes guérites encombrent les approches de ce bassin : c'est là que se donnent les *douches*, remède violent, qui fait acheter bien cher le retour de la santé, et plus souvent, hélas! la simple espérance; car, comme me le fit très bien remarquer Jules, l'ami de T***, en dépit de la salubrité de ses eaux, on meurt à Plombières comme ailleurs, avec cette seule différence, entre le passé et le présent, que les héritiers du mort restent nantis de sa succession, tandis que jadis elle appartenait de droit au curé de la ville, toujours choisi parmi les moines de l'ancien couvent d'Hérival. Le reste de l'établissement des bains se compose de corridors voûtés, où se pressent des baignoires en bois, et où règnent avec l'obscurité, les inconvénients d'une fraîcheur humide, aussi dangereuse que désagréable.

Au milieu de la grande rue se trouve le bain, appelé des *Pauvres;* le bassin, de forme ovale, et où l'on descend par deux jolis escaliers, est situé au milieu d'une galerie voûtée qui l'entoure, et dans laquelle sont placées les baignoires; le dessus de la voûte de cette galerie, forme une terrasse, où l'on se promène, en dominant le bassin, qui n'a d'autre voûte que le ciel. Un restant d'aqueduc, des fragments antiques, quelques médailles trouvées dans les fouilles faites en 1813, attestent que les eaux de Plombières ne furent pas inconnues aux Romains, et justifient assez l'opinion générale, qui leur attribue la construction du sol de ce bassin.

Nous voici devant le *bain Tempéré,* et devant le *bain Royal;* le premier offre un vaste bassin circulaire, au centre d'une très grande pièce hardiment voûtée; le second, qui prend également le nom de *bain Neuf,* se compose d'un bassin semblable, et de plusieurs cabinets, à l'usage de ceux qui ne veulent point user des bains communs. Cet établissement, construit en 1812, est élégant, mais sans aucune solidité; des infiltrations continuelles dégradent les plafonds, les murailles, et obligent de recourir sans cesse à des réparations dispendieuses; la première pierre en fut posée par l'impératrice Joséphine, qui a laissé, dans ce lieu, comme dans toute la France, un si tendre souvenir.

Nous quittons ce dernier établissement, et T***, dont l'heureuse mémoire ne suit pas l'imagination vagabonde, me récita un passage d'un petit poëme latin traduit par un baigneur; ce poëme, tout descriptif, fut inspiré, par le séjour des eaux de Plombières, à *Camemarius,* poète philosophe, né en 1500, à Bamberg, lequel s'était rendu dans ces lieux pour chercher un secours salutaire aux fâcheux résultats d'une chute dangereuse. . . . .
. . . .
. . . .

« Cependant à l'embouchure de la source, à l'en-
« droit de la plus énergique chaleur, s'est groupée
« la foule des hommes épuisés, des vieillards, des
« femmes décrépites. Cette population, sèche, noire,

« débile, flétrie, décolorée, tremblante, et malen-
« contreuse, s'y tient obstinément attachée.

« Mais plus loin les vierges, brillantes de jeunesse,
« de fraîcheur, et de graces; belles, gracieuses comme
« Vénus, dont elles reproduisent les charmes, pro-
« menant au-dessus des flots leurs seins arrondis
« par l'amour, qu'un lin jaloux voudrait dérober,
« appellent les regards voluptueux, et par leur pré-
« sence ont rasséréné les eaux. Le lac attristé se
« réjouit de leur éclat, et l'onde troublée se revivifie
« en les reflétant. Gracieusement entrelacées, elles
« folâtrent au sein des ondes, qu'elles émeuvent par
« leurs voluptueux balancements; les éclairs jail-
« lissent de leurs yeux, l'incarnat de la rose a divi-
« nisé leurs joues, et le corail de la grenade a donné
« à leurs lèvres le feu ravissant de sa couleur.

« Au milieu de tant de belles, votre cœur a-t-il
« été percé de quelques traits? Ne craignez pas de
« soupirer tout haut; ces dames ne sont point du
« même rang, et la même patrie ne les a pas vues
« naître; le jour ne vous les a pas montrées cruelles,
« et les crêpes de la nuit n'imposent point à leur
« sensibilité. Telle fut, je crois, la condition des
« premiers mortels, lorsque Saturne faisait filer pour
« eux ces jours d'or et de soie; et telle est, encore
« aujourd'hui, la vie heureuse des hôtes des bois;
« ils y vaguent sans autres lois que leur instinct; ils

« n'obéissent qu'à celles de la nature; ils ne sont
« point courbés sous le joug conventionnel du droit,
« de la coutume, et de l'usage.

« Dans le bassin toutefois, l'un élève la voix, et
« module des sons; l'autre se fait à peine entendre;
« celui-ci crie à tue tête, celui-là fatigué d'une toux
« sèche.....; à votre droite, on souffre, on se plaint,
« on gémit; à votre gauche, on exalte les propriétés
« des eaux, on raconte les miracles des rapides
« guérisons qu'elles ont procurées; on offre à votre
« admiration les pieds et les mains dont elles ont
« restitué l'usage. Derrière vous, ces mêmes eaux
« sont chargées de toutes les malédictions par un
« malheureux qu'elles ne soulagent pas; et de tous
« côtés les baigneurs, dont les eaux ont éveillé l'ap-
« pétit, s'y font servir des aliments : mille coupes
« brillantes du cristal mobile d'une onde savon-
« neuse descendue du sommet le plus élevé du
« mont, amenée par un conduit d'environ treize
« cents pas, circulent et rendent la fraîcheur aux
« lèvres de la multitude que ce lac igné a dessé-
« chées. »

En écoutant cette description trop fidèle peut-
être, nous arrivions aux *arcades* sous lesquelles se
promènent les *buveurs*. On appelle ainsi le portique
qui forme le devant de quatre ou cinq maisons
construites par Stanislas dans la grande rue : sous

l'une de ces arcades est un renfoncement que l'on ferme avec une grille de fer pendant la nuit; une eau thermale dont la chaleur est de 40 degrés en sort par deux robinets, et est reçue dans une large cuvette en pierre, d'où elle se rend par un canal souterrain aux établissements des bains; tandis que les pilastres des arcades qui font face à cette fontaine, laissent perpétuellement jaillir l'eau fraîche et transparente qu'on appelle *Savonneuse,* parcequ'elle coule sur un fond glaiseux qui lui donne cette qualité; l'usage de cette eau est très salutaire, en ce qu'elle tempère l'agitation causée souvent par la force des eaux thermales; aussi la boit-on de préférence à toute autre dans les bains. Le signe de notre rédemption placé au-dessus des deux robinets d'eau chaude, a fait donner à cette source le nom d'*Eau du Crucifix.* Une inscription en vers latins, apprend que cette eau, dont *César* a fait usage, est un bienfait de la religion, apporté aux hommes *par le Christ.*

Les eaux de cette fontaine ont été analisées plusieurs fois, notamment par le docteur Grosjean, inspecteur actuel des eaux, et par le docteur Jacquet-Amé; on a reconnu que c'était une combinaison de carbonate de chaux, de soude, de sulfate de soude, de sel commun, de silice et de gélatine. C'est, suivant nos médecins à la mode, un remède universel : la goutte, les rhumatismes, les maladies de la peau, celles du cœur, du foie, de la rate, ne peuvent résister à sa bénigne influence ; mais c'est sur les maladies des femmes, qu'elles ont une vertu toute-puissante ; la migraine, les maux de nerfs, les vapeurs, les palpitations, disparaissent après quelques semaines de séjour. On prétend surtout que ces eaux merveilleuses resserrent les liens de l'union conjugale, en procurant aux épouses les plus stériles une heureuse fécondité.

Mais, sous *ces arcades*, la rencontre la plus inattendue et la plus heureuse devait augmenter pour moi le charme de mon séjour dans les Vosges ; c'était celle du lieutenant-colonel de hussards *Demirne*. Ce brave, après plus de vingt campagnes venait réparer ses forces épuisées par de nombreuses blessures : l'usage des eaux thermales, lui avait été ordonné par les docteurs, mais son activité naturelle ne lui permettait pas un séjour trop prolongé dans le même lieu ; et, souvent abandonnant les naiades et les courtisans, il parcourait les montagnes et les vallées ; aussi il consentit volontiers à faire le *quatrième*, et ce fut lui qui guida plus d'une fois nos courses vagabondes. Son aimable caractère d'ailleurs ajoutait beaucoup au plaisir de notre réunion. Il se passionnait avec T***, médisait un peu avec J***, philosophait avec moi, et s'emparait insensiblement de tous nos penchants, de toutes nos affections. Le lendemain ce fut lui qui me réveilla, et après avoir bu le verre d'eau de rigueur nous sortîmes pour examiner Plombières.

La ville, située dans un lieu très pittoresque, n'a rien de remarquable par elle-même; la nécessité qui oblige les baigneurs à se loger près des sources minérales ou thermales, a fait entasser les maisons dans un bas-fond, ce qui les rend peu agréables. Cependant la grande rue (et c'est à-peu-près la rue unique) est non seulement propre, mais généralement bien bâtie. Au reste, a-t-on le loisir de penser à la ville au milieu de cette population étrangère qui y chemine sans cesse, dont les liens se forment et se rompent si facilement, dont les caractères, les mœurs, les usages, les goûts, les habitudes diffèrent et se présentent sous tant de formes diverses? Mes réflexions à cet égard amenèrent tout naturellement T*** à me citer encore une fois son auteur favori, le divin Camemarius.

« Hors du bassin, dit le poete, dans les maisons
« qui l'environnent, on s'assied à de joyeux ban-
« quets; alors la gaieté inspire à ses adorateurs et les
« chants mélodieux et les danses gracieuses. Ceux-ci,
« qui n'ont point sacrifié aux mêmes autels, amis du
« repos, s'abandonnent aux douces langueurs du
« sommeil; ceux-là, infatigables explorateurs, cou-

« rent les vallées, gravissent les monts, et remon-
« tent au milieu de l'épaisseur des bois jusqu'aux
« sources sacrées des eaux ; ici le malade languis-
« sant implore le secours de la main pieuse des en-
« fants d'Hygie ; là il succombe, et soudain il est
« soustrait à sa couche affligée ; le malheureux ! c'est
« un moine qu'il laisse pour héritier ; un moine ! le
« plus exécrable des héritiers qu'on puisse avoir [1],
« et cependant héritier légitime, si l'on doit du res-
« pect à l'antiquité de cet usage. »

Cette citation, et les commentaires qu'elle amena de part et d'autre, nous conduisirent jusqu'à l'extrémité de la grande rue. Nous passâmes devant l'église qui est assez belle, et qui, comme l'hôpital, est un bienfait du roi Stanislas. Bientôt une vaste promenade plantée d'arbres sur huit rangs s'offrit à nos regards ; au centre se trouve une fontaine d'eau ferrugineuse entourée d'une grille en fer ; trois ou quatre marches servent à descendre pour y puiser une eau tonique que les baigneurs doivent éviter lorsqu'ils ont bu le matin celle de la source du Crucifix. Après avoir traversé cette promenade qui se termine par un pont en bois jeté sur la petite rivière de Plombières, nous vîmes la belle papeterie de M. Desgranges, et continuâmes notre course jusqu'au

[1] J'ai déjà parlé de ce singulier usage qui n'existe plus.

lieu sauvage appelé *le Désert*. Pour y arriver il faut d'abord gravir une pente douce à travers un tapis de verdure et de jolis bouquets de bois; on retrouve alors la petite rivière qu'on a déjà traversée; mais la rive opposée ne présente plus qu'un rocher vertical, au pied duquel l'eau s'écoule lentement. Arrivé là, un profond silence qu'interrompent seulement le murmure du ruisseau, le chant de quelques fauvettes, ou le bruissement d'un feuillage aride, règne autour de vous. Ce lieu n'est fréquenté que par quelques buveurs mélancoliques; c'est le Désert!....

Mes guides dirigèrent ma seconde promenade à l'occident vers la fontaine de Stanislas.

Nous traversons d'abord un groupe d'arbres superbes, baignés et arrosés par la petite rivière : après avoir admiré leur élévation, qui semble vouloir le disputer à celle des petits coteaux couronnés de bois qu'offre cette portion étroite du vallon, nous franchissons un joli pont en bois, peint en vert, et alors une habitation élégante se présente à notre vue; c'est la maison du maire de Plombières, et sa magnifique tirerie de fil de laiton. Un courant, qui laisse tomber ses eaux sur une roue, fait mouvoir trente cylindres, d'où le fer ou le cuivre, passant et repassant mille fois, se convertissent en un fil d'archal le plus délicat et le plus uni. Après avoir repris haleine sur un banc de pierre établi près d'un vieux chêne, nous fîmes une ascension d'une demi-heure à travers un bois taillis, et nous arrivâmes enfin près d'un rocher taillé angulairement dans sa partie saillante; sur son sommet s'élève un chêne altier qui, ployé vers le milieu, semble se relever avec plus de force; le carbonne qui le noircit vers sa courbure, annonce qu'une main incendiaire en approcha la torche; jamais depuis, une écorce nouvelle ne vint recouvrir cette blessure. Au-dessous de ce chêne s'ouvre couronnée par son ombrage, une petite salle dont on a aplani le sol; et, au bas de cette grotte, à l'endroit où le rocher semble rentrer sous lui-même, on aperçoit à peine un mince filet d'eau, qui remplit lentement de ses larmes précieuses une petite cuvette en pierre: c'est la fontaine de Stanislas. Le même prince qui éleva les superbes édifices de sa capitale, qui érigea tant d'utiles établissements, ne dédaigna pas de faire placer en ce lieu une simple cuvette, où viennent se désaltérer le pèlerin voyageur, et le pasteur de la montagne.

Une foule d'inscriptions gravées sur le rocher rendent hommage à ce bon prince; il est fâcheux qu'elles soient rarement en harmonie avec la noble simplicité du lieu, du bienfaiteur et du bienfait.

Je passe sous silence tous ces écrits plus ou moins spirituels, plus ou moins convenables, mais je tiens note d'une inscription latine, gravée par la reconnaissance publique, lors de la restauration de cette fontaine :

MDCCLXI.

>Fons velut hic valles, ditâsset regna Stanislas
>Orbis munificus, sceptrum si fata dedissent;
>Casus expertum varios tandem invida casu
>Mors rapuit; phœnix veluti longævus in igne
>Deficiens, utinàm phœnix et prole fuisset!
>>Lecksinsk. max. et ultimus.

>>D.

>>R. D. sup. Gall. etc. præf....

Entre plusieurs traductions de ces vers médiocres, je choisis celle de M. Campenon, membre de l'Institut :

>Comme de ses vallons cette eau paisible et pure
>>Fait la richesse et la parure,
>>Tel, s'il avait régné sur eux,
>Stanislas eût rendu tous les peuples heureux.
>Contre le sort long-temps il eut à se défendre.
>La flamme a consumé ce phénix des bons rois.
>Que n'a-t-il pu, du ciel interrompant les lois
>>Comme l'autre phénix renaître de sa cendre!

Cette fontaine a donné son nom à la charmante promenade qui suit les bords de l'Angronne, qu'on parcourt pour y arriver. Au retour, nous visitâmes la ferme *Jacquot*, si pittoresquement assise sur le flanc d'une montagne, d'où la vue plonge avec ravissement sur le vallon, les coteaux, et les bois de Plombières. Après avoir gravi, pour y parvenir, un sentier sauvage, creusé dans le roc, il est doux de respirer la fraîcheur, et de goûter le repos à l'ombre des bois et des belles allées qui environnent ce site, dont le seul défaut est la trop grande symétrie. C'est assis, ou plutôt couchés sur le frais gazon, que mes aimables compagnons de voyage achevèrent de me faire connaître les plaisirs qui embellissent Plombières. « Nos malades, me dit le colonel, sont rarement de ces gens atrabilaires que les jeux et les ris effarouchent; si les douleurs physiques cèdent facilement à l'action miraculeuse des eaux thermales, c'est parcequ'un traitement, que je nommerai traitement moral, vient encore y ajouter sa puissance; les promenades, les jeux, la société, tous les genres possibles de distraction, servent d'auxiliaires à la médecine, ou plutôt la remplacent avec succès; la danse et le spectacle ne peuvent être proscrits à Plombières. Nous avons un théâtre qui toutefois n'est ni vaste ni brillant; c'est une grande chambre située au-dessus de la salle du bain royal; un seul violon compose tout l'orchestre, où il est chef de droit; je ne vous parle du talent de nos acteurs que pour vanter l'indulgence d'un public toujours bienveillant. Le spectacle n'a jamais lieu le dimanche, parcequ'il y a bal. Ainsi, les amateurs de la danse peuvent se livrer à cet aimable exercice sans se priver d'un autre plaisir; Thalie, le lendemain, leur offrira des distractions nouvelles. »

Près de la salle de bal se trouve le *salon de réunion;* ceux pour qui Terpsichore ne peut avoir d'attraits trouvent là le jeu, la lecture des journaux, la conversation folâtre, sérieuse, paisible ou animée, pour apaiser ou adoucir les douleurs cuisantes de la goutte ou du rhumatisme.

Le lendemain je suis à peine éveillé, que déja on m'annonce une nouvelle promenade. « Il faut aller au *val d'Ajou*, disait T***; là vous verrez une famille pauvre, où les vertus comme les talents sont héréditaires.» Je n'étais pas fâché de voir cette vallée également célèbre par les richesses dont la nature l'a comblée, et par la famille de ces *rebouteurs* de membres luxés, dont le talent bienfaisant se fait bénir depuis sept générations. Nous gravissons la montagne au midi de Plombières, et bientôt nous foulons une vaste plaine qui conduit, sans interruption, sous l'abri d'un taillis, jusqu'au lieu appelé *la Feuillée*, où elle se termine.

Nous faisons halte dans l'asile d'un bon cultivateur qui cherche à fertiliser ce sol ingrat, dont il n'a presque jamais recueilli qu'une avoine assez maigre, et quelques boisseaux de sarrasin : il nous reçoit sous un berceau que forme une plantation de jeunes charmes, élevés et distribués par ses soins; c'est un des lieux en faveur pour les parties de plaisir que les hôtes de Plombières aiment tant à trouver dans ses environs; on y boit le lait de la seule vache de ce brave homme, ou bien l'on étale sur sa table rustique, les mets plus recherchés, qu'on a apportés de la ville; et souvent alors le simple asile de la frugalité se trouve favorisé de tous les dons de Comus. La plaine se termine par un versant dont l'apparente raideur impose aux regards; mais ils se détournent bientôt pour errer sur le riche val d'Ajou, sur la prairie émaillée que fertilise et vivifie la jolie rivière appelée *Combauté*, sur le village enfin pittoresquement baigné par les eaux de ce courant, qui suit en serpentant toute la vallée: de riches moissons, de nombreuses métairies répandues çà et là sur la surface du vallon, animent tous les coins de cette terre, à laquelle la nature semble accorder une protection spéciale contre la fureur des vents, en élevant tout autour des coteaux, qui les arrêtent et les brisent avant qu'ils aient pu y pénétrer. C'est de ce point que s'élèvent en amphithéâtre jusqu'au sommet des monts des bois magnifiques, qui forment un rempart plus invincible encore contre les orages, et surtout contre les éclats de la foudre dont ils appellent sur eux toutes les fureurs.

« Ce beau vallon, me dit T***, porte aussi le nom de *Joye*. D'où lui vient cette dénomination, je l'ignore; car jamais les plaisirs folâtres ni l'attrayante volupté n'ont fait ici leur séjour; ses laborieux habitants suivent dans leurs travaux la course du soleil : levés avec lui, ils se couchent à la même heure, et chaque aurore les réveille pleins d'une activité nouvelle : ils vivent avec économie, et jamais ils n'ont consumé dans un jour les fruits de plusieurs semaines, de plusieurs mois de travail; ils cultivent, voilà tous les soucis de leur cœur; ils attendent de riches moissons, voilà toutes leurs espérances; ils s'aiment et se suffisent, voilà leurs sentiments; ils sont heureux.

Nous voici donc sur le domaine de cette bienfaisante famille du val d'Ajou, qui se dévoue de père en fils au soulagement de l'humanité, et dont l'habileté reconnue pour remettre les membres fracturés ou foulés, ne le cède qu'à l'empressement avec lequel elle prête son art et ses secours aux blessés du pays, et à un désintéressement digne des temps antiques.

Les Fleuriot ont d'un roi refusé la noblesse,
Dans un temps où c'était la commune faiblesse.

En effet, le duc Léopold de Lorraine avait voulu l'anoblir; mais les membres de cette famille, si fort au-dessus du vulgaire, après en avoir délibéré entre eux, remercièrent le prince, craignant, disaient-ils, qu'enivrés de leur noblesse, leurs enfants ne se dispensassent un jour, de soulager les malheureux, et que, se livrant plus au plaisir de vivre en nobles fainéants, qu'à la culture de leurs héritages, ils ne fussent réduits par leur orgueil et leur indolence à des besoins qui, faisant naître des disputes sur les propriétés, amèneraient bientôt leur ruine complète.

J'avoue franchement que je me défiais un peu de la grande réputation de ces singuliers opérateurs; je l'attribuais à quelques cures heureuses où le hasard pouvait avoir la plus grande part, et sur-tout à la crédulité des paysans; tout en leur accordant une longue expérience, je ne leur soupçonnais nullement ces connaissances réelles qui ne peuvent être que le fruit d'études longues et d'observations approfondies. Avant d'entrer sous le modeste toit, Jules, qui pénétra mes pensées, me dit que le comte de Tressan, gouverneur de Plombières, ayant eu les mêmes idées que moi, voulut leur rendre une visite dont il me communiqua la relation suivante :

« Après m'être rafraîchi et avoir admiré tout ce qui était du ressort de l'économie rurale et du gouvernement intérieur de la famille, je demandai s'ils avaient quelques livres; ils me dirent que leurs livres étaient rassemblés dans une maison peu distante qu'occupait un des anciens chefs de la famille : ils m'y conduisirent. Je fus reçu par un homme âgé, respectable, et qui, sous un air rustique me montra des mœurs douces et polies; il me fut facile alors d'entrer en matière avec lui : je lui demandai quels principes de son art il avait étudiés; il me répondit : Les bons livres, la nature, et l'expérience, ont été les seuls maîtres de mes pères; je n'en ai pas eu d'autres, et cette tradition passera à mes enfants. Il m'ouvrit alors un grand cabinet simplement orné, mais riche de ce qu'il contenait; j'y trouvai les meilleurs livres de chirurgie anciens et modernes qui soient connus. J'y trouvai des squelettes d'hommes et de femmes de quatre ou cinq âges différents; des squelettes démontés dont les pièces confondues ensemble ne pouvaient être rejointes et remontées que par une main habile. J'y trouvai des mannequins artistement exécutés qui annonçaient une myologie parfaite.

« C'est ici, me dit-il, que nous nous formons à la science nécessaire pour soulager nos frères; nous apprenons en même temps à nos enfants à lire et à comprendre ce qu'ils lisent. Ceux qui ont des dispositions connaissent ces os et ces muscles avant l'âge de dix ans; ils savent les démonter et replacer chaque pièce; voici une grande armoire où toutes les espèces de bandages et de ligatures, propres aux différentes parties, sont étiquetées, et où leur usage est défini; nous leur apprenons de bonne heure, à joindre la pratique à la théorie; la plupart de ces chèvres que vous voyez, nos chiens même en sont souvent les victimes. L'espèce de cruauté que nous exerçons sur ces animaux en éteint le germe dans le cœur de nos enfants, que nous excitons à devenir sensibles à leurs plaintes et à les soulager. Bientôt ils apprennent à les guérir. Voilà toutes les leçons que j'ai reçues, celles que nous donnons à nos enfants; et la bénédiction de Dieu se répand sur nos soins. »

C'est bien là le tableau fidèle des mœurs simples, des connaissances, de l'éducation, de l'art enfin de la famille des Fleuriot. J'entrai, et je reconnus moi-même la fidélité de la description du comte de Tressan : j'admirai, comme lui; comme lui, je fus surpris; et je me retirai pénétré de respect et de vénération pour ces hommes qui, sans autre maître que leur intelligence et la nature, opèrent les miracles de l'art.

Un homme tout aussi digne d'être apprécié, c'est le docteur Jacquot, né à Plombières même; s'il n'a pas pris, comme les *renoueurs,* pour maître unique la nature, l'expérience, et de bons livres; les leçons des docteurs de Paris et de Strasbourg ont perfectionné ses talents, sans rien changer à son heureuse simplicité; son zèle d'ailleurs, et son désintéressement, sont aussi vifs, aussi ardents, que celui des Fleuriot; comme eux, il partage son temps entre les pauvres, la culture de son champ, et l'étude; à peine âgé de quarante ans, il se condamne à une laborieuse obscurité, ne voulant d'autre prix de ses peines, que le bonheur de faire le bien; cependant les riches habitants de Plombières ne peuvent croire au mérite de cet homme modeste et généreux, à qui l'on doit des recherches aussi savantes qu'instructives sur la statistique du pays, son histoire politique et physique, sa minéralogie, ses sources, leurs propriétés, et l'usage qu'on en doit faire.

Nous retournions à Plombières, et mes conducteurs me citèrent encore un personnage extraordinaire, c'est le *père Vincent*, qui habite très près de la ville, et qu'un grand nombre de voyageurs vont visiter; doué d'une rare intelligence, il a fait, à la seule inspection d'un piano, un instrument semblable; et sans savoir une note de musique, il exécute des airs touchants qu'il compose lui-même sur des paroles également de sa composition.

C'est à lui seul qu'il doit tout l'agrément de sa petite propriété, ornée d'une jolie plantation. Tous les meubles de sa maison ont été faits par les mains de cet homme industrieux; on y voit une pendule, un baromètre dont la précision étonne; heureux de l'espèce d'hommage que lui rend la curiosité, le père Vincent reçoit toujours, avec une gracieuse affabilité, ses visiteurs étrangers, et les laisse rarement partir sans qu'ils aient accepté du lait de ses vaches, des fruits de son verger, ou des fleurs de son jardin. Il reçoit, à son tour, les dons que les voyageurs ont presque toujours l'habitude de lui laisser, mais il les emploie au soulagement des pauvres montagnards des environs.

Le colonel, qui comme moi se plaît avec Th*** et son ami, consent à suivre les caprices du premier. Nous ne rentrons à Plombières que pour nous en éloigner aussitôt : c'est à *Tendon* que le jeune enthousiaste veut aller; et il ne nous permet plus de penser aux belles eaux minérales de *Bussang*, qui sont à l'extrémité sud-est du département, à cinq lieues de Plombières. « Qu'y verriez-vous? nous dit-il; un mauvais village et de beaux rochers, d'où s'élancent les cinq sources minérales, si efficaces contre la langueur des forces digestives, les diarrhées chroniques, les engorgements des viscères, les maladies de la vessie et des reins : mais vous n'éprouvez rien de ces maux affreux, et l'exercice est le meilleur remède pour le rhumatisme du colonel; il faut donc vous contenter de savoir que ces eaux, que l'on distingue en *Fontaine d'en haut* et *Fontaine ancienne*, sont d'une grande limpidité, d'une froideur aiguë, d'une saveur piquante, acidulée, et ferrugineuse; qu'elles ont été analisées en 1750 par *Lemaire*, médecin du prince Léopold, et en 1777 par le docteur *Didelot*, qui prit pour épigraphe d'une brochure publiée à ce sujet cet aphorisme d'Hippocrate : *Potu quàm cibo refici proclivius est.* »

« Nous vous suivons, répondit le colonel; mais avant de quitter Plombières parlons au bon ermite des mœurs inoffensives et hospitalières de ses habitants trop souvent calomniés par quelques malades chagrins. Pour moi, homme simple, de bonne foi, et sur-tout de bonne humeur, j'aime à rendre justice à leur bonté comme à leur obligeance, et je m'étaie du témoignage du philosophe Montaigne qui, après avoir passé quelque temps au milieu de cette intéressante population, disait : *C'est une bonne nation, libre, sensée, et officieuse.* Plus récemment encore, en 1786, *Rollin d'Essars*, grand-maître des eaux et forêts, fit graver ces vers sur le marbre :

Vogesos saltus, magno sub cæsare Carlo
  Qui latebræ fuerant, hospitiumque feris,

> Candida gens habitat, mutato nomine montes,
> Et pia ditescit moribus innocuis, etc. [1]. »

C'est vers la vallée et la cascade de *Tendon* que Jules dirige nos pas; nous traversons Remiremont, en laissant à notre droite la magnifique forêt d'Hérival. « Cette forêt, me dit mon guide, renferme une glacière naturelle; le département en possède encore deux autres; mais la plus estimée est, sans contredit, celle qui est placée près de la source de la *Valogne*, dans une caverne profonde, tapissée en dehors d'une mousse aussi épaisse qu'humide, et qui entretient une fraîcheur telle, que les énormes glaçons de son intérieur résistent aux plus grandes chaleurs de l'été. J'ai déja dit, continue-t-il, que cette caverne, située au fond d'une vallée étroite, cachée en quelque sorte sous les sapins qui la dominent et l'entourent, est près de la source de la Valogne, petite rivière qui est elle-même une merveille, puisqu'elle roule dans ses flots les richesses de l'Orient, la *perle* dont l'exploitation donnait autrefois des bénéfices considérables. »

Tendon est à deux lieues de Remiremont; pour nous y rendre nous laissons derrière nous, et sur notre droite, le *Chaumont*, le *Grimoulon*, le *Mor-*

---

[1] Traduction. « Les gorges des Vosges qui, sous Charlemagne, étaient le repaire des fauves, sont habitées aujourd'hui par une nation bonne, hospitalière, et de mœurs irréprochables. »

bier, le *Cirey*, sommets imposants des Vosges, dont les beaux granits décorent le Panthéon : c'était là qu'existait un superbe établissement appelé *la Mouline*; on y exploitait en grand ces granits qui en sortaient sciés et polis; mais cette belle entreprise, à la tête de laquelle était le lieutenant-général comte *Lemarois*, s'est écroulée avec le gouvernement impérial qui la protégeait spécialement.

Le village de Tendon, situé à deux lieues de Docelles et de Remiremont sur le grand chemin d'Épinal à Gérardmer, n'a rien de remarquable que sa position qui, comme celle de tous les villages bâtis dans les montagnes, est agréable et pittoresque; mais c'est à partir de ce village, en remontant un peu au sud-est, vers Géradmer, que les poetes et les peintres vont chercher des inspirations qu'ils ne sauraient trouver ailleurs.

L'aspect riant du chemin qui remonte le long de la vallée en sortant de Tendon fait oublier les rochers dont il est couvert. De tous côtés on aperçoit de belles prairies arrosées par un ruisseau qui se perd à travers des massifs d'arbres, et ces prairies sont dominées elles-mêmes par de hautes montagnes, dont les crêtes sont encore couronnées par des bois qui prolongent au loin leurs ombres sur les rochers déserts : un peu plus loin la vallée se rétrécit; son aspect devient plus âpre, plus agreste; les montagnes grandissent, et la nature prend une teinte de sévérité qui semble empêcher l'habitant des hameaux de rien changer à ce qu'elle créa: le chemin seul annonce au voyageur que l'homme a parcouru cette contrée où jamais la hache ne vint enlever aux arbres leur parure native; le chêne fait serpenter au loin ses racines à travers les rochers couverts de mousse, et ses branches qui s'étendent plus qu'elles ne s'élèvent portent au loin l'ombrage et la fraîcheur; le hêtre plus élégant le surpasse en élévation, tandis que les aunes à l'enveloppe noirâtre, les trembles à la feuille mobile, les bouleaux légers à l'écorce blanche, les saules argentés, croissent au hasard parmi une infinité d'autres arbustes.

Cependant on marche au bruit des ruisseaux cachés par les arbres, et à travers les rochers de couleur et de forme diverses: ce bruit croît à mesure que l'on approche; la terre semble trembler sous les pas du voyageur: il écoute, s'étonne et ne voit encore que les rochers suspendus et menaçants; mais à leur base il aperçoit enfin le ruisseau qui se précipite comme un torrent à travers le roc usé par son frottement: deux chutes principales le font passer tour-à-tour du vert le plus foncé à l'écume la plus blanche; il court se précipiter dans le bassin qui est à vos pieds; les rochers, les bois s'y reflètent, et ce n'est qu'avec regret que l'on quitte ces lieux enchanteurs, malgré l'espèce de terreur qu'ils inspirent [1].

Bientôt cette émotion s'évanouit par la variété des sites que l'on rencontre en continuant à s'enfoncer dans la vallée; tantôt on marche sur des rochers brûlés par le soleil, tantôt le chemin s'enfonce dans un bois qui répand une douce fraîcheur. Les ruisseaux descendent en serpentant du haut des collines pour animer la végétation de cette belle vallée : quelques habitations placées çà et là tempèrent ce que la nature a de trop sauvage; mais tout-à-coup un nouveau bruit se fait entendre : il semble le précurseur de l'orage ou de l'ouragan, et cependant le feuillage n'est point agité, le vent ne se fait point sentir; on approche d'une forêt de sapins plantée au fond de la vallée, on monte sur le revers opposé, et après avoir traversé un petit bois de hêtres, on découvre, au milieu des sapins qui se lient à une infinité d'autres arbres, la cause de ce bruit semblable au tonnerre : c'est un torrent fougueux qui se précipite du haut de la montagne avec fracas; il roule ses eaux parmi les groupes de

---

[1] M. Dutac, très jeune peintre doué du génie, ou si l'on veut de l'instinct de la peinture, a exposé au salon de 1811 une vue de cette cascade, qui promet à la France un rival de nos premiers paysagistes.

rochers, et s'enfonce au milieu des bois pour ne plus reparaître.

C'est alors que l'aspect de cette belle cascade est vraiment grand et majestueux. L'horizon terminé au loin par un fond de différentes espèces d'arbres se lie au penchant de la montagne d'où le ruisseau se précipite. Là des rochers semblent sortir du sein de la forêt pour montrer les riches couleurs de la nature abandonnée à elle-même : les nuances les plus tranchantes se confondent, le violet foncé à côté du jaune lumineux, les rouges vifs près des bleus intenses, les mousses d'un vert noirâtre parmi les blancs lichens; tandis que l'eau roule, à travers toutes ces couleurs diverses, son écume argentée : plus de cent espèces d'arbres environnent ce site imposant; ils se groupent avec une variété infinie; mais d'ici l'on voit l'ensemble de ce tableau sans en connaître les détails. Nous voulons savoir ce que devient ce torrent; nous descendons alors au fond de la vallée en traversant une belle prairie environnée d'arbres qui charmeraient la vue, si elle ne se fixait pas irrésistiblement sur les eaux de la cascade que l'on voit briller à travers la verdure : s'enfonce-t-on dans la forêt, on retrouve ces eaux, mais elles ont calmé leur impétuosité, elles ont repris leur transparence et répètent dans leur sein les formes et les nuances des arbres qui les environnent.

C'est alors qu'une fraîcheur délicieuse se fait sentir: un vent frais agite agréablement le feuillage; ce mouvement devient plus vif sur les arbustes voisins de la cascade, et leurs branches semblent lutter constamment contre sa violence : si l'on approche, une poussière humide pénètre les vêtements ; on a peine à se tenir en équilibre sur ces rochers glissants ; l'eau répand ici sur tous les objets, un vernis que le pinceau de l'artiste ne peut imiter : le soleil réfléchit tout son éclat sur ces mousses, ces granits, sur ces troncs pourris, tandis que les ombres acquièrent plus d'intensité. Mais, si on lève les yeux sur ces masses de rochers suspendus, on aperçoit errer à l'ouverture des eaux blanches et écumeuses: ici elles suivent les sinuosités; là elles se précipitent avec rapidité, tandis que plus loin on les voit franchir des masses considérables de granit, pour venir de nouveau se briser sur d'autres rochers.

Je ne fus plus surpris du desir ardent qu'avait T*** de se rendre aux cascades de Tendon : son imagination sensible autant que bizarre se plaisait à voir, dans ces eaux turbulentes et vagabondes, ces premières agitations du cœur, ces sentiments vagues, cette inquiétude secrète, qui nous font chercher à l'aventure un bonheur et des plaisirs que nous ne connaissons pas encore; long-temps après avoir quitté ces rochers, ces bois, et ces torrents, nous en conservons des idées douces et mélancoliques.

Les habitants de cette contrée ont un caractère qui leur est particulier; la douceur et la crédulité en sont les bases : chaque maison a son ange gardien, chaque vallée a son oracle, consulté surtout dans les temps de calamité; du reste, pauvres, et n'ayant jamais de surperflu, ils sont cependant hospitaliers, généreux, et préfèrent la mort à l'état honteux des mendiants des villes : chez eux le droit de propriété ne s'étend pas jusqu'à l'égoïsme; l'habitant surchargé de travail est aidé par ses voisins : jamais une main mercenaire ne vient affliger le malade; il est soigné par sa famille, par ses amis, et, s'il succombe, c'est encore eux qui creusent sa tombe, et qui le portent à sa dernière demeure: doux et tranquilles dans leurs foyers, ils sont braves et courageux dans les combats; et lorsqu'il a fallu défendre la terre natale contre les invasions étrangères, ils ont su vaincre avant d'avoir appris à combattre : mais, uniquement attachés au sol natal, ils ne connaissent guère d'autre relation politique, et quelquefois leur vie entière s'écoule sans qu'ils sachent quel est le prince qui les gouverne.

Depuis plusieurs jours nous cheminions par monts et par vaux; j'avais besoin d'un peu de répit: mes guides aussi aimables qu'attentifs furent les premiers à me proposer de revenir passer deux jours dans la ville la plus voisine ; nous laissâmes donc le magnifique lac de Gérardmer, que me vantait déjà T*** comme le plus beau du département, ceux de *Longemer* et de *Lispach*, moins importants, mais encore dignes d'attention ; nous négligeâmes même les célèbres papeteries de *Docelles* au nord de Tendon, et celles d'*Arches*, à l'ouest du même village, et prenant la direction nord-ouest, après quatre lieues de marche, nous arrivâmes à Épinal.

Je pensais que cette petite ville, déjà explorée par moi, n'avait plus rien d'intéressant à m'offrir ; mais le colonel me tira d'erreur en me conduisant chez le perruquier *Mathieu*, antiquaire distingué, et possesseur d'une collection presque complète de médailles antiques, qu'il a formée lui-même. On ne sait lequel il faut admirer le plus, du talent ou de l'extrême modestie de ce singulier personnage, qui est en relation avec quelques savants assez philosophes pour rendre hommage au mérite, dans quelque classe qu'on le rencontre. Nous trouvâmes chez lui M. Parisot, bibliothécaire de la ville, homme aussi instruit qu'aimable, et dont on m'avait vanté l'obligeance et l'érudition : il a introduit ici un usage qu'on devrait établir dans toutes les villes de provinces, parcequ'il contribuerait puissamment à y répandre le goût de la lecture; les livres de la bibliothèque sont prêtés aux habitants sur un simple reçu. Tandis que je causais avec ces deux hommes, que les goûts littéraires réunissaient, en dépit de la différence de leurs professions, Jules entra en m'annonçant une excellente nouvelle: «Nous aurons, me dit-il, un nouveau compagnon de voyage; c'est M. B., ancien sous-préfet. » Je le connais, s'écria le colonel; jeune encore, il sut administrer avec une sagesse et une modération qu'on n'a droit d'attendre que de l'âge et de l'expérience. J'avais été autrefois très lié avec son père, excellent administrateur et financier habile, dont les principes et le caractère également honorables lui avaient acquis l'estime générale; je me réjouis de cette heureuse rencontre.

«M. B., à peine âgé de trente ans, occupe ses loisirs à des voyages pédestres dans la France, la Suisse, et l'Italie; j'ai vu peu d'hommes plus instruits, et doués à un plus haut degré de l'esprit d'observation: toujours guidé par son attachement inviolable à son pays, il fait servir ses voyages à la propagation des lumières, et cherche le mérite sous le chaume comme au sein des palais. » Nous nous rendîmes près de lui; et, après les compliments d'usage, il nous dit qu'il se disposait à partir pour le *Ban-de-La-Roche*, et nous proposa de l'accompagner. T*** était enchanté de cette nouvelle excursion, et, pour me décider à être des leurs, il me présenta un rapport fait à la Société royale d'agriculture, par le comte François de Neufchâteau, sur *Oberlin*, pasteur du Ban-de-La-Roche. J'ai trop vécu; la vertu commence à m'étonner : tant de générosité, tant de bienfaits, me semblaient tenir du prodige, et ce fut avec défiance que je lus ce rapport; mais, comme je n'en suis pas encore au point de proférer le blasphème de Brutus, je me décidai à partir pour saluer le vénérable pasteur. Sous l'influence de M. B., mes deux jeunes étourdis sont devenus presque raisonnables; cette fois ce ne sera pas dans une voiture bien close, bien suspendue, traînée par trois ou quatre chevaux, que nous nous mettrons en route : M. B. voyage en observateur philosophe; nous nous conformons à ses allures, et nous partons tous cinq pour Saint-Dié, une paire de guêtres aux pieds, une chemise en poche, et un bâton à la main.

Nous étions résolus de ne faire dans cette ville qu'une halte très courte; cependant M. B., tout en nous disant qu'elle méritait peu notre attention, nous en parla avec intérêt : ce n'était pas la suppression de son ancien évêché, de ses chanoines, prébendes, etc., qui animaient ses souvenirs; mais on retrouve dans cette ville, comme dans toute la Lorraine, les bienfaits de Stanislas; on n'y peut faire un pas sans bénir sa mémoire.

Saint-Dié n'était autrefois qu'un assemblage irrégulier de rues tortueuses et mal bâties; un incendie la détruisit presque entièrement, et Stanislas la releva sur un nouveau plan : il y fonda des établissements de charité, d'instruction publique; il y creusa des canaux, y éleva des fontaines. Cette ville, située sur les bords de la Meurthe, est industrieuse et commerçante; elle possède des brasseries, des filatures de coton, des fabriques de toiles, de mouchoirs, de bonneterie: on admire sur-tout dans son arrondissement les belles forges de M. *Champy,* député, homme aussi respectable par ses principes constitutionnels que par sa bienfaisance éclairée. Cet éloge amène celui de M. *Lerh,* manufacturier, ex-adjoint de Saint-Dié, celui de M. *Thomas,* procureur du roi, destitué en 1815, et réintégré en 1818 par la nécessité, nous dit Jules, d'avoir au moins un jurisconsulte dans le tribunal de Saint-Dié. Toujours ami des contrastes, le jeune homme allait nous parler d'un autre magistrat, ancien possesseur d'une belle papeterie, et qui, après avoir fait pendant trente ans du papier avec des chiffons, fait à présent des chiffons avec du papier; mais le sage M. B. l'arrêta, en lui donnant pour maxime de se défier de son impartialité, quand il s'agira de juger des gens d'une opinion politique différente de la sienne.

Cependant le lever du soleil nous trouve disposés à poursuivre notre route aventureuse; à notre droite s'élèvent à perte de vue les cimes élevées des

Vosges, au milieu desquelles le *Donon* semble dominer la région des nuages.

Nous arrivons à *Saint-Blain,* où un déjeuner frugal nous rend la force et le courage. Assis sous un berceau de pampre et de chévre-feuille, M. B., le colonel, les deux jeunes amis, et le bon cultivateur qui nous avait cordialement accueillis, forment un concert de louanges en l'honneur du père de la contrée. Pour bien apprécier toutes ses vertus, dit le premier, il faut se reporter à ce qu'était ce pays avant l'arrivée du pasteur Oberlin. La paroisse du Ban-de-La-Roche consiste en cinq villages, *Waldbach, Fouday, Bellemont, Bellefosse, Solbach,* et cinq petits hameaux ; c'est une contrée pittoresquement assise sur la base occidentale du *Champ-du-Feu,* chaîne très élevée de montagnes qui se détache de la partie orientale des Vosges : ce canton s'étend sur une surface montueuse de huit à neuf mille arpents, et ne jouit guère que de quatre à cinq mois de beau temps ; ce n'est en effet que dans le mois de mai qu'il est délivré des neiges qui commencent à tomber vers octobre : dans cet espace si resserré la température varie suivant les hauteurs, et l'on y peut distinguer quatre régions différentes. L'une (c'est la plus douce) rappelle le climat de Genève, et les autres successivement celui de Varsovie, de Stockholm, et de Pétersbourg.

En 1414 cette contrée sauvage et déserte appartenait au seigneur de *Rathzamhausen*, qui la vendit en 1584 à *Jean*, duc de Bavière, et comte palatin du Rhin. Mais ces hauts et puissants seigneurs ne daignaient pas s'occuper d'obscurs vassaux qui ne contribuaient ni à leur gloire ni à leurs richesses. Trois cents habitants végétaient au milieu de ces rochers arides : des pommes sauvages, le lait de leurs chèvres, étaient leur unique nourriture, et la dépouille de ces mêmes animaux leurs seuls vêtements; des mœurs rustiques, un patois inintelligible, une superstition stupide, repoussaient le voyageur que le hasard amenait parmi eux. Cependant vers le dix-septième siècle quelques révolutions se firent dans la religion et dans les mœurs: les comtes de *Weldeuz*, ducs de Bavière, y établirent la confession d'Ausbourg, qui depuis y fut la religion dominante; mais les jeunes pasteurs ne venaient qu'avec répugnance exercer leur saint ministère dans cette terre sauvage, et la regardaient comme un véritable exil [1].

Un demi-siècle s'est à peine écoulé depuis la métamorphose de cette petite contrée, toujours ignorée de la plupart des Français, mais devenue féconde, heureuse, et habitée, par les soins du pasteur Oberlin; l'humanité de son prédécesseur lui

---

[1] En 1793 le Ban-de-La-Roche, qui dépendait de la principauté de Salm, fut réuni au département des Vosges.

avait préparé les voies.... mais, pour opérer une régénération aussi complète, il fallait un homme également bon administrateur, savant agronome, philosophe éclairé autant que philanthrope persévérant : c'est à la voix de cet homme rare, c'est par ses soins actifs que les communications devinrent praticables; que des routes faciles y amenèrent le commerce et les échanges; qu'une culture bien entendue, bien ordonnée, y fit naître l'abondance et la prospérité, et qu'une vie douce et civilisée, un langage pur, des manières honnêtes et gracieuses, remplacèrent l'ignorance grossière et sauvage : aussi bientôt cette effrayante solitude vit s'accroître une heureuse population, et l'on y compte à présent plus de quatre mille ames, formant plus de six cents familles, livrées aux travaux agricoles, et jouissant des bienfaits d'une civilisation éclairée ; ces précieux, ces étonnants résultats sont dus à un seul homme, à qui on serait tenté d'élever des autels, si lui-même n'enseignait qu'il n'y a qu'un Dieu dans l'univers. Allons chercher, allons ressentir, m'écriai-je, les douces émotions que donne la vue d'un sage, consacrant sa vie entière au bien-être de ses semblables; allons apprécier combien est vain et frivole l'orgueil de ces grands, sans titres à la reconnaissance des peuples, devant un vieillard modeste qui les possède tous; allons retremper notre ame auprès d'Oberlin.

Nous nous décidâmes cependant à passer le reste du jour et la nuit dans l'asile champêtre du bon cultivateur de Saint-Blain; le lendemain (c'était un dimanche), levés avec l'aurore, nous nous arrangeâmes de manière à visiter le vénérable pasteur, et à assister ensuite à son sermon.

N° CIV. [12 AOUT 1820.]

BAN-DE-LA-ROCHE.
LE PASTEUR OBERLIN.

> « J'ai vu de ce canton le pasteur vénérable
> Qui depuis quarante ans sert son Dieu, fait le bien,
> Reçoit peu, donne tout, et ne demande rien.
> Chéri dans le hameau, respecté dans le temple,
> Il prêche par ses mains, instruit par son exemple :
> Des pères, des enfants, il resserre les nœuds;
> L'enfant même l'adore, et souvent dans ses jeux
> D'une timide main en passant il arrête
> Le vieillard qui sourit en retournant la tête. »
>
> DELILLE.

La transition du village catholique de Saint-Blain au village luthérien de Fouday est frappante; dans l'un, la culture agricole et toute sa rusticité; dans l'autre, une activité due à quelques fabriques établies nouvellement, et une propreté remarquable. Après avoir traversé ce dernier village, et monté l'espace d'une demi-lieue par un joli chemin bien entretenu, qui conduit dans une vallée élevée, au bout de laquelle se trouve Waldbach, nous dominions, à une assez grande hauteur, un torrent qui coule à droite, à travers une belle prairie; l'éclat du soleil levant se réfléchit sur ses eaux limpides, qui bouillonnent de distance en distance, tandis que ses rayons lumineux colorent une rosée bienfaisante que leur chaleur absorbera bientôt. Le hameau de *Truchey*, composé de quelques cabanes, s'offre à nos regards; il semble placé là pour varier le tableau. Nous traversons le torrent et des sommités élevées, couvertes de roches incultes, qui contrastent avec de petits enclos bien cultivés; le ruisseau roule ses eaux, tantôt avec fracas au milieu des rochers qui l'irritent, tantôt avec calme au milieu d'une riante verdure qui borde ses deux rives, ombragées par le frêne et le saule.

Nous ne sommes plus qu'à un quart de lieue de Waldbach; nous l'apercevons, et après avoir salué l'asile de la paix et des bonnes mœurs nous nous arrêtons un moment pour le contempler. Il est dans un enfoncement, et les quatre autres villages du Ban-de-La-Roche apparaissent sur les hauteurs environnantes. De tous côtés, au milieu des habitations, s'élèvent des arbres fruitiers, des vignes légères; et près du clocher du temple modeste on voit s'élancer quelques peupliers qui se balancent au-dessus de la cime des montagnes.

Nous voici dans le village. Le chaume couvre toutes les maisons, et nous cherchons vainement une habitation qui surpasse les autres par son apparence. Cependant les villageois, sur les visages desquels brillent la santé et la bonne humeur, s'arrêtent, et nous saluent avec bienveillance; nous leur parlons, et ils nous surprennent par des réponses aisées, pleines de politesse, qu'ils expriment en un français pur et presque élégant.

Depuis que nous avons mis le pied sur le Ban-de-La-Roche, nous n'avons pas entendu une seule voix qui n'ait fait l'éloge du vénérable pasteur; toutes expriment le respect, l'amour, et la reconnaissance; un bon vieillard le bénit en nous indiquant le chemin du presbytère, dont la porte, constamment ouverte, nous semble le symbole de cette divinité miséricordieuse toujours prête à accueillir le bon pour le faire persévérer, le méchant pour changer son cœur. Nous entrons dans une cour fermée à gauche par une grille en bois, qui conduit à un jardin, à droite par les bâtiments de la grange et de l'étable; ces bâtiments, attenants à la maison qui se présente au fond de la cour, forment toutes les dépendances de cette habitation. On nous reçoit dans une jolie salle dont une propreté recherchée fait le seul ornement; c'est madame *Graff*, la fille d'Oberlin elle-même, qui nous accueille : elle passe sa vie à prodiguer à son vieux père les soins les plus touchants. Son costume la distingue à peine des paysannes; mais ses manières élégantes, la pureté de son langage, la finesse de son esprit, annoncent l'éducation la plus distinguée · on croirait voir et entendre une femme qui, après avoir vécu dans les cercles les plus brillants, serait venue échanger le luxe des cours contre la paix d'une vie champêtre, si la simplicité de ses manières n'égalait son exquise politesse. Madame Graff n'a pas quarante-cinq ans; elle est mariée à un ministre protestant, digne de partager les travaux du bon pasteur : il arrive des bords du Volga, où il a déja fourni la carrière la plus honorable, pendant douze années, et il est destiné à perpétuer, dans la paroisse du Ban-de-La-Roche, les hautes vertus de son beau-père.

J'ai dit que le costume de madame Graff n'avait rien de plus recherché que celui des paysannes; il se rapproche sur-tout de celui de la bonne *Louise* qui habite avec le pasteur depuis un grand nombre d'années. Cette femme, dont la figure paisible annonce la santé et le bonheur, est âgée de plus de soixante ans : libre, sans trop de familiarité, elle place son mot dans la conversation, et sa maîtresse, qu'elle a élevée, et qui ne l'appelle jamais que sa chère Louise, est toujours de son avis; ce sont les mœurs patriarchales dans toute leur franchise, dans toute leur pureté.

Le pasteur visitait des malades : nous l'attendîmes, et fûmes distraits agréablement par l'arrivée d'un ami du père de T***, que connaissait aussi beaucoup M. B.; c'était M. *Legrand*, ancien directeur de la république helvétique, homme affable, savant, et d'un mérite éprouvé ; mais le titre dont il paraît le plus fier, est celui d'ami du pasteur. Retiré à Fouday, avec sa famille, depuis six ou sept ans, il y fonda une fabrique de rubans, qui prospère et répand l'aisance dans la paroisse sans y introduire la corruption. M. Legrand ne trouva pas étrange que nous fussions passés à Fouday, sans nous arrêter chez lui ; l'empressement de rendre avant tout notre hommage à M. Oberlin lui semblait naturel, et sa seule vengeance, nous dit-il, sera de nous emmener dîner chez lui avec le pasteur, qu'il venait chercher et qui devait officier ce jour même à Fouday.

Il l'attendit avec nous, et nous donna de nouveaux détails sur les prodiges que l'active humanité opéra dans cette terre disgraciée de la nature, et qui est devenue le séjour de la vertu et du bonheur.

« Vous êtes dans un pays, nous dit-il, que tout le monde fuyait il y a cinquante ans ; c'était la paroisse la plus pauvre de toutes celles qui dépendaient du consistoire de Strasbourg. Quel fut l'étonnement général, lorsqu'on vit le jeune ministre Oberlin, frère et fils de professeurs distingués, recommandable lui-même par des talents supérieurs, solliciter avec empressement cette misérable cure : sa jeune et belle épouse, animée des mêmes sentiments, du même amour pour le prochain, témoignait les mêmes desirs. Il est digne de remarque

que le plus vertueux des hommes, a été soutenu dans ses grandes et nobles entreprises par la courageuse persévérance, et les sages avis de cette femme céleste.

« Une première lueur de prospérité avait brillé dans ces montagnes par les soins de M. *Stuber*, homme de bien, qui avait commencé le grand œuvre de la régénération de cette contrée, à l'aide des maximes religieuses et morales qu'il prêchait avec succès, en les faisant servir au bonheur des habitants; mais cette lumière allait s'éteindre quand Oberlin vint mettre à exécution le plan qu'il avait conçu avec sa digne compagne. C'est en 1767 qu'il entra en fonctions; il était alors âgé de trente-trois ans. Il n'y avait dans toute la paroisse d'autre école que quelques chétives baraques, des petites chambres prêtes à s'écrouler, et des maîtres qui ne savaient pas même lire couramment : il fit un appel à la bienfaisance de quelques amis qu'il conservait à Strasbourg; on ouvrit une souscription. Toutefois son zèle impatient n'attendit pas, pour construire des établissements, que le nombre des souscripteurs fût suffisant; il y sacrifia une partie de son revenu, et y donna non seulement son argent et ses soins, mais encore il fit aux habitants, très peu avides d'une instruction dont ils ne voyaient pas l'utilité, la promesse que l'entretien des nouvelles écoles ne serait jamais à leur charge : peu à peu sa persévérance surmonta tous les obstacles qu'apportait l'égoisme au bien public; et les années suivantes, les communes elles-mêmes voulurent contribuer à fonder de semblables institutions dans tous les villages.

« Tandis que les maisons se construisaient, Oberlin entreprit l'éducation normale des maîtres qui devaient présider à celle des enfants; et pour que l'oisiveté ne vînt pas s'emparer du désœuvrement des futurs élèves, il forma, de concert avec son épouse, des *conductrices,* et loua pour elles des chambres convenables : sous la surveillance maternelle de ces femmes bien choisies, et entretenues à ses frais, les enfants de tout âge viennent s'amuser entre eux, et s'habituer à vivre en bonne intelligence.

« Chaque conductrice reçoit de M. Oberlin des estampes enluminées sur l'histoire sainte et l'histoire naturelle, des cartes géographiques, des planisphères; lui-même donne les instructions nécessaires à ces femmes, qui les transmettent ensuite à leurs jeunes élèves; ces cartes sont aujourd'hui répandues dans les familles, et l'étude que les pères et mères en font avec leurs enfants devient souvent la récréation des soirées et du dimanche.

« La plupart des élèves cousent, tricotent, ou épluchent du coton; les autres épellent; d'autres plus avancés répètent des histoires instructives, mises à la portée de leurs jeunes intelligences; ils étudient les plantes utiles à la nourriture de l'homme, ou à celle des animaux; ils en répètent les noms en bon français, ainsi que les caractères et les propriétés; au printemps on explore en petite caravane les bois, les prés, et les champs : cette troupe folâtre apprend ainsi en se jouant à reconnaître les herbes nuisibles ou vénéneuses, pour en purger les terres; elle s'accoutume, en herborisant, à désigner sur le terrain, les plantes qu'on lui a décrites, et prend ainsi, et sans presque s'en apercevoir, le goût et l'habitude des travaux champêtres; chaque enfant cultive un petit parterre dans l'enclos paternel, et dessine sous les yeux des conductrices ses fleurs de prédilection. Ce sont ces premières notions, ces premières habitudes qui ont produit de si grands changements dans les mœurs et dans les sentiments de ces paysans sauvages : l'amour du travail, le desir si naturel à l'homme d'étendre ses connaissances, lorsqu'on sait imprimer à son ame une louable émulation, a remplacé une funeste et triste insouciance.

« En sortant des mains des conductrices, les enfants passent dans celles des *régents;* là ils complétent leur éducation, et reçoivent des leçons d'écriture, de grammaire, d'arithmétique, de géographie, d'agriculture, d'histoire sainte, et de physique applicable aux travaux de la campagne : les plus avancés écrivent sous la dictée, et apprennent par cœur des cahiers sur l'agriculture et sur la plantation des arbres, extraits des meilleurs auteurs. Tout porte donc à la plus heureuse émulation; il est même un usage singulier établi par Oberlin, et qui prouve combien il desire stimuler le goût de ses jeunes paroissiens pour tout ce qui tient à la culture : ceux qui se préparent à la confirmation chrétienne doivent attester par un certificat de leurs parents qu'ils ont planté dans un endroit déterminé, deux jeunes arbres.

« Cependant le pasteur, pour imprimer aux écoles organisées une marche plus régulière, plus solennelle, et pour introduire parmi les maîtres une émulation qui doit tourner aux progrès des élèves, a institué une réunion par semaine des cinq écoles à Waldbach; c'est là que non seulement il enseigne avec une patience, une persévérance tout évangélique, mais qu'il perfectionne ses méthodes d'instruction, corrige les fautes que lui découvre l'expérience, et intéresse la curiosité des enfants par mille récits auxquels la vivacité de son esprit donne un attrait qu'on ne saurait rendre, car il possède à un degré éminent le talent de conter; son âge avancé n'a pas encore détruit la richesse et le charme de son imagination : enfin pour dernier motif d'encouragement, on fait un examen général des études à la fin de chaque année : les enfants y répondent par écrit aux questions qui leur sont proposées, et reçoivent ensuite les prix que l'on distribue également aux maîtres, qui ont contribué par leur zèle aux progrès des élèves.

« Mais le saint pasteur n'a réservé qu'à lui seul l'instruction religieuse : chaque dimanche les enfants de toutes les paroisses assemblés autour de l'autel présentent une récitation religieuse que leur pinceau a ornée d'un dessin colorié : ils écoutent ensuite une petite exhortation chrétienne, répondent aux questions de leur bienfaiteur, et finissent comme ils ont commencé en chantant avec justesse des cantiques sacrés ; enfin sa sollicitude paternelle a établi pour ses jeunes élèves une petite bibliothèque destinée spécialement à leur usage, une collection de plantes indigènes, une machine électrique, et d'autres instruments de physique, propres à faciliter l'enseignement et à inspirer le desir de l'instruction. Ce n'est pas seulement sur cette génération nouvelle que se portent ses soins et sa prévoyance ; il fonda, il y a quarante ans, dans des vues plus grandes encore, une société d'agriculture composée des hommes les plus instruits de la paroisse ; il l'encouragea en y associant comme membres quelques hommes distingués de Strasbourg, et les pasteurs du voisinage : elle est même affiliée à celle de Strasbourg qui lui communique les journaux, et l'admet au concours de ses prix. Les habitants ont aussi une bibliothèque destinée aux lectures privées pendant les longues soirées d'hiver; ils y trouvent des ouvrages précieux sur l'économie rurale, et les bons préceptes circulent et s'étendent dans les familles, en détruisant les routines si chères au cultivateur peu éclairé. Tous les quinze jours le pasteur consacre deux heures à leur expliquer ce qu'ils n'ont pu comprendre, et le dimanche on l'entend souvent publier du haut de la chaire évangélique toutes les découvertes, tous les avis qu'il a pu recueillir sur les progrès de l'agriculture; car cet homme sage ne pense pas déroger à ses pieux devoirs en mêlant aux choses saintes tout ce qui a rapport à une science dont la source est une preuve éclatante de la bienfaisance divine.

« Infatigable dans ses projets de prospérité pour sa paroisse, il a bien senti que l'agriculture seule ne pouvait atteindre ce but : pour y introduire l'industrie, il fallut non seulement vaincre l'apathie des habitants, mais encore établir des relations entre leur petite contrée et les pays circonvoisins. Que d'obstacles! des rochers disséminés sur la pente des montagnes, des torrents qui se précipitent, entraînant le terrain dans leurs chutes, et causant sans cesse d'affreux éboulements : rien ne peut arrêter la persévérance de cet homme aussi ferme que courageux; il entreprend la réparation, l'élargissement des chemins vicinaux, la confection de nouvelles routes. La pioche à la main, une boîte remplie de poudre suspendue à son cou, il marche le premier, s'enfonce dans les pierres et dans les épines, brave le danger, et fait jouer la mine sous le rocher, que la main de l'homme ne saurait déplacer. Un si noble exemple enflamme les habitants; c'est un enthousiasme général, chacun veut seconder les efforts de son pasteur; les torrents s'arrêtent ou se détournent, les rochers se déplacent, les murs s'élèvent et soutiennent les terres, et de beaux chemins de communication s'ouvrent entre les cinq villages de la paroisse qui autrefois étaient privés de relations pendant les grandes neiges. Ce n'est pas tout, il faut établir une route jusqu'à Strasbourg; le pasteur le dit, et rien n'est impossible. On brise les rochers, et bientôt cette route descend dans la plaine, soutenue par une épaisse muraille; elle traverse la Bruche sur un pont construit dans un ban étranger, par les soins et aux frais du Ban-de-La-Roche, qui retire de ses peines et de ses sacrifices un double avantage, celui des occupations industrielles, et la facilité d'exporter ses denrées dans la capitale de l'Alsace.

« Mais toujours il revient à l'agriculture, comme à la source première de toutes les richesses; il élève une pépinière; on admire le succès de ses plantations; on étudie l'art de greffer; et toutes les productions de Pomone s'élèvent dans des lieux qui ne produisaient naguère que de mauvaises pommes sauvages [1].

« Il améliore et encourage la culture des pommes de terre, renouvelle les espèces, en introduit de meilleures, fait venir de Riga ces superbes semences de lin qui poussent des tiges de deux mètres de hauteur, introduit enfin l'usage des prairies artificielles, augmente ainsi le produit des bestiaux, et fait décerner, par la société d'agriculture, des prix à celui des cultivateurs de chaque commune qui entretient le plus beau taureau, ou qui possède la plus belle vache.

« Cependant il envoie dans les manufactures des environs les enfants de ses paroissiens; ils reviennent et montent des filatures de coton; des prix sont accordés aux meilleures fileuses; et cette nouvelle branche de commerce amène au Ban-de-La-Roche, dans une seule année, plus de trente-deux mille francs : cet heureux succès l'engage à de nouveaux sacrifices; il choisit parmi les jeunes garçons les plus intelligents, les habille, paie leur apprentissage, et les envoie hors de la contrée : bientôt des maçons, des maréchaux, des charrons, des menui-

---

[1] A la célébration de chaque mariage Oberlin introduisit l'usage de planter deux arbres fruitiers, et un à chaque naissance.

siers, des vitriers, des peintres, reviennent ouvrir des ateliers dans le pays qui les a vus naître; et l'argent, au lieu de s'écouler hors du Ban-de-La-Roche, y séjourne, y circule au profit de tous.

« Mais comment citer tous les établissements utiles dus à la bonté vraiment divine de cet homme vénérable? Son attention se porte sur les moindres détails; elle n'en néglige aucun; les habitants se trouvent par fois dans l'embarras; un outil, un harnais, une charrue vient à se briser, il forme à ses frais un magasin d'instruments aratoires, où chacun peut acheter à juste prix et à crédit ceux dont il a besoin; une librairie est établie sur les mêmes principes; on ouvre sous ses auspices une caisse d'épargne et de prévoyance, un mont-de-piété où le cultivateur ne dépose que sa promesse, et ne paie que la somme qu'il a reçue; ce n'est pas tout, l'ame délicate du pasteur s'est toujours élevée contre l'échelle de dépréciation des assignats; pressé d'acquitter sa part de la dette de la patrie, il fait depuis neuf ou dix ans deux ou trois distributions par année d'outils aratoires, d'ustensiles de ménage, etc., qui sont vendus contre la valeur nominale des assignats; c'est une manière ingénieuse de faire des dons à ses chers paroissiens, et de remplir ses obligations comme citoyen; enfin une bourse toujours ouverte pour le malheur s'augmente chaque semaine par le produit des quêtes du dimanche, car chacun est ici jaloux d'imiter la bienfaisance du pasteur : il a fait venir de Strasbourg une pompe à incendie; il a envoyé dans cette ville plusieurs femmes pour étudier l'art de l'accouchement, et un jeune homme pour apprendre la pharmacie; il a fondé un cabinet et un laboratoire où les habitants puisent des avis et des remèdes; lui-même a étudié la médecine avec succès, et il emploie ses connaissances non seulement à soulager le malade, mais à démontrer l'abus des méthodes vicieuses et des drogues des charlatans.

« Est-il besoin de vous répéter que toutes ces institutions, et tant d'autres qu'il serait trop long de vous détailler, ne lui ont jamais fait négliger ses fonctions pastorales? Vous le montrerai-je assistant les malades, consolant les mourants, se précipitant au milieu des neiges, au milieu des rochers escarpés où sont disséminées les habitations, pour y voir, comme il le dit si bien, *ces amis*. Au milieu de tant de travaux, de tant de fatigues, cet homme étonnant élevait sa famille, tenait une pension de dix à douze élèves appartenant à des familles opulentes; il en consacrait les produits au profit de ses paroissiens; enfin c'est lui qui termina, avec le secours du respectable comte de Marnésia, un cruel procès qui, depuis quatre-vints ans, existait entre le Ban-de-La-Roche et le propriétaire des forêts et usines de ces lieux, acceptant pour unique récompense la plume qui signa l'acte conciliateur : ajoutons que ce cœur brûlant de charité ne renferme pas ses bienfaits seulement dans sa paroisse, et parmi ses co-religionnaires; tous les villages catholiques qui environnent le Ban-de-La-Roche reçoivent sa visite et ses conseils; ils viennent chercher des livres instructifs le samedi, et Louise en tient le registre avec exactitude. Calvinistes, luthériens, catholiques, tous partagent ses aumônes; ils sont tous ses enfants, ses amis, dès qu'ils sont dans le malheur.'

« Et cependant c'est sans fortune, sans autre moyen qu'une ame courageuse, et une volonté inébranlable, que cet homme de bien a fait de si grandes choses!...... Mais sortons, nous dit à demi-voix M. Legrand, il est des détails que je ne puis dire devant madame Graff et la bonne Louise. »

Nous allâmes sous un berceau du jardin, et il continua son intéressante narration : « Vous avez dû remarquer les deux profils tracés en blanc sur un fond noir renfermés dans un même cadre, et suspendus à la muraille; c'est le portrait d'Oberlin et de sa femme. Combien cet ange était digne du culte que lui a voué son époux! c'était la charité et la vertu même; quel concert unanime de sentiments et de dévouements pour le bien général! quarante ans se sont écoulés depuis qu'elle a cessé de vivre, et elle est toujours présente à la mémoire de ceux qui l'ont connue : elle mourut des suites d'une couche, laissant une nombreuse famille composée de neuf enfants; c'est la bonne Louise qui, jeune alors, en prit soin, les éleva, et seconda son maître avec un zèle, une ardeur qui suppléa souvent aux connaissances et aux talents qui lui manquaient. »

Le pasteur ne rentrait pas. « Les malheureux lui font tout oublier, reprit M. Legrand : visitons son appartement, nous y trouverons des preuves nouvelles qu'aucune louange ne peut être exagérée en parlant de cette noble créature. »

Nous rentrons dans la salle où le pasteur reçoit; quelle simplicité! Un vieux clavecin, une horloge de campagne, quelques tableaux de famille, une Bible.... voilà les seuls ornements; le seul luxe, c'est la propreté. M. Legrand nous précéde, nous montons au premier, nous entrons dans la bibliothèque; elle est peu nombreuse, mais bien choisie; j'y vois les chefs-d'œuvre de la littérature française et allemande, quelques moralistes anglais, des livres d'agriculture dans tous les idiomes connus...

On entre; c'est madame Graff et son père : la vue affaiblie de ce vieillard nous distingue avec peine, mais c'est presque le seul indice en lui d'un âge avancé; sa taille moyenne est droite, et son pas ferme encore n'indique point la faiblesse; sa physionomie noble, douce, est calme et imposante, toutefois elle s'anime facilement, et ses yeux alors brillent encore du feu du génie. Il nous accueille avec une franchise cordiale, ne veut pas partir sans que nous ayons goûté de son lait et des gâteaux pétris par la bonne Louise: il connaît mes jeunes compagnons, et leur parle comme à des enfants chéris; T*** sur-tout, le jeune et intéressant T*** est l'objet de ses attentions affectueuses; il l'engage, il le prie de venir passer quelques jours dans sa chaumière; je pénètre son motif, et j'admire cette bonté attentive à qui rien n'échappe; cependant j'ose lui exprimer les divers sentiments que j'éprouve; il m'interrompt avec simplicité, il s'étonne que le bruit de ses vertus et de ses talents parvienne au-delà de ses montagnes. Il nous remercie d'avoir fait tant de chemin pour visiter un vieux prêtre. « Mais, dit-il, on exalte trop des actions toutes simples, je n'ai fait qu'obéir à l'impulsion de mon cœur en soulageant les malheureux, et à mon caractère vif et entreprenant, en changeant les mœurs et les coutumes de ce pays. Né avec des passions vives, hardies, emportées même, elles auraient pu m'entraîner à des égarements dangereux; mais une femme, ou plutôt un ange, sut m'inspirer l'enthousiasme du bien, de la vertu, et dès-lors mes défauts mêmes tournèrent au profit de ces qualités... Mais on m'attend, partons; une journée passée ensemble bannira toute cérémonie, et nous donnera l'occasion de nous apprécier mutuellement. »

Notre petite caravane reprit la route de Fouday; les jeunes gens marchaient en éclaireurs avec le bon

M. Legrand; le colonel donnait le bras à madame Graff; pour moi, j'étais presque fier de mon âge qui me rapprochait davantage du vénérable Oberlin; tous les deux appuyés sur le bâton protecteur, nous cheminâmes à travers cette campagne fécondée par ses soins; une troupe de paysans suivait le pasteur; tous les yeux fixés sur lui semblaient attendre sa bénédiction, tandis que leurs enfants, qui n'appréciaient encore que son aimable bonté, venaient à chaque instant baiser ses mains, en lui présentant des fleurs ou des fruits. « J'ai sans doute beaucoup semé, me dit Oberlin, mais j'ai beaucoup recueilli, car ces montagnards possédaient tous le germe des vertus; vous voyez leur reconnaissance, mais vous ne sauriez l'apprécier; elle éclate dans toutes les occasions; ils partagent toutes mes peines, tous mes chagrins comme des enfants dévoués et chéris; leur humanité sur-tout excitera votre admiration. Le dimanche après le service divin, les jeunes filles cousent et tricotent pour les indigents, tandis que les jeunes garçons se réunissent pour cultiver le champ de la veuve et du vieillard; mais je vous parle des vertus communes et générales; que serait-ce donc, si je vous citais mille exemples particuliers?... Tout le monde ici vous parlera de la bonne Sophie, morte depuis peu. Veuve, sans fortune, elle s'était chargée de neuf orphelins, les élevait dans la piété et l'amour du travail; trois seulement étaient établis quand elle apprend la détresse d'un père de famille, nommé *Thomas*, habitaut sur une des hauteurs environnantes. Le malheureux venait de perdre sa femme après une maladie qui avait épuisé toutes ses ressources. Rien ne peut arrêter la bonne Sophie, elle se met en route par un temps rigoureux, franchit les montagnes, pénètre dans la chaumière, et, sans calculer ses faibles moyens, console le malheureux père en adoptant sa famille. »

Nous voici à Fouday. Je ne parlerai pas de la décence du service divin ni de la dignité du pasteur; que n'ai-je pu retenir l'instruction pleine de noblesse qu'il prononça avec une éloquence aussi simple que persuasive! Elle roulait sur la charité que les hommes se doivent mutuellement. Son texte était pris dans l'Évangile; quelle bouche plus digne que la sienne de commenter les paroles d'un Dieu de paix et de bonté!

Nous trouvâmes à l'église la famille Legrand. Les fils de cet homme respectable s'emparèrent de nos jeunes gens, et allèrent visiter, avant le dîner, un malheureux jeune homme qui appartient à l'une des meilleures familles de Strasbourg; le refus de l'unir à celle qu'il aimait a troublé sa raison; mais, doux et tranquille, il passe sa vie sous une espèce de grotte, s'amusant à défricher le terrain qui entoure sa demeure sauvage, et sans autre société qu'une chévre, sur laquelle il reporte toute son affection. Je craignais cette vue pour T***, mais Oberlin me fit sentir que tout ce qui lui ferait voir le danger de se livrer trop à une idée dominante, ne pouvait que lui être salutaire.

Pendant l'absence de nos jeunes gens, nous visitâmes, le colonel et moi, la maison de M. Legrand, et le bon pasteur me parla de lui comme de son coadjuteur zélé: « Il faut, me dit-il, le voir au milieu de nos écoles dirigeant lui-même l'instruction d'après le système d'enseignement mutuel, dans nos réunions hebdomadaires, et sur-tout au milieu de dix jeunes gens choisis par lui dans les cinq communes pour remplir un jour les places des maîtres d'école.

« Quand il vint s'établir ici, il y a à-peu-près six ans, les ressources que les habitants trouvaient dans la filature de coton à la main commençaient à dépérir, par l'adoption rapide de la filature au métier dans tous les environs; l'occupation allait manquer; M. Legrand décida ses fils, qui depuis dix-huit ans avaient établi dans le département du Haut-Rhin une manufacture de rubans de soie, à la transporter au Ban-de-La-Roche, où l'infécondité du sol, invitant les habitants à recourir à l'industrie, servirait au développement et à l'extension de la nouvelle fabrique. Ce fut le motif qu'il leur donna; mais moi qui connais le fond de son cœur, je sais qu'il le fit principalement pour le bien-être de ses nouveaux compatriotes; plus de deux cents individus, adultes et enfants, trouvent leur subsistance dans les travaux de la manufacture, mais la plupart travaillent dans leurs propres maisons, et comme vous le voyez, celle de M. Legrand ne contient que ses bureaux, des magasins, le logement de sa famille, et quelques chambres pour l'hospitalité. »

J'admirais, dans le salon, la ressemblance et le fini d'un buste du pasteur, fait par Ohmacht, ce sculpteur célèbre, que l'on retrouve par-tout à Strasbourg et à qui l'on doit également le buste du professeur Oberlin, frère du bienfaiteur du Ban-de-La-Roche.

Après un dîner dont l'abondance n'était pas le seul mérite, nous reconduisîmes le vénérable Oberlin, en regrettant de n'avoir pu passer plus de temps avec cet homme adorable, dont nous ne nous séparâmes pas tout-à-fait en acceptant l'hospitalité chez le bon M. Legrand; de nouveaux détails sur le Ban-de-La-Roche, sur ses habitants, sur Oberlin, et sur sa famille, abrégèrent la soirée.

« Ce vieillard si calme, si paisible, nous dit M. Legrand, était connu il y a plus de soixante ans à Strasbourg, comme un jeune garçon fort dissipé, d'une pétulance extrême, ce qui lui avait fait donner le surnom d'étourdi; son humeur martiale l'entraînait sans cesse parmi les soldats; son cœur trèssaillait au bruit du tambour, des fanfares; on le voyait précéder les bataillons qui marchaient aux exercices, aux revues, et dévorer des yeux tout l'attirail militaire; il avait enfin fini par se mêler aux manœuvres, sans appartenir à aucun corps.

« Mais son père le destinait à entrer dans les ordres, et le respect filial le contraignit à assister aux cours du gymnase protestant; ce fut d'abord avec répugnance; toutefois, doué d'une grande sensibilité, d'une énergie naturelle, redoutant à l'excès les reproches, il porta bientôt dans ses études l'ardeur qu'il mettait à tout ce qu'il entreprenait.

« Combien de fois Homère et ses héros, Plutarque et ses grands hommes, ne remplacèrent-ils pas les livres de théologie et les dissertations savantes des docteurs? Cependant *Fritz* (c'est son prénom) se voue au culte des autels sans réfléchir aux devoirs d'un ministre, considérant seulement que c'était l'état auquel sa famille le destinait.

« L'amour vint l'arracher à cette indifférence coupable; celle qu'il adorait possédait toutes les vertus; elle était douée sur-tout d'une raison sage et éclairée; celui qui aspirait à lui plaire devait acquérir et les qualités qui pouvaient seules commander son estime, et le savoir qui distingue l'homme de mérite. Mû par le plus tendre sentiment, cet indomptable Fritz sut modérer la violence, la vivacité de ses passions, et ne conserva bientôt de son caractère ardent et belliqueux, qu'une force d'ame, une énergie, une fermeté inébranlable contre les vicissitudes du sort; digne enfin de celle à qui il voulait consacrer son existence, les nœuds les plus tendres vinrent embellir une carrière où chaque jour fut marqué par l'exercice des plus hautes vertus.

« Je vous ai parlé, continua M. Legrand, de la mort de cette femme céleste; ce ne fut pas le seul malheur qu'éprouva mon ami; plusieurs de ses enfants succombèrent jeunes encore; et dernièrement une perte douloureuse vint de nouveau froisser son cœur. L'un de ses fils, après avoir fait, en Russie, l'éducation des enfants d'un grand seigneur, revint auprès de son père, et se dévoua, comme lui, au bonheur de cette contrée; il partageait ses travaux, et répandait ses bienfaits; tous les habitants étaient ses frères, il les chérissait autant qu'il en était aimé. Les troubles politiques l'engagèrent à aller remplir une mission, qui n'était pas sans danger, dans le midi de la France; il revint, un an après, attaqué d'une maladie mortelle. Le jour où il fut porté au cimetière de Fouday, plus de deux mille personnes se pressaient à la suite du convoi funèbre: des pleurs et des soupirs interrompaient seuls le silence religieux de cette triste cérémonie; mais combien ils redoublèrent lorsque le président du consistoire de Strasbourg prononça l'éloge du digne fils d'Oberlin! combien ils acquirent d'énergie, lorsque celui-ci, calme et résigné, vint jeter un dernier regard sur ces restes chéris! sur cette tombe creusée auprès de celles de son épouse et de ses jeunes enfants!... »

Ce dernier récit, tout ce que j'avais vu, tout ce que j'avais entendu dans cette journée, chassa le sommeil de ma paupière. Le lendemain je me levai avec le jour; j'ouvris ma croisée, et je jetai un dernier regard sur ces habitations paisibles où j'aurais voulu passer mes dernières années; le bon M. Legrand était déja sur pied; je lui serrai la main sans prononcer un mot.... et silencieuse, réfléchie, notre petite troupe se disposa à gravir le *Donon*.

En approchant du village de *Rothau*, le bruit des marteaux nous annonce les belles forges de M. *Champi;* nous apercevons les mines de fer en pleine exploitation; mais les travaux des hommes nous trouvent presque indifférents; les grandes beautés de la nature auront seules le pouvoir de remettre notre ame dans son état ordinaire.

Nous voici dans la petite ville de *Schirmech*, qui compte à peine onze cents habitants. Elle est bâtie dans le fond de la vallée qui suit les montagnes des Vosges, et sert de passage et d'entrepôt au commerce de ces montagnes. A droite, nous apercevons un rocher surmonté de quelques murailles qui tombent en ruines; à gauche, au milieu de la prairie, une vaste filature de coton dont chaque façade présente cent vingt-cinq croisées; les habitants trouvent dans cet établissement, dans les forges de M. Champi, et dans la célèbre manufacture d'armes de M. *Couleaux*, à Mutzig (Bas-Rhin), à peu de distance de Schirmech, des travaux lucratifs et faciles pour tous les âges comme pour tous les sexes.

Après avoir traversé le vallon de *Framont* nous entrons au hameau qui porte le même nom. Les uns donnent une origine italienne à cette dénomination en la faisant dériver de Framonti (entre les monts); les autres voulant y trouver un indice de ses mines, prétendent que c'était *Ferratus Mons*, et par contraction Framont; d'autres enfin, confiants en de vieilles chroniques, assurent que ce nom provient de celui de Pharamond qui y fut enterré : mais cette dernière version est au moins très incertaine, puisqu'un village situé entre Laon et Reims revendique l'honneur d'avoir donné la sépulture au père de la monarchie française, dont on devrait commencer par constater la naissance. Quoi qu'il en soit, nous retrouvons encore ici de nouvelles forges et usines appartenantes à M. Champi, connues sous le nom de *forges de Framont :* elles se composent d'un haut fourneau, de plusieurs martinets, et d'énormes cylindres mis en mouvement par des chutes d'eau très élevées, qui convertissent en un instant le fer en larges plaques de tôle [1].

Nous rencontrâmes le maître de l'établissement parmi ses nombreux ouvriers : il connaissait mes compagnons de voyage. Il fallut bien nous arrêter un instant chez cet homme aussi respectable par son industrie que par son patriotisme. Nous ne pûmes même nous défendre d'accepter un déjeuner avec son aimable famille, dont les habitants bénissent la bienfaisance; après avoir parcouru un superbe et vaste jardin anglais, nous saluâmes nos hôtes.

Nous voici dans un chemin rocailleux qui traverse des prairies et des bois épais; nous montons cependant en nous retournant de temps à autre pour contempler les flammes qui s'élèvent en pétillant à une grande hauteur au-dessus des hauts fourneaux de Framont; et, au milieu des difficultés toujours croissantes, luttant presque constamment contre les ronces, les bruyères, les arbustes touffus, nous parvenons enfin au sommet du Donon : quel espace immense se développe alors à nos pieds! Le soleil avait franchi la chaîne des Vosges, et dardait ses rayons sur les vastes plaines de la Lorraine. Nous apercevons Nanci, et nous saluons encore la dé-

---

[1] Le fer des mines de Framont, et sur-tout de Rothau, passe pour le meilleur de France.

meure de Stanislas. Plus près, du côté de l'Alsace, le Ban-de-La-Roche se dessine, et mon cœur se serre au souvenir du bon pasteur, du vertueux Oberlin que j'ai si peu vu, et dont la mémoire me sera si long-temps présente !

Après avoir laissé errer nos regards sur cet immense panorama nous les portons vers le sommet du Donon ; on y remarque avec étonnement des blocs de rochers en nombre assez multipliés qui gisent çà et là sur le plateau ; ils ne sont pas de même nature géologique que le corps de la montagne sur le sommet de laquelle ils paraissent simplement posés. Nous cherchons alors à nous rendre compte de cette espèce de phénomène. Comment ces masses énormes ont-elles pu être transportées sur ce point le plus élevé des Vosges ? La seule assertion qui nous paraisse raisonnable c'est que le déplacement de ces roches a pu être opéré par les eaux qui ont couvert alternativement toutes les parties du globe, et qu'ainsi entraînées, elles furent déposées sur la crête du Donon telles qu'on les voit encore aujourd'hui.

Une opinion assez généralement répandue c'est que les druides avaient élevé sur ce point culminant des autels au dieu Teutatès ; et ce qui fait croire qu'elle n'est pas sans fondement, c'est que quelques parties des rochers qui le couvrent, paraissent encore disposées pour des sacrifices. Nous y vîmes en effet des débris de figures grossièrement sculptées. Représentent-elles ces divinités sanguinaires auxquelles nos féroces ancêtres immolaient des victimes humaines, ou sont-elles les dieux du Capitole? car on prétend que les maîtres du monde avaient érigé un Panthéon sur cette cime imposante.

Ces rochers déserts, ces débris, ces vieilles ruines, isolés çà et là, inspirent une mélancolie confuse..... ils peignent la fragilité des ouvrages de l'homme! L'oiseau de Jupiter agitant ses longues ailes à mon oreille m'arrache à mes rêveries, et T*** me récite ces vers de François de Neufchâteau :

Si l'aigle, si des airs ce monarque barbare,
Dans les Alpes commun, dans les Vosge est plus rare,
C'est un tyran de moins, et j'aime beaucoup mieux
Cet oiseau voyageur qui va sous d'autres cieux
Chercher pendant l'hiver des plages tempérées ;
Mais qui par son instinct revient dans nos contrées
Du printemps chaque année annoncer le retour;
Qui retrouve son nid sur une vieille tour,
Dont la chasse et la pêche également utiles
Purgent la terre et l'eau des serpents, des reptiles;
La cigogne en un mot, symbole respecté,
De ces soins caressants, de cette piété,
Réciproque lien des enfants et des pères;
Qu'à tous les cœurs bien nés ces images sont chères !

En descendant le Donon du côté de l'ouest nous nous dirigeons vers la petite ville de *Sénones*, qui possédait autrefois une célèbre abbaye de bénédictins réformés. On y trouve à présent de belles et magnifiques papeteries d'où l'on tire le beau papier connu sous le nom de *papier des Vosges.*

A *Roux*, près Sénones, on voit une fabrique d'alènes et d'outils pour la sellerie et la cordonnerie.

Nous couchons à Sénones, et le lendemain nous partons pour *Mirecourt*, en traversant la moitié du département de l'est à l'ouest; en approchant de cette ville entourée de toutes parts de beaux vignobles, le satirique Jules commence à s'égayer sur les habitants. « Nous y trouverons, dit-il, un ancien M. qui ne serait que sot s'il n'était pas usurier.... » Mais l'excellent M. B*** se hâte de nous parler de plusieurs braves militaires qui, après avoir servi la patrie avec dévouement, vivent paisibles sur le sol qui les a vus naître; il nous cita sur-tout les MM. *Puton* père et fils; le premier capitaine; le second, jeune encore, colonel; le lieutenant-général *Buquet*, député que la modestie seule rend silencieux à la Chambre. « Dans le civil, continua-t-il, on ne saurait oublier les noms de M. *Hugo*, ancien conseiller à la cour royale de Nanci; de M. *de Saint-Ouen*, ancien sous-préfet de Mirecourt; de M. *Bresson*, riche négociant..... — Pourquoi ne nous parlez-vous pas du ministre de la guerre, du brave V....? nous pourrions en passant réparer un oubli de son ame généreuse en assistant ses nièces qui languissent dans la pauvreté. — Je ne parle pas du duc de B....., reprit M. B***, parcequ'il n'est pas de Mirecourt, mais bien de Neufchâteau, que nous visiterons après : c'est là aussi que naquit l'ex-ministre de l'intérieur *François*, que ses premiers succès littéraires firent adopter par sa ville natale, qui lui décerna publiquement le surnom de *Neufchâteau*. Ce patriarche de la littérature, qui fut lié avec tout ce que la fin du dix-septième siècle avait de plus illustre, a été loué par Voltaire, et accueilli par Stanislas. Ses vues comme ministre furent toutes portées vers la prospérité des arts, de l'industrie, et sur-tout de l'agriculture dont il préside encore la société. Ses ouvrages comme poëte, comme littérateur, comme savant, sont empreints d'une morale douce et philantropique.

« Neufchâteau est également la patrie du *comte d'Alsace*, constitutionnel zélé; de *Poulain Grandpré*, législateur, l'un des hommes les plus recommandables qu'il y ait dans les Vosges ; plein de vivacité et d'énergie, quatre-vingts hivers n'ont pas éteint ses facultés; il sait par cœur les odes d'Horace, et les récite encore avec charme ; du duc de *Choiseul*, également célèbre par ses malheurs, son courage, et sa noble conduite à la chambre des pairs, où il donne l'exemple de toutes les vertus patriotiques; de l'ex-major *Marant*, ancien membre de l'assemblée législative : il y fit un rapport en faveur du ministre de Narbonne, accusé de dilapidation, ce qui lui fit donner le surnom de *Savon de Narbonne;* enfin de M. *Bresson*, avocat, homme de talent, voué sincèrement aux doctrines de la Charte. »

Pendant cette conversation nous nous étions installés dans la meilleure auberge de Mirecourt, et tout en expédiant le souper avec des appétits de voyageurs, nous apprîmes qu'autrefois cette ville n'était qu'un simple lieu d'expiation habité par des proscrits qui y élevèrent un autel à Mercure, et que c'est de cette divinité que lui vient le nom de Mirecourt, étymologie qui n'est pas plus ridicule que beaucoup d'autres. On y trouve plusieurs fabriques de dentelles, de couverts en fer battu, et des tanneries; mais c'est sur-tout la confection des instruments de musique qui *active* [1] son commerce; ses violons ont acquis un grand degré de perfection dans les mains habiles de MM. *Pageot, Breton, Nicolas,* etc..... Il sort tous les ans de ce canton un grand nombre d'ouvriers qui parcourent la France en vendant ou raccommodant ces instruments.

Le lendemain nous nous rendons à Neufchâteau presqu'à l'extrémité sud-ouest du département; c'est

---

[1] Nous employons ce verbe avant que l'académie française nous y ait autorisé dans la nouvelle édition de son Dictionnaire, qui est sous presse au moment où nous écrivons cette note (mai 1826).

la dernière ville où je dois m'arrêter avant d'entrer dans le département de la Meuse; c'est là où je me sépare de mes bons amis.

Située sur le *Mozon*, Neufchâteau est une petite ville fertile en grains et en vin; sans être jolie, son aspect est riant et agréable. Un monstre (Charles II, duc de Lorraine) exerça contre les bourgeois de cette petite cité une cruauté inouïe. Ces malheureux avaient eu la hardiesse de se plaindre des ravages qu'il se permettait sur leurs propriétés; abusant du droit du plus fort, il fit, pour se venger, pendre, tuer à coups d'épée, brûler, condamner à une prison perpétuelle, une grande partie de la population, et obligea le reste à tremper publiquement la tête et les bras dans une cuve pleine de sang humain, placée au pied d'une grande croix sur la place publique.

A-peu-près vers cette époque, un seigneur de la maison Duchâtel se fit enterrer dans l'église des Cordeliers de cette ville, et pour ne pas être foulé sous les pieds des *vilains*, il ordonna qu'on élevât sa tombe sur le chapiteau d'un des pilastres.

Après avoir fort bien dîné à l'*hôtel de la Providence*, nous nous rendîmes à *Bazoilles*, village à peu de distance, et au midi de Neufchâteau; c'est le lieu où la Meuse disparaît. Elle rencontre d'abord des cavités qui absorbent une partie de ses eaux, puis elle s'engouffre et se perd entièrement entre les cailloutages : ce n'est toutefois que dans les temps de sécheresse, car ordinairement cette rivière remplit non seulement le gouffre, mais elle passe par-dessus et couvre la totalité du sol riverain ; après avoir disparu, elle sort de terre, et va se montrer de nouveau au-dessous du jardin de l'hôpital de Neufchâteau où elle forme un vaste bassin. La petite rivière qui baigne cette ville vient se joindre à la Meuse, se perd également dans des bancs de rochers, et ressort par des souterrains. A notre retour nous allâmes voir la fameuse chaussée bâtie par les Romains, et qui conduit de Langres à Toul.

Nous visitâmes aussi, dans un bois situé sur une hauteur, également près de Neufchâteau, les restes d'un ancien camp retranché que l'on attribue à *Julien-le-Philosophe*.

On me parla beaucoup du village de *Chatenoy*, et de ses nombreuses fabriques d'instruments de musique. « Avant de nous séparer, me dit M. B...., permettez-moi de vous parler encore d'une contrée toujours plus intéressante, à mesure qu'on l'examine davantage. Vous avez admiré ses sites pittoresques et variés, son industrie qui s'accroît tous les jours; les talents, les vertus qui s'y rencontrent à chaque pas...; mais, dans notre course rapide, vous n'avez pu suffisamment apprécier le caractère hospitalier, franc, et généreux du Vosgien. Son patriotisme est toujours vif, toujours pur; dans nos heureuses contrées, ces ames tièdes et craintives autant qu'intéressées, qui sacrifient tout au desir des honneurs et des emplois, sont heureusement très rares; ici le cœur bat quand on parle des dangers ou de la gloire de la patrie; notre dévouement, dans un besoin pressant de la république, a fait donner le nom du département, à l'une des belles places de la capitale[1]; et lorsqu'il s'agit de sacrifices pour la France, l'élan général des habitants est toujours spontané.

« Soit que la vivacité de l'air et la majesté de la nature influent sur son imagination, soit que l'habitude de voir des êtres libres parcourir les forêts, les rochers et les sommets élevés des montagnes, le rendent lui-même plus indépendant, il est certain que l'amour de la liberté est bien plus prononcé dans le cœur du montagnard, que dans celui de l'habitant de la plaine; les Alpes et les Pyrénées justifient cette assertion, et s'il était besoin d'autres preuves, les Vosges les présenteraient en foule. Nulle part les priviléges et l'arbitraire, sous quelque forme qu'ils se présentent, ne sont plus en horreur, et l'hymne *des Marseillais*, qui fit lever en masse tout le département à la première coalition, est encore familier aux échos de nos montagnes; quelque timorés que puissent être nos fonctionnaires, tous se pronon-

---

[1] On avait appelé la place Royale *place des Vosges*.

cent contre le régime féodal, et contre tout ce qui peut porter atteinte à la charte.

« Une multitude d'hommes distingués par leur bravoure et leurs talents militaires est sortie de ce département; j'en ai déja signalé plusieurs, et j'en oublie beaucoup : la 9º *légère*, que l'Alexandre français avait surnommée l'*incomparable,* était presque entièrement composée de Vosgiens. Les femmes elles-mêmes dont vous n'avez admiré que la beauté, la fraîcheur, et l'élégance, participent également à ce caractère belliqueux : si leur cœur est sensible à l'amour, à l'amitié, à la bienfaisance, il l'est aussi à la gloire; elles l'aiment avec passion, et lors des levées en masse, on les voyait partir par centaines. On se rappelle qu'en 1815, à l'approche des hordes ennemies, tout le département frémit d'indignation; quatorze bataillons se formèrent à l'instant, et rivalisèrent de bravoure avec les plus intrépides troupes de ligne; ces bataillons comptaient dans leurs rangs plus de trois cents amazones qui rappellent les exploits de l'héroïne de Vaucouleurs; plusieurs reçurent la décoration sur le champ de bataille.

« Nos champs, nos vallons, nos montagnes sont remplis d'anciens soldats qui cultivent le sol de la patrie qu'ils avaient si bien su défendre. A peu de distance, le colonel vous montrera l'habitation de l'un de ces braves, d'un vieux capitaine qui, après avoir commandé la place de Cosseir sur la mer Rouge, bêche son champ, aidé par son fils, militaire et décoré comme lui. En un mot, l'habitant des Vosges, je le répète, est brave, intrépide, hospitalier; il aime les armes et la chasse, la danse et la musique, Bacchus et l'amour; et c'est ainsi que les peint leur célèbre compatriote François de Neufchâteau:

« Les habitants sont bons, leurs compagnes sont belles;
« J'aime sur-tout les mœurs simples et naturelles,
« Le style sans apprêt de ce franc montagnard :
« C'est son cœur qui vous parle, et son cœur n'a point d'art.
« Sa loyauté gauloise a l'air un peu gothique;
« Mais cet air peut cacher un Socrate rustique.
« Du vieil anabaptiste, avec ses bœufs vivant,
« L'entretien vous étonne, et vous charme souvent.

« Le même poete a décrit aussi la simplicité qui règne jusque dans leur nourriture :

« Dans les jours solennels ce bon peuple charmé
« Vit de pommes de terre et de lait écrémé;
« Cette utile racine, au-dessus des éloges,
« Ce fécond tubercule est la manne des Vosges.

« La liberté est fille de l'industrie et du travail: jamais, ici, on ne connut l'oisiveté; tous exercent une profession, et la mendicité est bannie de nos villes comme de nos campagnes. Ce sont nos montagnards qui ont inventé les horloges en bois, ainsi qu'une foule d'autres instruments simples et utiles. Enfin le bon Jules, qui drape si bien ses compatriotes *verreux*, devrait, par esprit de compensation, nous parler de ceux qui se sont illustrés; nous en avons dans tous les genres: savants, poètes, artistes, orateurs, guerriers; ici les petits hameaux ont leur grand homme comme l'opulente cité. J'en ai déja nommé beaucoup, et ma mémoire m'en retrace encore. A Charmes, je trouve *Albery*, littérateur, secrétaire de Charles III; *Ruyr*, chanoine, auteur des Antiquités des Vosges, et le savant *Dom Calmet*, qui dirigeait la bibliothèque de Sénones.

« A Remiremont naquit l'ingénieux et savant mathématicien *Blaise*; à Fontenoy, le malheureux poète *Gilbert*, dont l'infortune avait aigri la muse, et *Bexon*, digne collaborateur de Buffon. A Épinal, *Pellet*, émule de Pindare dans son poëme sur les montagnes; le jeune *Dulac*, peintre qui promet à la Lorraine un second *Claude Lorrain*; l'abbé *Georgel*, trop connu par ses Mémoires. A Neufchâteau j'ai déja nommé le comte *François*, et je n'omettrai pas le mathématicien *Rivard*. A Saint-Diez, *Sommiers*, archevêque de Césarée, mort en 1737. A Gelée, *Claude*, dit le *Lorrain*, si connu par ses inimitables paysages; et enfin à Chaumensey, *Boulay* de la Meurthe, ancien conseiller d'état, et ce qui vaut mieux, auteur du *Tableau politique des règnes des derniers rois de la maison des Stuart.* »

J'ai quitté Neufchâteau..... J'ai perdu mes compagnons de voyage, et je m'avance, vers le nord-ouest, l'esprit et le cœur tout occupé de mes amis du Ban-de-La-Roche, et particulièrement du bon pasteur Oberlin [1].

Après deux lieues et demie de marche,

>Vers les confins du pays champenois,
>Où cent poteaux, marqués de trois merlettes,
>Disent aux gens, en Lorraine vous êtes,
>Est un vieux bourg, peu fameux autrefois;
>Mais il mérite un grand nom dans l'histoire;
>Car de lui vient le salut et la gloire
>Des fleurs de lis et du peuple françois.
>De Domremy chantons tous le village,
>Faisons passer son beau nom d'âge en âge.
>O Domremy! tes pauvres environs
>N'ont ni muscats, ni pêches, ni citrons,
>Ni mine d'or, ni bon vin qui nous damne;
>Mais c'est à toi que la France doit Jeanne.

C'est en effet dans ce village que naquit pour la gloire de la France, et pour la honte éternelle des

---

[1] Cet homme presque sans modèle au monde, à qui l'antiquité eût élevé des autels, est mort au commencement de l'année dernière, et nulle voix ne s'est élevée sur sa tombe! Il était protestant.

Anglais, l'héroïque Pucelle qu'ils firent périr sur un bûcher, pour se venger d'avoir été vaincus par une femme.

Le hasard produit quelquefois de singulières antithèses : c'en est une bien étrange que d'avoir à faire la remarque que le même village a donné naissance à la Pucelle d'Orléans et à la trop fameuse courtisane *Lange*, plus connue sous le nom de comtesse Dubarry.

L'aspect de Domremy est agréable et romantique ; chaque maison, tapissée de rosiers ou d'espaliers, dont les rameaux s'élèvent jusqu'aux toits, semble changer les rues en riantes promenades ; ce n'est pourtant qu'à son héroïne qu'il doit toute sa célébrité.

Le buste de la Pucelle est placé sur un piédestal, au bas duquel s'échappe une source limpide, et au milieu d'une place construite en face de la chaumière où naquit *Jeanne*. Elle ne se distinguait des autres habitations que par un écusson représentant la vierge de Vaucouleurs, armée de pied en cap. Cette maison tombait en ruines, lorsqu'il y a peu d'années un étranger, admirateur de la gloire et de la vertu, offrit six mille francs de cette pauvre cabane délabrée. Le propriétaire, nommé Gérardin, sentant combien il était peu convenable de laisser passer un tel monument en des mains étrangères, préféra le céder au gouvernement. Des ordres furent donnés pour les réparations, et l'humble chaumière fut transformée en une école d'enseignement mutuel pour les jeunes filles. Ce fut vers la même époque, en 1819, que se fit l'inauguration de la pierre fondamentale sur laquelle repose le buste. Toute la population de la Lorraine se transporta dans ce petit hameau, et le duc de Choiseul, dans un éloquent discours improvisé à cette occasion, se rendit l'interprète des sentiments français. Chaque année, cette touchante cérémonie se renouvelle, et l'affluence et l'empressement sont toujours les mêmes.

Au sud-ouest de Domremy je visitai le village de *Grand;* des vestiges d'amphithéâtre, des restes de colonnes, des armes anciennes, des médailles du Haut-Empire, des conduits souterrains, une grande quantité de briques et de tuiles d'origine ancienne, tout atteste que ce village, qui n'a quelque importance que par ses fabriques de clous, fut autrefois une ville considérable.

Domremy est le dernier village du département des Vosges, dans la partie nord-ouest; je le quitte, et peu d'instants après j'arrive à *Vaucouleurs,* dans le département de la Meuse.

Cette petite ville est agréablement située sur la rive gauche de la Meuse, et sur le penchant d'une colline. Son nom lui vient de la charmante vallée qui l'entoure, où mille fleurs champêtres mêlant leurs couleurs parent les prairies de l'émail le plus brillant et le plus varié. Des souvenirs historiques se rattachent à *Vaucouleurs*, qui compte à peine deux mille trois cents ames. Pendant les guerres de la Lorraine, elle fut souvent choisie pour le siége de conférences plus ou moins importantes. Dans le douzième siécle, l'empereur Henri V, le roi de France, et le duc de Lorraine y tinrent une assemblée. Il y fut décidé qu'on se réunirait pour exterminer des bandes de brigands et d'aventuriers appelés *Cotereaux*, qui portaient la désolation dans les provinces jusqu'en deçà des Alpes. Le roi de France donna pour garant de sa parole, Henri, comte de Champagne; et l'empereur, Mathieu I, duc de Lorraine. Plus tard l'empereur Frédéric et Philippe-Auguste réunis par les soins de Conrad, évêque de Metz, renouvelèrent leur traité de paix, et signèrent une ligue offensive et défensive. On voit entre Toul et Vaucouleurs une belle prairie où quatre vallons aboutissent. C'est là le lieu où se passa, en 1299, cette fameuse entrevue de Philippe-le-Bel et d'Albert d'Autriche, dans laquelle le roi de France renonça à ses droits sur la Lorraine et sur l'Alsace; et l'empereur à ses droits sur le royaume d'Arles. Il existe encore des pierres informes qui furent posées par les deux princes pour la démarcation de leur empire. Enfin près de Vaucouleurs, on aperçoit les vestiges du château de *Tusey*, où se tint en 855, sous le règne de Lothaire, un concile célèbre, composé des évêques de quatorze provinces soumises à ce prince et à Charles-le-Chauve. Dans ce concile les saints prélats « considérant que « les lois divines et humaines étaient tombées dans « le mépris, et que le mensonge, la mauvaise foi, « la violence régnaient avec effronterie, réglèrent « des constitutions pour assurer la paix de l'Église, « en réprimant l'audace des méchants. »

Vaucouleurs, patrie de *Delisle*, avocat, historien, et géographe; et de l'abbé *Ladvocat*, professeur d'hébreu, auteur du dictionnaire historique des grands hommes, n'a d'autre industrie que ses fabriques de toiles de coton à carreaux, et ses bonneteries; au midi de cette ville, à trois lieues de distance, *Gondrecourt* se distingue par son ébénisterie et ses excellents billards; dans le même canton, dont ce bourg est le chef-lieu, les villages d'*Abainville*, *Bertheville*, *Charcey*, *Damille*, et *Treverey*, possèdent de belles forges.

Je dînais avec un vieillard dont les cheveux blancs, l'habit noir, le langage pur, l'élocution facile, annonçaient un homme distingué; je ne me trompais pas, c'était M. X***, ancien avocat, dont les talents restent enfouis au fond de sa province par son extrême modestie, et par son amour pour le lieu de sa naissance; il venait d'une ville éloignée prêter le secours de son éloquence et de son talent

à des mineurs injustement dépouillés, et retournait à *Toul*, sa résidence habituelle; il me gronda sérieusement d'avoir quitté la Meurthe sans visiter cette ville. « C'était, me dit-il, la capitale des *Leuquois* (*Leucis*); elle fut soumise par Jules-César, et passa ensuite sous la domination des Francs qui la conservèrent jusqu'à Charles-le-Simple, dernier prince qui ait porté le titre de roi de Lorraine; l'ayant cédée à *Henri-l'Oiseleur*, celui-ci lui conféra les titres et privilèges de ville impériale, dont elle jouit jusqu'en 1552, où elle fut définitivement réunie à la France par Henri II. Plusieurs de ses évêques reçurent, à différentes époques, des privilèges remarquables; *Ludelme* entre autres, obtint de Louis IV, roi de Germanie, le droit de battre monnaie, ainsi que celui de péage et de franchise; et c'est à *Piber*, évêque de Toul, que, vers la fin du onzième siècle, dans les temps des investitures, origines des querelles entre l'Empire et la papauté, le redoutable Grégoire VII écrivait, relativement à la déposition de l'empereur Henri IV : « Les ducs et les rois
« tirent leur origine de quelques barbares, que l'or-
« gueil, la rapine, la perfidie, l'homicide; que tous
« les crimes et le démon, premier prince du monde,
« ont élevés sur leurs pareils, et investis d'une puis-
« sance aveugle... Les apôtres, qui en peut douter?
« sont les pères et les maîtres des fidèles, des princes
« et des rois. »

« Ce pontife violent n'égalait cependant pas dans ses assertions furieuses et hardies l'un de ses successeurs, le fameux *Sixte-Quint,* qui, à la nouvelle de la mort de Marie Stuart, écrivait à sa puissante rivale : « O heureuse femme! qui avez goûté le plaisir « de faire sauter une tête couronnée ! »

« C'est enfin après avoir visité la ville de Toul que saint Bernard écrivait à Henri V, empereur : « Un de mes grands sujets de douleur est que les « suffragants des évêchés soient jeunes et de grande « naissance ; je me tais, et j'aime mieux qu'un autre « que moi vous fasse connaître leurs mœurs et leur « conduite ; j'ose vous dire pourtant que le droit, « la justice, la religion, l'honnêteté sont perdus dans « les évêchés..... »

« En 612, Thierri, roi de Bourgogne, et Théodebert, roi d'Austrasie, se livrèrent une sanglante bataille sous les murs de Toul, où le dernier fut vaincu.

« Cette ville, fortifiée par Henri IV et ensuite par Louis XIV, doit à la munificence de ses anciens évêques une partie des établissements militaires qu'elle renferme, et parmi lesquels on remarque un superbe *quartier de cavalerie;* mais le plus beau de ses monuments c'est la cathédrale dont on aperçoit de fort loin les deux tours : c'est un des chefs-d'œuvre de l'architecture gothique; commencé en 965, il ne fut terminé qu'en 1447. »

Les détails que me donnait M. X*** étaient assez intéressants pour me décider à retourner sur mes pas ; mais le temps me pressait ; j'avais promis à M. Demirne de le rejoindre à Metz, et je pris le parti de mettre à contribution la complaisance et le savoir de l'aimable avocat. « Notre industrie, continua-t-il, n'a de remarquable que la belle imprimerie et la fonderie de M. *Carez*, frère de l'inventeur de la stéréotypie, et une belle faïencerie dont les ouvrages se remarquent par la blancheur et la beauté de l'émail, la finesse et la variété des couleurs ; nous avons aussi quelques fabriques de bonneterie, de chapellerie, et une manufacture de toiles de coton. Notre ville, située dans une plaine fertile qui borde la Moselle sur laquelle on a jeté un beau pont, est environnée de campagnes bien cultivées ; deux coteaux qui l'avoisinent, et quelques montagnes qui s'en éloignent un peu plus, produisent d'excellents vins.

« Toul est la patrie du père *Benoît*, historien estimable, mort en 1726 ; de *Jacquemin*, architecte, à qui l'on doit l'exécution de la cathédrale ; du pape *Léon* IX, de l'empereur *Léopold*, du baron *Louis*, et du maréchal *Gouvion Saint-Cyr;* le nom de ce dernier, illustré par tant de hauts faits militaires, est gravé dans la mémoire de tous les défenseurs de la patrie. On n'oubliera pas que c'est à lui que l'on doit la rédaction et la proposition de cette loi de recrutement qui promettait à la France une armée de citoyens. On n'oubliera pas qu'il fut un des trois courageux ministres qui en 1819 déposèrent le portefeuille pour ne pas signer la fatale ordonnance qui attaquait la loi des élections.

« *Vezelize,* petite ville près Colombey-aux-belles-Fermes, dont la culture des pavots fait la principale richesse, a donné le jour au baron *Bourcier,* que la Lorraine regarde avec raison comme l'un de ses plus grands magistrats. Il posséda, dans des circonstances difficiles, toute la confiance de Louis XVI et de Léopold, qui l'employèrent l'un et l'autre à des affaires d'une haute importance.

« Vous parlerai-je de *Choloy,* où l'on voit une pépinière d'arbres fruitiers qui en produit par an quinze mille pieds. A une demi-lieue plus loin, sur la frontière, *Foug,* située sur le revers d'un coteau près du ruisseau d'*Engreshin,* mérite l'attention, non pas pour ses fortifications démolies depuis longtemps, encore moins parcequ'elle fut le chef-lieu de la prévôté de *Savonière-les-Toul,* qui n'est qu'un petit ban enclavé dans celui de Foug, mais par la hardiesse généreuse de ses habitants qui, en 1814, formèrent le projet de s'emparer des trois monarques ennemis, qui, prenant la route d'Allemagne, devaient traverser près de Foug la côte rapide de *Layes,* où les voitures ne peuvent marcher qu'avec lenteur; l'escorte des princes était peu considérable, et les habitants bien instruits et bien d'accord, s'étaient déja placés en embuscade, les uns sur la côte, les autres dans une forêt voisine; mais ce hardi projet, dont l'exécution aurait sans doute amené de grands changements dans la situation de la France, échoua par l'indiscrétion ou l'infidélité; les souverains avertis à temps, firent doubler leur escorte; et pour éviter leur colère, les habitants furent contraints de se cacher dans les bois pendant plusieurs semaines.

« Savonnière-les-Toul possédait un fort beau palais construit par les rois de la seconde race, et dans lequel se tinrent deux conciles célèbres, l'un en 859, et l'autre en 862; c'est avec les démolitions de ce château qu'Henri II, comte de Bar, fit bâtir, au treizième siècle, le château fort de Foug, dont les ruines s'aperçoivent encore au sommet de la montagne; c'est dans ce palais détruit par Louis XIII, en 1634, que fut passé, en 1419, le contrat de mariage de René d'Anjou avec Isabelle de Lorraine. »

Je quittai à regret l'honnête M. X***, et m'acheminai solitairement le lendemain vers le bourg de *Void*, dont on m'avait vanté les excellents fromages à la crème, les bonnes écrevisses, et les truites délicieuses. Ce bourg, situé sur un mamelon en forme de pain de sucre, s'élève sur des coteaux couverts de vignes; on y trouve plusieurs fabriques de fromage de Gruyère, depuis qu'un propriétaire des environs est parvenu à l'imiter.

Après avoir traversé la Meuse, j'arrive à *Sorcy*, sur la rive droite de cette rivière; M. *Étienne* y possède une jolie maison de campagne où il passe ordinairement la belle saison; mais la session législative l'a déjà rappelé dans son sein, et je n'aurai pas le plaisir de voir cet excellent citoyen, cet homme de lettres si distingué. Je parcourus seul son habitation en pensant à cet esprit fin et ingénieux, à cette réunion de talents divers qui lui ont procuré des succès si brillants et si variés: savant publiciste, observateur judicieux, député dévoué, auteur fécond et spirituel, il est du petit nombre des écrivains qui soutiennent aujourd'hui la gloire des lettres françaises; aussi n'est-il plus de l'académie.

En me rendant à Commercy, je traversai le village de *Ville-Issey*, où le fameux cardinal de Retz, qui y résida, avait une maison de campagne, bâtie sur le bord de la rivière. On y voit encore l'appartement qu'occupait cet homme si envieux de renommée, ainsi que le cabinet où il composa ses Mémoires, qui furent imprimés pour la première fois à Nanci.

Après une demi-heure de marche, j'arrive à Commercy, située sur la rive gauche de la Meuse, qui baigne les murs de la ville et du château. Son nom lui vient de *Commarchie*, *marche*, mot pris dans l'acception de frontière, parceque la ville était effectivement *marche* ou ville frontière entre la Lorraine et le Barrois.

Commercy, connue dès le onzième siécle, avait des seigneurs que l'on nommait *damoiseaux*; ses bourgeois furent affranchis par *Jean de Sarrebruck* en 1324 : assiégée en 1544 par Charles-Quint en personne, elle échut plus tard au cardinal de Retz, qui la vendit à ce Charles IV, duc de Lorraine, si fameux par ses infortunes, et dont l'histoire tout entière est rapportée dans cette épitaphe :

>Ci-gît un pauvre duc sans terre,
>Qui fut jusqu'à ses derniers jours
>Peu fidéle dans ses amours,
>Et moins fidéle dans la guerre.
>Il donna librement sa foi
>Tour-à-tour à chaque couronne,
>Et se fit une étroite loi
>De ne la garder à personne.
>Il se vit toujours maltraité
>Par sa faute ou par son caprice :
>On le détrôna par justice,
>On l'enterra par charité.

Charles IV ayant donné Commercy au prince de *Lillebonne* son gendre, ce fut le prince de *Vaudremont* qui l'eut depuis en souveraineté ; il démolit l'ancien château, et fit construire, sur ses ruines, en 1708, le moderne palais d'après les plans, et sous la direction de dom Léopold Durand, bénédictin. J'allai visiter ce bel édifice que Stanislas embellit encore; mais, quelque magnificence que présente ce vaste monument, il a perdu toute sa dignité et tout son éclat depuis qu'il n'est plus le séjour des princes, et qu'on en a fait une caserne.

Après avoir franchi la grille qui sert d'entrée à une grande cour, au fond de laquelle le château se présente, on voit à droite et à gauche, dans les ailes de l'édifice, les anneaux de fer où les cavaliers attachaient leurs chevaux, et contre ces mêmes ailes, les auges destinées à les faire boire. Quelques statues, quelques trophées, semblent n'être restés debout que pour rendre témoignage d'une grandeur éteinte; mais, abstraction faite de son usage actuel, ce palais conserve son aspect imposant et toutes les beautés inhérentes à sa construction. Le salon de Stanislas donne sur une belle terrasse du côté de la rivière, et la vue s'étend avec plaisir sur une perspective agréable.

La forêt de Commercy, au sud-ouest de la ville, est très étendue; les routes en sont bien tracées. Stanislas y avait fait faire un parc immense, et rééditer la fontaine Royale qui se trouve au milieu des bois. De l'autre côté de cette forêt, on voit le village de *Ménil-Lahorgue*, où naquit le célèbre bénédictin dont j'ai déja parlé, dom Calmet, pour le portrait duquel Voltaire fit ce quatrain :

Des oracles sacrés que Dieu daigna nous rendre,
Son travail assidu perça l'obscurité :
Il fit plus, il les crut avec simplicité,
Et fut par ses vertus digne de les entendre.

C'est encore près de Commercy, à *Vignot*, petit bourg, que naquit l'ingénieur *Thiriot*, qui construisit la fameuse digue durant le siége de La Rochelle; on voit encore ses armes sur la maison qu'il habitait.

La petite ville de Commercy est une des plus jolies du département : ses environs, riches et fertiles, en rendent le séjour délicieux; son palais, ou plutôt ses casernes, son hôtel-de-ville, méritent l'attention : elle n'a que trois mille quatre cents habitants qui, presque tous, s'occupent de commerce en grains, bois, huiles, navettes, et bestiaux.

J'ai eu le plaisir d'y déjeuner avec le rédacteur du Narrateur de la Meuse, et de la feuille d'Annales, deux des journaux de départements qui passent pour être rédigés avec le plus de talent, et dans le meilleur esprit. M. *Denis* n'est pas moins distingué par son patriotisme que par ses mœurs douces et faciles. On se rappelle qu'au milieu des calamités de la seconde invasion, il renouvela la belle action de Callot, en refusant d'imprimer une pièce de vers en l'honneur d'un monarque étranger : *J'aimerais mieux*, disait-il, *briser mes presses que de les déshonorer par cette publication indigne d'un Français.*

Je pars pour *Saint-Mihiel*, située également sur la rive gauche de la Meuse, et arrosée par le ruisseau de *Masoupe*, un de ses affluents. Le lieu de son emplacement présente un bassin formé par des montagnes, sur l'une desquelles sont les débris du château que *Sophie*, comtesse de Bar, avait fait construire en 1085. L'origine de cette ville est due à une abbaye de bénédictins réformés, que *Vulfoade* et *Adalsinde*, sa femme, avaient fondée en 709 sur une petite montagne appelée *Châtillon;* elle tomba au pouvoir de *Pépin*, avec le château qui s'était révolté contre lui. Cette abbaye fut donnée par le nouveau maître à *Fulrad*, abbé de Saint-Denis, en 756, et transférée enfin au neuvième siècle sur les bords de la Meuse, dans un village nommé alors *Godinécourt*, et depuis Saint-Mihiel. En 1734, en fouillant dans l'ancien emplacement de l'abbaye, sur la montagne de Châtillon, on découvrit le tombeau du fondateur ; et parmi plusieurs objets renfermés dans ce monument, on en tira un anneau, dont la cornaline, grossièrement montée en or, représentait *Minerve*. Depuis 1380 jusqu'en 1635, Saint-Mihiel a joui d'une cour appelée des *grands-*

jours: mais à cette époque Louis XIII ayant assiégé cette ville en personne y courut quelque danger; pour s'en venger, il supprima cette cour, démolit les murs de la ville, rasa le château, fit mettre à la Bastille le gouverneur trop opiniâtre dans sa défense, et envoya la garnison aux galères.

L'église de Saint-Mihiel est très ancienne; on y trouve plusieurs beaux monuments, parmi lesquels s'élève un superbe groupe de sculpture, dont les personnages, plus grands que nature, sont au nombre de treize, tous taillés dans un seul morceau de rocher; ils sont groupés dans un espace d'environ sept mètres de longueur, sur trois de large: ces groupes, que l'on trouve dans beaucoup d'églises de la Lorraine, s'appellent *sépulcres*, parceque ordinairement ils représentent le Christ dans le tombeau, ou prêt à y être placé. Ici le sculpteur a su exprimer les divers sentiments que doivent éprouver les différents personnages avec une rare vérité : la face du Christ est calme et majestueuse, une paix divine règne dans ses traits; les autres figures sont pleines de vie et d'ame; la surprise mêlée de terreur, la compassion, la crainte, l'inquiétude se peignent tour-à-tour dans tous leurs mouvements· telle est l'influence du génie sur les œuvres de l'homme, qu'on ne peut quitter ce monument sans éprouver une partie de ce que l'artiste a si bien exprimé.... On croit assez généralement que ce chef-d'œuvre, et d'autres statues également remarquables, sont dus au ciseau d'un simple paysan, nommé *Richier*, que Michel-Ange emmena en Italie, et dont il développa les étonnantes dispositions pour la sculpture. L'étendue et le poids de cette masse énorme ont conservé ce chef-d'œuvre à la ville de Saint-Mihiel; on voulut plusieurs fois le transporter dans la capitale, mais il fut impossible de le déplacer.

Saint-Mihiel compte au plus cinq mille deux cents ames. Son commerce consiste en dentelles, papiers, grains, vins, bois, et fourrages; mais, malgré l'activité assez remarquable de ses habitants, elle paraît se ressentir encore des maux que la guerre lui fit éprouver sous Louis XIII: c'est la patrie de l'architecte *Léopold-Durand*, de *Berain*, dessinateur célèbre, qui mourut au Louvre, où la munificence de Louis XIV l'avait logé; de l'historien *Richard de Vassebourg*; de *Louis Hugo*, abbé d'Étival, écrivain spirituel; de Nicolas *Maréchal*, qui avait fortifié la ville neuve de Nanci; de *Henri de Hennezon*, abbé de Saint-Mihiel; du bénédictin *Maillot*, et du savant médecin *Isidore Mengin*.

A deux cents pas de la porte qui conduit à *Verdun*, on remarque sept rochers calcaires, appelés *Falaises*, dont l'élévation excède vingt mètres; rangés en ligne droite, et à distance presque égale, ils sont adossés à des collines, et hérissent les bords de la Meuse. La ville en a pris trois pour ses armes, et sa devise porte qu'elle sera *fidèle jusqu'à ce que ces rochers viennent à se mouvoir.*

Je traversai rapidement la petite ville de *Halton-Châtel*, aux sources de l'*Iron*, qui dut son origine à un château construit sur la hauteur en 959 par Halton, évêque de Verdun. Je jetai seulement un coup d'œil sur l'étang de *Bouconville*, qui a plus d'une lieue de circuit, et où Stanislas aimait à chasser aux morelles; et, après avoir visité l'abbaye d'*Étanche*, et la montagne *Sainte-Marie*, si riche en curiosités fossiles, j'arrivai, après dix lieues de marche, à *Bar-le-Duc*.

Cette ville eut pour fondateur un duc Frédéric, beau-frère de Hugues-Capet, qui gouvernait la *Mozellane:* voulant garantir cette province des excursions des Champenois, il fit construire sur la frontière un château appelé *Barrière-du-Duc*; et, pour attirer les habitants autour de ce château construit sur une hauteur, il leur accorda de nombreuses franchises : c'est là seulement l'origine de la *partie haute;* la *partie basse* existait déja au cinquième siècle, et on prétend que *Véomade* vint jusque-là audevant de *Chilpéric*, fils de *Mérovée*, lorsque ses sujets le rappelèrent.

Le *Barrois*, qui avait fait partie du pays des Leuquois, fut long-temps un état particulier, dont Bar fut la capitale. Ses comtes, qui prirent plus tard le titre de ducs, eurent souvent des démêlés avec ceux de Lorraine, qu'ils réduisirent plusieurs fois à d'humiliantes capitulations. Bar fut prise par Louis XIII en 1332.

La *ville basse*, située dans un beau vallon, est traversée par l'Ornain d'orient en occident; un canal, tiré de cette rivière à la distance d'un quart de lieue pour servir aux tanneries et aux moulins, coule également dans une pente parallèle au cours de la rivière, et passe au pied du château et de la ville haute.

Tous les chemins qui communiquent d'une ville à l'autre, ainsi qu'au château, sont rapides et d'un accès difficile. Je laissai la côte de l'*Horloge*, et je montai par celle des *Jésuites*, ainsi nommée parcequ'en gravissant cette dernière on trouve un collége fondé par *Gilles* de Tréves, destiné à des prêtres séculiers qui se dévouaient à l'enseignement; il fut donné en 1617 aux jésuites dans le même but par le duc Henri II. Le château de Bar est au-dessus du collége, et remonte comme lui à des temps fort reculés, car on prétend que le comte Frédéric Ier, qui dès l'an 958 prit le titre de duc de Bar, ne fit que le rebâtir en 964. Ce château domine toute la ville basse; mais il est dominé lui-même par la ville haute. En 1649 un incendie en consuma une grande partie; Louis XIV en fit démolir les tours en 1670. L'église de *Saint-Pierre*, placée au haut de la ville près d'une place qui porte le même nom, possède un monument qui fait l'admiration des connaisseurs, et devant lequel je ne pus m'empêcher de répéter ce mot d'un grand prince : *Quelle affreuse beauté!* c'est une statue représentant un cadavre pourri et rongé des vers, qu'on croit avoir été faite pour le mausolée d'un prince d'Orange tué au siége de Saint-Dizier en 1544. Ce morceau de sculpture, frappant de vérité, décèle sans doute un talent supérieur; mais son *horreur* le rend pénible à la vue : c'est l'ouvrage de Richier, ce même paysan que l'on croit l'auteur du sépulcre de Saint-Mihiel. C'est dans cette même église de Saint-Pierre que fut enterré en 1751 le marquis de Boufflers Remiencourt. Le palais de justice, édifice ancien qui menace ruine, est également dans la ville haute. Entre ce palais et ce château, existe une fontaine dont l'eau est amenée de fort loin. On me fit remarquer, à la même hauteur, un puits très profond creusé dans le roc, et servant de voûte à un souterrain. Une enceinte de murs percée de sept portes qui renferment les deux villes et le château, un pont jeté sur l'Ornain, et les promenades des *Saules* et du *Paquier*, voilà tout ce qu'on peut remarquer à *Bar*, dont l'industrie et le commerce sont également importants. On y trouve de nombreuses filatures de coton, dont plusieurs sont mues par la vapeur; des fabriques de toiles, de rouenneries, de siamoises; on y fait aussi des dentelles, de grosses étoffes de laine, des chapeaux, des cheminées en tôle, etc.....; mais c'est sur-tout par ses excellentes confitures de fraises, framboises, et groseilles, que cette ville a acquis une véritable renommée: on vante sur-tout celles des dames *Fatalot* et *Baudot*, qui savent les reproduire sous mille formes différentes. Les vins blancs de son territoire ne sont pas moins cités, et quelques gourmets assurent qu'ils ne le cèdent pas même aux vins de Champagne pour leur délicatesse exquise; mais en général ils supportent mal le transport.

Dans un rayon de quatre à cinq lieues on ne voit aux environs de *Bar* que coteaux couverts de vignes et de vergers. On y cultive sur-tout les groseilles et les framboises, et dans les villages on s'occupe, comme à la ville, de les mettre en confitures; mais la récolte des grains est peu considérable, et suffit à peine à la consommation.

Dans une de mes ascensions vers la ville haute, on me fit apercevoir un gros bourg situé sur l'Ornain, à près d'une lieue de Bar; c'est *Longeville*, où se rendit un singulier jugement. « Le pénultième jour de mars 1467 (est-il dit dans un rapport du prevôt de Bar), par maître Didier, sergent et exécuteur de la haute justice, a été exécuté et pendu à la potence des *Preys* un chat qui avait étranglé un enfant de quatorze mois en la maison de Clément, le bachelier dudit lieu. »

Les sciences, les lettres, les arts civils et militaires, doivent à la ville de Bar des hommes qui les ont cultivés avec succès. C'est la patrie de *Jean Errard*, le premier qui ait écrit sur la fortification : c'est à cet habile ingénieur que l'on doit la citadelle d'*Amiens* et le château de *Sedan*; il se distingua aux siéges de *Dreux*, *La Fère*, *Montmélian*, etc., et fut, selon Henri IV et Sully, le premier ingénieur de son siècle. C'est la patrie de *François de Rosières*, archidiacre de Toul, aussi intéressant par ses malheurs que par ses écrits; des médecins *Alliot*; de *Drouot*, mathématicien distingué; du père *Norbert*, connu par ses écrits sur les Indes; de *Gagel*, de *Louis Humbert*; d'*Houtreau*, sculpteur de quelque célébrité; d'*André Moreau*, de *Marie Yard*, de *Dubois*, bons peintres; de *Maillet*, consul au Caire; de *Raignault Warin*, littérateur; du lieutenant-général *Broussier*, qui, après avoir acquis tous ses grades sur le champ de bataille, battit, avec une demi-brigade et quelques chasseurs, dix mille ennemis aux Fourches-Caudines, dans le lieu même où autrefois les Samnites firent passer les armées romaines sous le joug. Enfin Bar est la patrie du duc de *Reggio*, de ce brave Oudinot qui, entré au service comme simple soldat, justifia son élévation par ses talents et sa valeur.

Ernecourt, petite ville au sud-est de Bar, a produit une seconde Jeanne d'Arc dans *Barbe d'Ernercourt*, plus connue sous le nom de madame de *Saint-Balmont*. Cette femme courageuse, pour sauver ses paysans des ravages de la guerre occasionée par les différents de Charles IV et de Louis XIII, se mit à leur tête, et repoussa avec succès les corps français et lorrains. Insultée par un officier pendant l'absence de son mari, elle s'habille en homme, va trouver l'insolent, le défie sous le nom de son frère, le combat, le désarme, et l'avertit en lui rendant son épée de respecter désormais les dames.

Le desir de visiter des promenades qui passent pour les plus belles du département me conduisit à *Ligny*, petite ville située vers le sud à trois lieues de Bar. Ces promenades, magnifiques en effet, dépendent d'un ancien parc conservé par les ordres de Stanislas, qui fit démolir le château dont les débris ont servi à construire une rue sur l'emplacement même. Cette ville, bâtie au sein d'un beau vallon sur la rive gauche de l'Ornain, a tout au plus trois mille ames de population. Elle était l'ancien chef-lieu d'un domaine que Charles V, roi de France, érigea en comté en 1367, et appartint successivement aux comtes de Champagne, à la maison de Luxembourg, et enfin au duc Léopold. L'une de ses églises a été le tombeau du fameux maréchal de *Luxembourg* et de son épouse. Parmi les noms qui ont illustré cette petite cité, je n'oublierai pas l'un des ancêtres du maréchal, *Pierre de Luxembourg et de Barrois*, grand-officier de la Légion-d'Honneur, l'un de nos bons généraux, qui se distingua à *Eylau*, à *Hanau*, et à *Waterloo*.

Presque tous les habitants de Ligny sont, comme ceux de Bar, adonnés à la confection des gelées de groseille et de framboise; on y trouve aussi quelques fabriques de bonneteries, de draperies, et l'on y fait un commerce assez actif en bois de construction, et en lainages.

A une lieue plus loin, le petit village de *Naix* est tout ce qui rappelle l'ancien *Nasium*. Bâtie par les Romains, et fortifiée par les Gaulois, cette ville communiquait à celle de Ligny par un passage souterrain dont il reste encore quelques traces; il n'est pas rare de trouver dans le voisinage de Naix des objets antiques qui rappellent toute la splendeur romaine. Naix, surpris en 612 par Thierry, roi de Bourgogne, appartenait à cette époque à Théodebert, roi d'Austrasie.

C'est à *Morlaix*, autre village à deux lieues plus loin, au sud de Ligny, que s'est formé le premier établissement *orthopédique*, dirigé par les soins du savant anatomiste *Humbert*, qu'une étude approfondie de la nature humaine a conduit à l'art heureux d'en corriger les difformités. Ce village possédait autrefois un superbe palais, où l'on croit que se tint en 1618 le concile où saint Léger fut déposé.

Je ne rentre à Bar-le-Duc que pour prendre la voiture qui me conduit à *Clermont*, autrefois ville bien fortifiée, mais qui n'intéresse plus que par ses manufactures de toiles et de faïence.

Je poursuis ma course au nord; je traverse *Varennes*, dont le nom est célèbre par l'arrestation d'augustes fugitifs.

A peu de distance j'aperçois le village de *Romagne*, sous *Montfaucon*, dans les bois duquel se trouve un terrain de forme carrée, bordé de toutes parts par un fossé profond, que les gens du pays appellent *cercueil*, parceque c'est là que se trouvait autrefois le palais de ces malheureux Templiers que l'avarice et la cruauté de *Philippe-le-Bel* précipitèrent dans les flammes. Quelques débris de leurs somptueux bâtiments surgissent encore et s'aperçoivent dispersés çà et là par la charrue.

L'église de Romagne possède un fort beau tableau représentant l'archange Michel qui foule aux pieds le perfide Arimane; et l'on me fit voir les petits-fils d'un honnête maréchal de l'endroit, qui voulut bien servir de modèle pour peindre le Génie du mal.

J'arrive à *Verdun*; je descends à l'hôtel des *Trois-Maures*, et dans un instant j'apprends tout ce qu'il y a d'important sur l'historique de cette ville : un habitué de la table d'hôte se charge de m'en instruire. « Cette ville, me dit-il, est une des plus anciennes de la Lorraine, puisqu'elle était déjà très considérable lors de la conquête des Gaules par les Romains ; ruinée en 451 par Attila, relevée sous les rois de la première race qui la possédèrent à leur tour, elle passa sous la domination des empereurs d'Allemagne, et rentra sous celle des rois de France en 1552. Elle formait l'un des trois évêchés de la Lorraine, et cet honneur nuisit souvent à sa prospérité, par les guerres intérieures et extérieures que lui suscitèrent le despotisme et l'ambition de ces orgueilleux successeurs des apôtres : ce fut Louis XIV qui rétablit l'ordre, en empêchant les villes de se faire justice elles-mêmes, et en se réservant le droit de nommer aux fonctions épiscopales ; c'est encore à ce prince que Verdun doit en partie ses fortifications, élevées d'abord par le chevalier Deville, et perfectionnées par Vauban. C'est dans cette place que le brave Beaurepaire, ne voulant pas survivre à la prise d'une forteresse confiée à sa valeur, se brûla la cervelle ; on sait que les habitants de Verdun, assiégés et bombardés en 1792 par le roi de Prusse, suivi d'une troupe d'émigrés français, avaient forcé ce commandant à capituler. Pourquoi faut-il que l'histoire, après avoir rappelé ce trait digne d'une ame romaine, ait à tracer le nom d'un transfuge ? Celui du capitaine du génie *Bousmard*, employé dans la place, et qui fut l'un des plus zélés partisans de sa reddition; il suivit l'armée prussienne, et accepta le grade de major dans le corps de leurs ingénieurs[1]. »

La rentrée des troupes républicaines à Verdun amena de funestes événements; trente-huit habitants, convaincus d'avoir favorisé les ennemis, furent mis à mort, et ma plume retrace avec horreur une de ces actions qui rappellent toute la cruauté des *Carrier* et des *Tinville*: quelques jeunes filles, cédant à l'influence de leurs familles, opposées au nouvel ordre de choses, avaient été présenter des bonbons et des fleurs aux chefs de l'armée ennemie; leur jeunesse, leur sexe, n'inspirèrent aucune commisération; elles périrent sur l'échafaud! Delille, dans son poëme sur *la Pitié*, leur consacra ces vers touchants :

O vierges de Verdun! jeunes et tendres fleurs!
Qui ne sait votre sort! qui n'a plaint vos malheurs!
Hélas! lorsque l'hymen préparait sa couronne,
Comme l'herbe des champs le trépas vous moissonne.
Même heure, même lieu, vous virent immoler!
Ah! des yeux maternels quels pleurs durent couler!...

---

[1] Il commandait le génie de la place de Dantzick, alors assiégée par les Français en 1806, et fut tué d'un éclat d'obus lancé par une de nos batteries. La mort de cet officier dans les rangs ennemis rappelle celle du général Moreau dirigeant l'artillerie russe contre ses anciens compagnons d'armes.

La même place où ces tendres victimes terminèrent leurs jours vit l'année suivante mourir le vénérable patriote *Gassin*, le jeune *Delayant*, et sa courageuse mère. Celui-ci, après avoir été persécuté par les émigrés pour son patriotisme, périt victime de son opposition aux maximes anarchiques qui amenèrent le 31 mai; et sa mère, pour ne pas lui survivre, s'accusa elle-même d'avoir recélé quatre proscrits: elle monta avec calme sur l'échafaud, coupa de sa propre main les cheveux de son fils chéri, et lui disputa le funeste bonheur de mourir la dernière. *Vous passerez le premier*, s'écria-t-elle; *je ne veux pas, mon fils, que vous mouriez deux fois.*

Verdun est une jolie ville; elle possède quelques édifices remarquables, l'évêché, l'église de Saint-Vannes, dont le maître-autel attire l'attention, la caserne de cavalerie, la salle de spectacle, et de jolies promenades. On me montra l'emplacement où sauta en 1727 le magasin à poudre; la commotion fut si violente, que le sol où il était s'enfonça de quatre mètres et demi.

Cette ville est traversée par la Meuse, qui la divise en deux parties: cette rivière, qui donne son nom au département, et qui est navigable à Verdun, n'est cependant qu'un mince filet d'eau à sa source, que l'on voit au village de Meuse (Haute-Marne); elle tombe dans un petit canal qui peut facilement, dit-on, être couvert par le pied ; mais elle est grossie dans son cours par d'autres ruisseaux plus considérables, dont les eaux cessent de couler dans les temps de sécheresse, tandis que le filet d'eau de la Meuse ne tarissant jamais donne son nom à cette belle rivière qui forme, en dehors de Verdun, plusieurs petites îles charmantes.

Cette ville est très commerçante ; ses anis, ses dragées, et ses liqueurs, ont une réputation européenne : on y trouve une filature de coton, et une manufacture de toile. A peu de distance, du côté de l'ouest, au milieu d'un vignoble, une carrière de marbre lumachelle, appelé marbre des *Arganes*, est en pleine exploitation. Cette ville, dont la population est de dix à douze mille habitants, est la patrie de *Chevert*, qui, de simple soldat, devint lieutenant-général des armées de Louis XIV ; on se rappelle comment ce brave donnait ses ordres : *Va, disait-il à un grenadier, va droit à ce fort, sans t'arrêter ; on te criera, Qui vive ? tu ne répondras rien ; on criera encore, tu avanceras toujours sans répondre ; la troisième fois on tirera sur toi, on te manquera, tu fondras sur la garde, et je serai là pour te soutenir.* L'intrépide soldat partit, et tout se passa comme le général l'avait annoncé.

C'est encore dans les murs de Verdun que naquit Nicolas *Beauzée*, savant grammairien, membre de l'académie française ; François *Garbillon*, jésuite, géomètre, et missionnaire à la Chine, où il mourut en 1707; Henri *Nicolas*, professeur d'hébreu.

Un honnête fermier, venu à Verdun pour la vente de ses céréales, logeait dans mon auberge; j'avais dîné deux fois avec lui, et il m'offrit de si bon cœur une place dans sa carriole, que je ne voulus pas le désobliger par un refus; ce qu'il m'avait dit d'ailleurs du pays qu'il habitait piquait ma curiosité.

Nous voici côte à côte assis sur des coussins de cuir un peu durs, dans une belle voiture d'osier, fraîchement peinte en gris, et tapissée intérieurement par un coutil à mille raies. Notre équipage un peu massif, traîné par une de ces juments normandes, dont l'allure pesante n'empêche pas la vitesse, ne céderait le pas à aucun tilbury, et malheur à l'audacieux *fashionable* qui voudrait *couper Cocote!* Mon bon fermier n'entend pas raillerie là-dessus; c'est le meilleur homme du monde, mais il faut convenir avec lui que sa *bête* est une créature parfaite; du reste, franc sans rudesse, poli sans bassesse, plus instruit que la simplicité de ses manières ne semble l'annoncer, sa conversation me plaît, et abrège le chemin.

« Le sol du département, me dit-il, entrecoupé de collines, de rochers, et traversé dans la partie de l'est par deux longues chaînes de montagnes qui enclavent entre elles le bassin de la Meuse, est principalement affecté à la culture des vignes dont les produits, estimés par les gourmets, deviennent pour la plupart de nos cantons une branche importante de commerce. Le nombre infini de petites rivières qui arrosent nos contrées répandent par-tout une abondante fertilité, et servent aux exploitations de nos usines alimentées elles-mêmes par nos mines de fer, que déja quelques unes de nos villes commencent à convertir en acier. De nombreuses carrières de belles pierres, trois carrières de marbre, d'immenses forêts, donnent une véritable importa ce à ce département, qui toutefois, je l'avoue avec peine, est resté en arrière sous le rapport des travaux agricoles: une espèce d'obstination qu'on ne saurait qualifier nous fait tenir aveuglément à des routines absurdes, et nous empêche de tirer tout le parti possible d'un sol souvent ingrat, mais qui deviendrait fécond par une culture éclairée; toute innovation semble ridicule et sacrilége parmi nos campagnards, et il y a fort peu de temps que M. de *Remoiville*, riche propriétaire, ayant inventé une charrue qui devait, au lieu de six ou huit chevaux nécessaires aux attelages, n'en exiger que deux, ne put déterminer à en adopter l'usage, que deux de mes parents et moi; encore fallut-il se fâcher avec les garçons de ferme qui ne voulaient pas s'en servir aussi, dans cette contrée, n'y a-t-il que la vallée de la Meuse, si fertile par elle-même, qui offre d'abondantes moissons; elle est sur-tout remarquable par la beauté de ses prairies, et la fécondité de ses pâturages qui embellissent les bords de la rivière. Cependant, malgré leur qualité, ces pâturages et ces prairies ne nourrissent que des bestiaux et des chevaux de très petite race, et si peu estimés, que dans certains cantons un cultivateur peut, à moins de six cents francs, monter ses écuries. Toutefois, si notre agriculture n'est pas brillante, nous avons un peu de tout; et bien que l'argent soit si rare, que la plupart de nos campagnards n'ont peut-être jamais eu vingt francs à leur disposition, ils n'en sont pas plus malheureux, parcequ'ils se passent avec d'autant plus de facilité de cette richesse monétaire, qu'ils recueillent individuellement tout ce qui est nécessaire à leurs besoins, et que des échanges de denrées leur procurent tout ce qui peut leur manquer.

« Je ne vous parlerai pas des usages de nos villes, continua le brave paysan, puisque je les ignore; mais, si vous passez quelques jours dans ma champêtre habitation, je vous ferai connaître les *valentins* de mon village: c'est ainsi que l'on appelle généralement, dans nos campagnes, les jeunes garçons qui, ayant choisi une bien-aimée, font connaître leur amour par l'assiduité avec laquelle ils la suivent aux fêtes, aux noces, aux promenades[1]. Deux de mes filles sont déja *valentines;* elles ont fixé le cœur et les vœux de deux bons garçons, dans lesquels j'espère trouver un appui pour mes vieux jours: les petits cadeaux, appelés *valentinages,* arrivent tous les jours à la ferme, et ma ménagère se plaît à les comparer à mes galanteries, lorsque j'étais son *valentin.* L'hiver amène de nouveaux passe-temps. On va au *quarail,* on y *couve,* et on y *daille.* Le *quarail* est la veillée, chacun et chacune y apportent son *couvot* (chaufferette), et nos jeunes gars les plus aimables *daillent,* c'est-à-dire qu'ils vont de maison en maison porter leur plaisanterie, et leur enjouement. »

C'est près de *Bonnet* que se trouve la ferme de mon compagnon de voyage; ce village, depuis des siècles, a la réputation de guérir les aliénés, et on les y amène de vingt lieues à la ronde. Voici quels sont les moyens usités dans ce pays pour rétablir les facultés intellectuelles : on conduit d'abord le malheureux à l'église paroissiale, d'où il ne sort que pour être, pendant neuf jours, enfermé et attaché dans un berceau, ou dans une loge grillée; les trois premiers jours de cette pénible neuvaine, le malade est conduit, chaque matin, en procession à une

---

[1] Ce mot et cet usage d'un village de l'ancienne Lorraine ont donné naissance à ces lettres galantes que l'on s'écrit en Angleterre à certain jour de l'année, et que l'on appelle aussi Valentines,

fontaine près du village: là il reçoit de nombreuses aspersions d'une eau très froide: les jours suivants, on lui fait plusieurs saignées abondantes, soit aux bras, soit aux pieds: enfin, les derniers jours, les visites à la bienheureuse fontaine et les aspersions se renouvellent, et, si après la neuvaine le malheureux n'est pas guéri, on recommence. La crédulité, sans doute, augmente considérablement les cures que l'on attribue aux habitants de Bonnet: cependant plusieurs médecins pensent que l'état d'isolement dans lequel se trouve le patient dans sa loge, les douches administrées avec profusion, les saignées, et le régime diététique, peuvent souvent produire des effets salutaires.

Je passai vingt-quatre heures chez l'honnête fermier, d'où je sortis, sous la conduite des deux jolies valentines, qui me conduisirent jusqu'à la grande route.

Après trois heures de marche, j'arrive à *Étain*, petite ville de deux mille cinq ou six cents habitants, qui n'est remarquable que par la fertilité de ses environs. Baignés par l'*Orne*, le *Ru-de-Longeau*, et l'*Ottain*, ses environs produisent en abondance les grains et les fourrages les plus estimés du département, lesquels forment, avec les salaisons très renommées des Vosges, le commerce du pays. On y voit cependant aussi quelques papeteries, et une manufacture de draps. L'église paroissiale, construite avec toute la magnificence du quatorzième siècle par un architecte et des ouvriers venus exprès de Rome, est due à la générosité de *Guillaume Huin*, né dans cette ville, savant littérateur, jurisconsulte habile, et cardinal : on voit, dans l'église, le mausolée, le tombeau, et la statue de ce prélat célèbre, qui mourut à Rome en 1456. Étain est également la patrie du jésuite *Léonard Perrin*, recteur de l'université de Pont-à-Mousson, en 1565; du chevalier *Tristan*, qui sauva la vie à Philippe-Auguste, lors de la fameuse bataille de Bouvines, en 1213; et du comte *d'Estaing*, la gloire de notre marine, sous Louis XV, et dont la famille portait les mêmes armes que les rois de France.

La position respective des départements de la Moselle et de la Meuse me force d'alterner mes courses dans l'un et dans l'autre. A trois lieues d'Étain, je traverse *Conflans*, qui tire son nom de sa situation entre l'*Orne* et l'*Iron*; ce bourg avait autrefois des murailles et un château dont on ne voit plus aucun vestige. J'aperçois les murs de *Metz*, et le premier souvenir que cette vue éveille dans mon cœur est celui d'un de nos meilleurs citoyens, de ce vertueux Pierre *Lacretelle*, dont l'éloge est contenu dans ces mots : « Il fut l'ami de Malesherbes. » Personne n'ignore combien le caractère de cet homme respectable est resté pur au milieu des tourmentes révolutionnaires ; personne n'ignore ses droits au titre de bienfaiteur de l'humanité, puisque son *excellent* discours sur le *préjugé des peines infamantes*, couronné en 1783 par l'académie, exerça une haute et salutaire influence sur nos réformes judiciaires. Metz, fameuse par ses institutions militaires, qui perfectionnent l'art de la destruction, se glorifiera plus long-temps d'être la patrie de cet orateur citoyen, de ce philanthrope éclairé dont la vie entière et les écrits furent consacrés au bonheur de ses semblables.

N° CV. [20 AOUT 1820.]

METZ.

> « Dans la défense des places fortes, la valeur et l'industrie ne suffisent point l'une sans l'autre; mais elles peuvent tout, étant réunies. »
>
> CARNOT.

J'entre dans la ville après avoir traversé le pont des *Morts*, remarquable par sa longueur. Le mouvement qui anime toute la population frappe et étonne mes regards; de tous côtés, infanterie, cavalerie, artillerie légère, sapeurs et mineurs du génie, marchent et se dirigent hors des murs. Le canon gronde, le sifflement des bombes, le fracas des obus, se font entendre au loin, tandis que plus près les sons bruyants des tambours, des clairons, des trompettes, effraient nos chevaux... La ville est-elle en proie aux horreurs d'un siége?... L'ennemi a-t-il pénétré encore une fois dans le sein de la patrie?... Je m'arrête... je questionne.... et je me rassure.... Tout ce bruit, tout ce tumulte, provenait d'une petite guerre et du simulacre d'un siége, que venaient de terminer l'école et les troupes du génie. On devait *simuler* une attaque, faire jouer la mine... et à peine traversai-je la place de l'*Évéché*, qu'une détonation sourde, semblable à l'éruption d'un volcan, se fit entendre.... c'était l'effet d'une mine surchargée qui venait de sauter au fort *Belle-Croix*.

Je descendis à l'*Hôtel de France*, que m'avait indiqué le colonel Demirne, où je trouvai un billet de sa main, qui m'annonçait le retour de ses rhumatismes, et la nécessité dans laquelle il s'était trouvé de retourner à Plombières; mais il m'adressait à l'un de ses anciens compagnons d'armes, le baron D***, qui était venu passer un semestre auprès de son fils, éléve à l'école royale de l'artillerie et du génie. Il appartient à l'une des plus anciennes familles des Vosges: à l'époque de la révolution, il suivit dans nos premières campagnes, avec le même courage, mais non avec le même éclat, l'un de ses condisciples; malheureusement pour lui un boulet, qui lui emporta la cuisse à Marengo, termina promptement une carrière brillante de gloire et d'avenir. Les années n'avaient pas refroidi son ame, et c'était, me dit-il, pour lui donner une nouvelle vie, qu'il ne manquait jamais d'assister à toutes les évolutions et à tous les exercices militaires. Vétéran comme lui, nous avions, sans nous connaître, assisté aux mêmes batailles; les mêmes ennemis avaient éprouvé notre jeune valeur. Que de souvenirs nous devenaient communs!.... Aussi remerciai-je de bien bon cœur l'aimable colonel de m'avoir adressé à un tel guide. Nous nous fîmes servir dans ma chambre, et, après avoir causé long-temps et longuement de nos premières armes, le baron amena la conversation sur Metz.

« C'est sans contredit, me dit-il, la ville la plus importante de la province, pour son commerce pendant la paix, pour la défense du pays pendant la guerre. Son origine se perd dans la nuit des temps ; car lors de la conquête des Gaules par César, elle était déja connue sous le nom de *Divodurum*, capitale d'un pays considérable dont les habitants s'appelaient *Mediomatrici*. Sous la domination de ses vainqueurs, elle prit encore un plus rapide accroissement : ils y élevèrent de toutes parts des édifices magnifiques ; ils y introduisirent leur luxe, leurs mœurs, leurs coutumes, leur langage : et bientôt les vainqueurs et les vaincus ne formèrent plus qu'un seul et même peuple.

« Mais l'alliance et la protection du peuple-roi ne fut pas une sauvegarde suffisante contre les invasions des barbares ; saccagée par les Allemands en 264, réduite en cendre par *Attila*, en 451, ce farouche conquérant fit passer tous les habitants au fil de l'épée. Metz, après cinq siècles de malheurs, passe sous le joug des Francs, gouvernés alors par Clovis. Devenue le siége du royaume d'Austrasie sous les successeurs de ce prince, vingt rois de la race Mérovingienne, et trois de celle de Charles-Martel, occupent successivement ce trône durant un espace de deux cent soixante ans, jusqu'au temps où Charlemagne réunit cette ville et la contrée à son empire. Cette cité lui plaît, il y fait de fréquents voyages, l'embellit encore, et ses successeurs héritent de sa prédilection pour cette ville.

« Après la formation du royaume de Lorraine, Metz, souvent victime des guerres sanglantes entre les rois de France et les empereurs, tombe au pouvoir de *Henri-l'Oiseleur* en 945 ; vingt ans plus tard le grand *Othon* s'en empare, et *Conrad* de Lorraine en 973 signale à son tour son entrée dans cette ville, en l'abandonnant au pillage. Enfin les guerres intestines, et la faiblesse des descendants de Charlemagne, ayant amené la division de ce royaume en duché et en comté, **Metz** profite avec habileté de ces troubles, pour s'affranchir de toute domination ; elle se constitue ville libre sous la protection immédiate des empereurs, sans être assujettie, envers eux, à d'autres devoirs qu'à ceux exigés pour la défense et l'intérêt général : c'est à ces temps d'indépendance que cette cité guerrière doit sa gloire ; vainement ses ambitieux évêques, issus de familles puissantes, veulent s'arroger l'autorité souveraine; ni la force des armes ni celle des excommunications ne peuvent abattre son courage; elle repousse et rend inutile toute atteinte portée à sa liberté: au-dedans comme au-dehors, elle soutient des guerres longues et sanglantes; elle ose même résister à Charles VII, roi de France, qui, sous prétexte qu'elle faisait autrefois partie de son royaume, vient en 1444 avec son frère, René d'Anjou, roi de Sicile, mettre le siége devant ses murs. « Sire, disent « à ce prince les députés de Metz, nous n'avons « jamais été vos ennemis : dans les guerres de la « France avec le duc de Bourgogne, nous sommes « restés inviolablement attachés à la couronne; pour-« quoi notre ville, qui ne relève pas du royaume de « France, doit-elle donc se livrer à votre discrétion? « Pourvu que vous n'attentiez pas à notre liberté, « nous sommes prêts à vous satisfaire. »

« Cette harangue, aussi ferme que prudente, ne fut point écoutée; le roi commença le siége, et les environs de Metz furent saccagés.

« Cependant les habitants exaspérés mirent à leur tête un homme d'un courage héroïque autant que féroce; on le nommait *Viton:* par une forfanterie assez singulière, il attachait une sonnette à la queue de son cheval pour être entendu de loin, et par une cruauté inouïe, et qu'on ne saurait expliquer, il faisait mourir toutes les femmes qui allaient hors des murs racheter leurs maris faits prisonniers. On pense bien qu'il n'était pas plus humain envers les ennemis; tous ceux qui tombaient entre ses mains étaient jetés, sans nul quartier, dans la Moselle. Ces mesures rigoureuses, la persévérance des assiégés, lassèrent les deux princes : ils retirèrent leurs troupes; mais la ville, près de succomber, consentit à payer, au roi de France, deux cent mille écus d'or, et à faire remise, à René d'Anjou, des dettes contractées envers elle par les ducs de Lorraine.

« Depuis le commencement de son indépendance, Metz avait à peine joui de quelques moments de repos; car, dans ces siècles de féodalité, si vantés par des imbéciles ou des fripons, les plus légers motifs déterminaient des guerres sérieuses. En 1727, peu de temps avant le siége de cette ville par le roi de France, une hottée de pommes, venue de l'abbaye Saint-Martin, et entrée dans la ville sans payer les droits d'usage au duc de Lorraine, amena des hostilités, des défis, le pillage des campagnes, et de cruelles représailles, qui ne se terminèrent qu'en 1730 par l'entremise de l'évêque de Metz et du comte de Salm.

« Après le traité de paix signé à Pont-à-Mousson, entre Metz et le roi de France, cette ville ne se reposa quelques années que pour subir une nouvelle épreuve. Les seigneurs et princes d'Allemagne, voulant s'affranchir du despotisme de Charles-Quint, avaient fait contre cet empereur un traité de confédération avec le roi de France Henri II; ce prince, proclamé par eux défenseur de la liberté germanique, devait s'emparer des quatre villes impériales, Cambrai, Toul, Verdun, et Metz. Cette dernière, d'accord avec la France, après une défense simulée, acquiesça à la convention, et ouvrit ses portes, le 18 avril 1552, à l'armée du connétable de Montmorency; mais bientôt Charles-Quint, pour se venger, vint mettre le siége devant Metz, avec une armée de cent mille fantassins, douze mille chevaux, et cent quatorze bouches à feu: l'empereur se flattait de ne pas trouver une forte résistance dans une ville fort étendue, et dont les fortifications étaient très faibles; mais François de Lorraine, duc de Guise, s'y étant enfermé avec cinq mille hommes de la meilleure infanterie française, repoussa avec vigueur toutes les attaques, et montra tant de courage et de valeur, dans le grand nombre de sorties qu'il fit pour harceler les assiégeants, durant soixante-cinq jours, qu'il soutint les efforts opiniâtres d'une armée vingt fois plus nombreuse que la sienne, malgré plusieurs brèches considérables faites au corps de la place. Une si ferme résolution de ne point capituler obligea l'assaillant de se retirer, sans oser livrer l'assaut, après avoir tiré plus de quatorze mille coups de canon, et perdu le tiers de ses troupes. C'est alors que ce grand conquérant dit, en battant en retraite: *Je vois bien que la fortune ressemble aux femmes, elle accorde ses faveurs à la jeunesse, et dédaigne les cheveux blancs.* Le duc de Guise avait résolu de le poursuivre, mais à la vue des morts, des mourants, des malades et des blessés qui couvraient la plaine, son cœur fut ému de pitié; il fit relever ces malheureux qui, distribués par ses soins dans les hôpitaux, furent ensuite renvoyés à l'empereur.

« C'est pendant ce siège mémorable que cette place perdit son antique splendeur; on fut obligé de détruire, au-dedans et au-dehors, plus de trente églises magnifiques, dont quelques unes renfermaient les tombeaux de plusieurs rois de la race carlovingienne. Après cette victoire, le duc de Guise exigea du clergé et des citoyens le serment de fidélité à la couronne de France, et les chefs d'une des premières villes libres de l'empire d'Allemagne ne furent plus désormais que les officiers du nouveau souverain, qui, abusant bientôt de son pouvoir, la priva du droit d'élire ses magistrats: ce fut un coup terrible pour un peuple à qui l'indépendance était chère, et l'on assure qu'en apprenant cette nouvelle, *Audroin Roussel*, ancien maire échevin, prévoyant les maux qui allaient fondre sur son pays, en conçut une telle douleur, qu'il en mourut subitement. En effet, cette ville, étrangère à ses nouveaux maîtres par ses usages et par ses mœurs, n'ayant plus de relations commerciales avec l'Empire, n'éprouva long-temps que des vexations et des malheurs; le découragement suivit la honte, l'industrie disparut avec l'émulation, et la misère ou l'injustice fit émigrer les deux tiers de la population; cependant Henri II conserva Metz par la prudence et la fermeté de ses gouverneurs; ils eurent aussi fort souvent à repousser les tentatives des Impériaux instruits des dispositions hostiles des habitants. L'une de ces incursions mérite d'être rapportée. En octobre 1555, les cordeliers de Metz, gagnés par la reine de Hongrie, régente des Pays-Bas, introduisirent dans la ville trente officiers déguisés en moines, qui, à un signal convenu, devaient mettre le feu dans plusieurs quartiers, semer l'alarme, et donner aux troupes allemandes cantonnées à Thionville l'occasion d'assaillir la garnison et les habitants occupés à éteindre les flammes; mais le maréchal de *Vieilleville*, instruit à temps du complot, fit, le jour même de son exécution, main basse sur le couvent, alla de suite au-devant des troupes qui s'avançaient avec confiance, les surprit, et les tailla en pièces. L'auteur de cette conspiration mourut du supplice de la roue, en présence des autres cordeliers, dont quatorze, condamnés à être pendus, furent invités à se préparer à la mort en se confessant les uns aux autres; mais ces malheureux, s'accablant de reproches. mutuels, se battirent avec tant de fureur que plusieurs d'entre eux restèrent sur la place; c'est de là d'où vient ce proverbe cité depuis, lorsqu'on voit les gens du peuple se battre au lieu de s'expliquer : *Ils se confessent comme les cordeliers de Metz.* Tous les autres furent chassés de la ville. »

Après ces notions préliminaires, il me tardait de visiter cette ancienne cité. Je saluai la rivière qui donne son nom au département, et qui, tout en répandant la fécondité sur ses bords, procure au commerce de Metz une grande activité; là seulement elle devient navigable, et après un cours de quinze lieues, dans l'étendue duquel elle reçoit l'*Orne* et la *Seille*, vient arroser *Metz*, *Thionville*, et *Sierck* ; elle sort au-dessous d'*Apach*, parcourt successivement les trois départements limitrophes, reçoit encore la *Sûr*, la *Sarre*, l'*Eltz*, et va se jeter dans le Rhin à *Coblentz*. La Moselle déborde souvent; et ses fortes crues, qui ont lieu principalement aux mois de janvier, février, juin, et juillet, ravagent les campagnes, enlèvent les terres végétales, forment des ensablements, et se fraient quelquefois un cours dévastateur à travers les prairies et les champs riverains; mais elle rachète, en quelque sorte, ces cruels accidents par des avantages inappréciables; elle facilite les transports des Vosges et de la Meurthe jusqu'à Metz, et depuis cette ville elle offre les moyens les plus directs de communication entre les départements de l'intérieur, la Hollande, et le nord de l'Allemagne. Ses eaux limpides, roulant sans cesse sur un sable fin et brillant, sont aussi renommées pour la teinture que celles de la *Saône;* pour le goût et la légèreté, elles ne le cèdent en rien à celles de la Seine.

C'est au confluent de la Moselle et de la Seille, dans un bassin magnifique, qu'est située la ville de Metz, assez élevée, sur tous les points, au-dessus des vallées formées par ces deux rivières, pour que sa salubrité soit assurée. Après avoir baigné les murs de la ville, promené dans des canaux intérieurs leurs eaux, distribuées avec art, à l'aide de digues et d'écluses qui servent également à la défense de la place, aux besoins des habitants, à ceux des moulins et des usines, la Moselle et la Seille confondent leurs eaux à l'extrémité de l'île de *Chambière*. On admire principalement la digue de *Wadrinau*, destinée à détourner la Moselle pour l'introduire dans la ville; sa longueur a plus de trois cents mètres, et sa pente, jusqu'au radier, en a environ sept. La chute des eaux surabondantes y forme une cascade d'une longueur peu commune.

Metz, une des plus fortes villes de France, et dont les fortifications ont encore été augmentées par le célèbre ingénieur *Cormontaingne*, contient une superficie de trois cent quatre-vingt-cinq hectares; ses rues sont étroites, mal alignées, et sur un sol fort inégal; mais sa splendeur se retrouve dans plusieurs édifices, parmi lesquels il faut placer en première ligne la *cathédrale*, l'un des monuments les plus vastes, les plus délicats, les plus hardis de l'architecture gothique; l'entreprise en est due au repentir de l'évêque *Thierry*, qui vint se réfugier à Metz après sa révolte; il voulut, par ce grand œuvre, expier le crime de sa rébellion, et sur-tout les assassinats que lui et son frère, *Henri de Bavière*, avaient commis sur les membres de la diète de Mayence. C'est en 1014 qu'il en fit jeter les fondements; mais il ne l'acheva pas, et cet édifice resta imparfait jusqu'en 1327, où *Ademar de Montil*, sans y mettre la dernière main, ne laissa plus à construire, ou plutôt à changer, que le chœur, bâti au huitième siècle par *Chrodegrand;* la ville voulut bâtir à ses frais la tour, qui ne fut achevée qu'en 1381, et les chanoines se cotisèrent alors pour rendre le chœur digne de la majesté du monument. Enfin Louis XV, ayant failli mourir à Metz en 1744, fit entièrement reconstruire le portail, pour récompenser l'affection des Messins; ceux-ci lui donnèrent le surnom de *Bien-Aimé*, qu'il ne conserva pas même de son vivant.

Le temps considérable mis à la construction de la cathédrale de Metz, la dignité des personnages qui y coopérèrent, pourraient déjà faire soupçonner la grandeur et la majesté de cette église. En effet elle peut soutenir, sans désavantage, une comparaison avec les édifices les plus célèbres en ce genre. Sa longueur est de trois cent soixante-trois mètres sur soixante-treize de large; la hauteur de sa tour est de cent vingt-un mètres, depuis le rez-de-chaussée jusqu'à l'extrémité de la flèche, moins élevée, mais sculptée et percée à jour, comme celle de la capitale de l'Alsace; la grosse cloche renfermée dans cette tour, et qui porte le nom de *Mutte*, pèse douze cent soixante-onze miryagrammes. On remarque, dans cette église, l'éclat et la vivacité de la peinture des vitraux, exécutée par *Valentin Bouchs*, habitant de Metz, et l'immense baignoire de porphyre, qui sert de fonts-baptismaux. Parmi les autres monuments qui attirent les regards je signalerai: 1° le *Gouvernement*, situé à proximité de la promenade dite de l'*Esplanade*, occupé maintenant par les tribunaux; son architecture, simple et élégante, est du genre italien; 2° l'ancienne abbaye de *Saint-Arnould*, occupée maintenant par l'école royale de l'artillerie et du génie (nous y reviendrons), 3° le bâtiment de l'*Intendance*, occupé actuellement par la préfecture, édifice construit en 1776, très remarquable par sa solidité, sa grandeur, ses sculptures, et dont l'une rappelle l'humanité du duc de Guise envers les soldats de Charles-Quint; 4° l'*Hôpital militaire*, incendié il y a environ quarante ans, et reconstruit sur un plan aussi vaste que bien entendu; sa situation isolée au nord de la ville au-delà de la rivière, dans la partie appelée *Double-Couronne-de-Moselle*, en fait un des plus précieux et des plus salubres hôpitaux de France. Outre le quartier destiné au logement des employés de l'établissement, onze salles, percées de cent quatre-vingt-quatorze croisées, peuvent facilement contenir quinze cents malades ou blessés; leur nombre, qui s'est élevé jusqu'à dix-huit cents pendant la guerre, est ordinairement de cinq cents, c'est-à-dire le vingtième de la garnison, à-peu-près de dix mille hommes en temps de paix. Deux grandes cours, bien aérées et plantées d'arbres, reçoivent les convalescents; sept puits fournissent des eaux abondantes et potables, tandis qu'un canal, construit à grands frais, passant sous l'édifice, le purge sans cesse des immondices, en y renouvelant la propreté; enfin, pour dernière précaution, c'est à plus de cent trente mètres de distance qu'est placé l'amphithéâtre destiné aux exercices anatomiques.

Metz a encore des hospices civils, et différents établissements de charité, tels que des asiles pour les vieillards, pour les orphelins, pour les enfants abandonnés. On y trouve également un mont-de-piété, de belles casernes, des magasins militaires, un grand dépôt de munitions de toute espèce, une belle salle de spectacle, dont on admire les facilités d'entrée et de sortie, en un mot tous les établissements nécessaires à une ville de cette importance.

J'ai dit que nous reviendrions à l'école royale de l'artillerie et du génie, d'où sortent les officiers qui alimentent ces deux corps savants. Le baron D*** avait à cœur de me présenter son fils, l'un des élèves les plus distingués de cette école; et, après en avoir obtenu la permission, le jeune homme nous introduisit dans l'établissement, en nous donnant quelques détails sur les travaux intérieurs et sur leur but :

« Avant la révolution, nous dit-il, l'école d'artillerie était établie à Châlons, celle du génie à Mézières; mais depuis la création de l'école polytechnique, les connaissances fondamentales étant les mêmes, et celles d'application en différant fort peu, on les a réunies. Les sujets tirés de l'école polytechnique y sont seuls admis. Ils arrivent ici après avoir subi les examens de leurs deux années d'études, sont promus au grade de sous-lieutenants, et, sous la direction de professeurs habiles, passent deux nouvelles années de travail, pendant lesquelles ils *appliquent* au service de l'artillerie et du génie les connaissances théoriques acquises précédemment. Après avoir satisfait aux conditions exigées par le programme, ces officiers reçoivent des destinations pour les régiments de ces deux armes, et y remplissent les fonctions de lieutenants en second, jusqu'à ce qu'ils soient appelés à leur état-major respectif. » Le jeune élève me fit visiter l'établissement dans tous ses détails; j'admirai, avec lui, les modèles en relief des machines, ponts, routes, etc., exécutées avec une précision remarquable, par M. *Aimé*, conservateur. Je remarquai aussi les beaux instruments de mathématiques dûs aux talents de M. *G. Savart;* nous visitâmes également le laboratoire de chimie, et la bibliothèque, qui renferme les meilleurs ouvrages sur la science militaire. J'y vis, avec autant de plaisir que de vénération, plusieurs manuscrits du célèbre *Monge;* et enfin, pour ne pas me laisser une notion imparfaite de l'école, mon jeune guide voulut que j'assistasse à une leçon faite par le savant professeur L****. Le sujet était *la défense des places fortes;* il fut bien traité, et m'intéressa beaucoup; mais je remarquai, avec peine, combien nos ingénieurs modernes ont peu fait faire de progrès à cet art depuis le célèbre Vauban, et je me rappelai alors ce que disait Carnot: *Que ce n'est plus l'art de défendre les places fortes que l'on enseigne dans les écoles, mais bien celui de les rendre après certaines formalités convenues.*

Cet établissement qui a renfermé plus de cent élèves, m'a paru un peu exigu et peu propre à une institution aussi importante; ce que je trouvai aussi de très peu convenable, c'est que les élèves fussent casernés à l'autre extrémité de la ville; il me semble qu'il serait avantageux, sous beaucoup de rapports, et sur-tout sous celui de l'instruction, qu'ils logeassent dans l'école même.

En parcourant la ville, je remarquai au coin de plusieurs rues des tronçons de colonnes en granit, servant de bornes; j'en témoignai mon étonnement au baron, et j'ouvris un vaste champ à ses observations sur les antiquités de Metz. « Je vous ai signalé, me dit-il, quelques unes des pertes immenses qu'a souffertes cette cité dans les guerres destructives qu'elle soutint contre les Impériaux; mais je ne vous ai donné une idée de sa grandeur et de son importance, qu'à une époque où déja elle avait à regretter une magnificence et une étendue perdues insensiblement par l'action des siècles et la fatalité des événements; s'il faut en croire *Abraham Fabert*, auteur du voyage de Henri IV à Metz, d'anciens vestiges qui ne subsistent plus, lui avaient donné la preuve, non équivoque, que cette ville avait eu deux lieues de longueur sur une largeur presque égale; aussi toutes les histoires de Metz sont-elles remplies de descriptions de monuments, d'autels, de statues, de bas-reliefs, de médailles, trouvés constamment dans les fouilles faites aux environs de la ville moderne et dans son enceinte. Je ne vous parlerai pas de ces inscriptions qui prouvent jusqu'à l'évidence l'existence d'un ancien collége de druidresses; elles annoncent assez qu'aux temps antiques de la Gaule, elle était importante puisqu'on l'avait trouvée digne de devenir le siége et le principal sanctuaire des prêtres tout-puissants de Teutatès; mais puis-je me taire sur ces nombreux débris de temples consacrés à Jupiter, à Junon, à Mercure, à Diane, à Apollon, à Castor, et à Pollux... n'annoncent-ils pas l'estime singulière qu'en faisaient les maîtres du monde, puisqu'ils avaient voulu y posséder les temples de tous leurs dieux? »

En achevant ces mots, le baron me conduisit dans la campagne : au sud de la ville, nous aperçûmes à une assez grande distance le village de *Marly :* « C'est ici sur-tout, reprit-il, qu'anciennement on pouvait concevoir la richesse et l'éclat de cette antique cité; toute la partie du territoire que nous venons de parcourir depuis le pont des *Arènes* jusqu'à Marly était couverte de palais, de temples, de monuments superbes. On y voyait un fameux amphythéâtre à l'endroit même où depuis fut élevée la redoute du *Pâté;* il était aussi vaste que celui de Nîmes, et ses débris enfouis dans la terre, attestent encore sa magnificence; outre un bas-relief en plomb, représentant Rome victorieuse, on y a trouvé un autel de marbre blanc, et une statue de Diane en argent massif. Un peu au-dessous de l'amphythéâtre, étaient les *thermes,* ou bains publics, décorés de plus de deux cents colonnes de granit des Vosges, dont vous avez vu les restes avec surprise, aux coins des rues de Metz; c'est dans les ruines de ces bains qu'on a trouvé la magnifique baignoire de Porphyre qui a excité votre admiration. »

Quelles sont, dis-je à mon guide, ces arches que j'aperçois dans le vallon de la Moselle? ce ne sont que des ruines, et cependant elles me frappent d'admiration. « Au-dessous des bains publics, me répondit-il, fut jadis la *naumachie* destinée aux jeux et aux combats sur l'eau; on en voyait encore au milieu du siécle dernier les restes imposants. Un aqueduc, connu aujourd'hui sous le nom d'aqueduc de *Jouy-aux-Arches*, village auquel nous touchons, avait été construit pour y conduire les eaux des belles sources de la petite ville de *Gorze;* ces arches sont celles d'un pont par lequel cet aqueduc immense communiquait d'une colline à l'autre. Mais nous arrivons à Jouy, et je vois avec surprise que cet aqueduc, presque intact, a conservé toute sa solidité. Il est élevé de dix-huit métres au-dessus du sol; et d'après des vérifications exactes, on a constaté que le volume d'eau amené à Metz par cet aqueduc, était de plus de trente mille litres par minute.

« On assure, reprit le baron, que les empereurs romains avaient à Metz un palais situé dans le haut de Sainte-Croix et sur l'emplacement même de l'église des *Trinitaires* qui en offre encore quelques vestiges dans ses caves. Tous ces monuments n'existent plus, et ceux qui leur ont succédé ont éprouvé le même sort; cinq vastes abbayes, dix-neuf églises ont disparu avec cinq faubourgs dont il ne reste plus aucune trace; et cependant ces saints édifices contenaient les tombeaux de *Louis-le-Débonnaire*, de *Hildegarde* épouse de Charlemagne! Vingt-six autres sépulcres royaux ont été retrouvés encore en 1239 dans l'ancienne abbaye de Saint-Arnould, parmi lesquels on crut reconnaître ceux de deux *Othon*, de *Pépin*, d'*Héristal*, et de *Zuentibole*, roi de Lorraine. »

Nous arrivâmes en ce moment au bourg de Gorze à une lieue sud-ouest de Jouy-aux-Arches, sur la route de Strasbourg. Cette petite ville ne mérite quelque attention que par les souvenirs qui s'y rattachent, et par son abbaye de bénédictins, fondée en 749, par Chrodegrand, évêque de Metz, à qui l'on doit l'introduction des chants et des rites de l'Église romaine. Les abbés de Gorze avaient droit de paix et de guerre, frappaient monnaie, et étaient si puissants, que Henri II et Henri IV, rois de France, les comprirent parmi leurs alliés. L'abbaye, le château-fort, les remparts, ont disparu sous les coups de Anne-de-Montmorency en 1552, et Gorze n'a plus d'autre enceinte que les montagnes qui l'entourent et forment une espèce d'entonnoir, d'où lui vient son nom de Gorze (*Gerges*), qui signifie gouffre.

A notre retour, le baron très érudit dans tout ce qui tient à l'histoire militaire se plut à me retracer les souvenirs de mille faits intéressants, passés sur tous les points des contrées qui nous environnaient; ici, chaque ville, chaque bourg, chaque hameau a été témoin de combats sanglants, de siéges meurtriers. Mais en écoutant ces récits, malheur, me disais-je, malheur à la frontière des états puissants, rivaux d'ambition et de gloire; chacune de ses périodes est marquée par des désastres irréparables. Hélas! quelles palmes victorieuses peuvent faire oublier le sac de la malheureuse ville de *Thérouane* épargnée en 1553 par le reconnaissant *Binnecourt*, en mémoire de la conduite généreuse du duc de Guise envers les troupes impériales, mais livrée au pillage et rasée de fond en comble deux ans après, par l'implacable Charles-Quint. *Florange*, défendue par une forteresse, éprouva le même sort en 1521; et, sur la place même de cette ville dont il ne reste aucune trace, on a élevé les bâtiments et les fortifications de *Thionville*; enfin, au centre de la forêt de *Sélomont*, des débris attestent l'existence d'une ancienne cité, dont le nom même se perd dans les ténèbres de l'histoire.

De tous côtés, la guerre, le meurtre et la dévastation s'offrent à la mémoire. *Cattenou*, *Richemont* près Thionville, nt oeu des fortifications; la première les a perdues par l'action du temps, la seconde doit ses malheurs au comte de *Warsberg* son seigneur suzerain. Ce misérable dévastait la Lorraine et le pays messin à la tête d'une troupe de bandits; les contrées désolées par lui se liguèrent, assiégèrent Richemont et Rhodemach, et par une cruelle réaction, passèrent la garnison au fil de l'épée; au siége de Richemont, on raconte qu'un habitant s'étant introduit dans le camp des Messins pour enclouer une bouche à feu fut surpris et attaché à une grosse pierre avec laquelle on chargea la pièce; le malheureux lancé avec violence retomba au milieu des assiégés. De toutes parts, le baron me désigne l'emplacement de bourgs, de villages disparus. D'autres qui, par leurs forteresses, par leurs châteaux, rivalisaient avec les petites villes, n'offrent plus que de chétifs hameaux, que des cabanes solitaires; et les tristes débris de ces châteaux, de ces forteresses, semblent dire au voyageur : Ici il y eut des ambitions, des querelles, des combats, des vengeances; mais reportons nos regards sur quelques unes des villes échappées aux désastres et au carnage : Thionville, avant toutes les autres, appelle notre attention; située sur les bords de la Moselle, à cinq lieues de Metz (nord), elle est, après cette ville, la plus considérable du département, et la plus ancienne. Plusieurs capitalistes des huitième et neuvième siècles datent de Thionville, où les rois de la race mérovingienne venaient souvent tenir leurs états, et chasser dans la forêt des Ardennes qui s'étendait alors jusque sous ses murs; prise en 1558 sur les Espagnols par le maréchal de Vieilleville, les habitants en furent chassés et remplacés par des Messins; rendue l'année suivante au fils de Charles-Quint; attaquée une seconde fois, en 1639, par huit mille Français sous la conduite de *Feuquières*, dont la petite armée fut taillée en pièces par le général *Picolomini* qui, blessé lui-même à mort et fait prisonnier, mourut dans Thionville; reprise, enfin, en 1643 par le prince de Condé, après la bataille de Rocroi, elle resta définitivement à la France par le traité des Pyrénées; Vauban y éleva des fortifications, et le pont jeté sur la Moselle qui en baigne les murs est défendu par un ouvrage à cornes. Mais le siége le plus mémorable est, sans contredit, celui qu'elle eut à soutenir contre les Autrichiens et les Prussiens en 1792. On n'a point oublié la courageuse résistance de ses habitants qui, sommés deux fois de se rendre, et malgré un bombardement vigoureux, ne cessèrent de seconder le commandant *Wimpfen*, qui déploya tant d'activité et de bravoure dans la défense de cette place, et qui, pour assurer la délivrance de Thionville, envoya demander des secours à Metz; trois hussards dévoués traversent l'armée ennemie; ils sont pris; un seul, couvert de blessures, parvient à s'échapper; il arrive à Metz avec ses dépêches, et bientôt les troupes coalisées battent en retraite [1].

---

[1] Ce siège mémorable fut célébré avec enthousiasme; la France

La ville de *Longwy*, assiégée dans le même temps, ne se montra pas d'une manière aussi glorieuse : intimidés par le bombardement, les habitants forcèrent le commandant à capituler ; un seul magistrat s'y opposa, et le peuple, outré de son obstination généreuse, incendia sa maison ; après que les Prussiens eurent fait leur entrée dans la ville, on voulut le pendre ; mais, par un hasard miraculeux, l'infortuné tomba sans se blesser du haut de la potence, et courut chercher un refuge aux avant-postes français, où il reçut l'accueil dû à son courageux patriotisme.

Longwy, petite ville fortifiée, située sur la *Chiers*, qui va se jeter dans la Meuse à Mouzon, est divisée en ville *nouvelle* et en ville *vieille;* la première appelée aussi ville *basse* appartint long-temps à des comtes, et passa en 1208 aux ducs de Lorraine. Elle possédoit un château qu'on croit avoir été construit des débris de l'antique forteresse de *Titelberg;* des médailles frappées depuis César jusqu'à Valentinien, qu'on y a découvertes, font supposer qu'un camp romain exista en cet endroit. Louis XIV fit raser ses fortifications; c'est à lui que *Bouzon-*

---

décerna une couronne civique aux braves habitants de Thionville, et Paris consacra cet évènement en donnant le nom de cette cité à l'une des rues du faubourg Saint-Germain, à laquelle, depuis la restauration, on a rendu son ancien nom de rue *Dauphine.*

ville, cité opulente où s'assemblait souvent la cour de Lorraine, doit sa ruine ; .... et le passage des conquérants se marque-t-il autrement que par des désastres ! Toutefois par compensation, c'est ce prince qui répara les fortifications et les casernes de *Hombourg* près *Saint-Avoldt;* de nouvelles guerres, la main pesante du temps et de l'adversité les ont fait disparaître, ainsi qu'un vaste palais construit au treizième siècle par Jacques de Lorraine.

Près de Saint-Avoldt, sur une montagne entre les villages de *Cocherea* et de *Forbach*, on aperçoit les vestiges d'un camp romain, d'une voie, et d'un temple d'Apollon; plus près de la ville, on a découvert une statue de Diane, une de Minerve, les restes d'un temple et d'un autre camp romain; au village de *Dalem* (arrondissement de Thionville), on assure qu'il exista jadis, sur son emplacement, une ville considérable; on y découvre également des ruines et des traces d'une voie dont la construction rappelle les vainqueurs des Gaules.

« Je ne vous parlerai pas, me dit le baron, de Rorbach, de Sarreguemines, de Boulay, de Briey, de Bouzonville, etc., villes ou bourgs plus ou moins importants, mais qui n'offrent aucuns grands souvenirs historiques; toutefois je ne puis terminer sans parler de *Bitsche*, petite ville située à l'extrémité *est* du département.

« Elle appartint aux ducs de Lorraine jusqu'en

1297, époque à laquelle Ferry III la céda avec son territoire en échange de Sarreguemines, à *Évrard*, comte de *Deux-Ponts*. Ce prince y fit construire un château fort; et, lorsqu'en 1622 elle tomba au pouvoir de la France, Vauban y éleva de nouvelles fortifications, qui furent rasées lorsqu'on la restitua au duc Léopold par le traité de Riswick; mais en 1737, étant redevenue française, on les rétablit avec soin. En l'an XI (1803) un bataillon de six cent trente-sept hommes, et de cinquante-quatre canonniers était chargé de sa défense; quinze mille Prussiens s'avancèrent à travers les montagnes sous la conduite du prince de Hohenlohe : l'obscurité de la nuit déroba leur marche, et déja les travaux des avant-postes avaient été emportés, les sentinelles égorgées; la garnison s'éveille aux derniers cris des mourants, elle repousse avec promptitude l'ennemi audacieux; le canon des remparts l'accable, il fuit, laissant cent vingt hommes morts, soixante blessés, et deux cent cinquante prisonniers[1]. Deux mois plus tard, quatre mille Autrichiens s'approchent de nouveau, et sont repoussés avec la même vigueur, laissant cent cinquante prisonniers sans compter les tués et les blessés.

« Il est temps, me dit le baron, de porter vos

---

[1] On raconte que pour rendre plus certaine la fusillade des Français, un habitant mit le feu à sa maison en leur disant: *elle servira de torche pour vous éclairer.*

regards sur des sujets plus paisibles : éloignons de notre esprit tous ces souvenirs de destruction, de ruine et de sang, en allant visiter les superbes pépinières de Metz ; elles sont renfermées dans une superficie de plus de six hectares, aux portes de la ville, laquelle les entretient aux frais du département, pour remplacer la plantation des routes, et des remparts: on y distingue le mûrier, le noyer, le frêne, le tilleul, l'orme, les peupliers d'Italie et de Hollande; le nombre de ces arbres s'élève à environ cent douze mille pieds. » En sortant de cette petite forêt industrielle, nous jetâmes un coup d'œil sur les pépinières qui environnent la ville de toutes parts ; elles sont généralement entretenues avec une intelligence qui s'accroît de jour en jour; le soin que les propriétaires apportent au choix des arbres, leur manière de greffer, les excellents fruits qui en proviennent, leur assurent une supériorité incontestable. On compte à-peu-près cent dix hectares plantés en pépinières près Metz ; un grand nombre de ces arbres ou arbustes sont l'objet d'un commerce fort étendu, puisque l'exportation s'en fait en Angleterre, en Russie, en Prusse, en Pologne, en Suisse, en Allemagne, et dans les départements français.

Ces pépinières, des champs bien cultivés, des prairies fertiles, de jolies maisons de campagne, rendent les environs de Metz d'autant plus agréables, que j'ai déja fait remarquer combien, dans certains cantons de la Lorraine, la culture a fait peu de progrès, et combien l'agriculteur routinier s'occupe peu de remédier à l'aridité d'un sol coupé souvent par des montagnes dont quelques unes sont entièrement stériles, et sillonné par mille petits ruisseaux qui se dessèchent une partie de l'année, et dont les bords couverts de gravier et de cailloux ne sont susceptibles d'aucune culture. Les environs de Longwy, de Sarre-Louis, de Bitsche sont entrecoupés d'étangs et de marais pestilentiels qui apportent des fièvres intermittentes aux malheureux habitants; quelques points commencent, il est vrai, à se transformer en prairies artificielles et en terres labourables; mais les travaux s'exécutent avec une négligence, une apathie qui rendent les produits très minces, ce qui décourage encore l'indolent paysan : l'infécondité est sur-tout remarquable aux environs de Bitsche, dont le sol argileux ne produit ni plantes potagères ni arbres fruitiers; le froment même ne résiste point à la vivacité de l'air, la pomme de terre seule y est cultivée avec succès; des prairies assez fertiles dédommageraient sans doute cette contrée, mais les nombreux ruisseaux que les pluies font descendre des montagnes, les couvrant la plupart du temps de sables et de galets, viennent trop souvent détruire cette seule ressource du malheureux cultivateur. Outre ces désavantages naturels, d'autres causes s'opposent encore aux progrès de l'agriculture, et elles sont communes à tout le département ; il est reconnu en général que la grande propriété nuit à l'accroissement de la population et à l'amélioration du sort des campagnes ; mais souvent aussi le trop peu d'étendue devient un véritable obstacle à la bonne culture, à la fertilisation des terres, et à l'éducation des troupeaux. Cette dernière remarque n'est malheureusement que trop vraie dans la Moselle, où l'on ne voit pas de grandes exploitations, mais un nombre infini de petits fermiers qui, ne tirant qu'un modique revenu de leur faible héritage, ne se décident qu'à regret à des dépenses de bâtiments ou d'améliorations : de là point de bergerie, point d'engrais, sept à huit moutons, trois ou quatre vaches renfermés dans des étables étroites ou dans des écuries malsaines ; enfin ces petits propriétaires, végétant dans une médiocrité voisine de la pauvreté, n'élèvent et ne peuvent jamais élever leurs vues assez haut pour concevoir les heureuses innovations amenées dans l'économie rurale par nos riches agronomes aidés des lumières des Thouin, des Bosc, des Chaptal, des Adanson ; la routine règne ici dans toute sa pureté : tout changement, toute innovation est un acte d'irrévérence envers la mémoire des aïeux : ce ne peut être d'ailleurs (disent-ils) qu'un inutile perfectionnement qui entraîne des frais dont on ne sera pas dédommagé: ce n'est qu'un piége, un danger que l'expérience de leurs pères a su éviter ; ce sont les anciennes coutumes qu'il faut suivre, et dans leur tenace crédulité, les paysans lorrains attendent bravement la fête de tel saint pour semer, etc.... Dans une de nos promenades nous entrâmes chez un vieillard qui nous assura que son grand-père, son père, et lui s'étaient toujours bien trouvés de semer les pois le Vendredi-Saint !!!

La seule compensation de l'agriculture dans ces contrées, c'est la culture de la vigne; aussi est-ce sur elle que repose la fortune d'un grand nombre d'habitants; mais quoiqu'en général, elle couvre des coteaux bien exposés, et dont les terres ont une grande analogie avec celles de la Champagne, les vins qu'on y récolte ne peuvent rivaliser avec ceux de cette dernière province; leur infériorité provient, sans nul doute, des fausses spéculations du vigneron propriétaire qui, dans le renouvellement des espèces, s'attache aux plants robustes et susceptibles de produits abondants, plutôt qu'à ceux qui peuvent les donner plus exquis. Malgré cette mauvaise coutume, et celle de trop fumer les terres, les vins n'en sont pas moins une branche importante de commerce; les vignobles de *Sey*, de *Jussy*, de *Sainte-Ruffine*, ceux de quelques communes des arrondissements de Metz et de Sarreguemines donnent des vins estimés, d'une belle couleur, d'un goût agréable, et d'une bonne garde; les vins blancs du département sont légers, et auraient du prix s'ils pouvaient se conserver.

J'ai déja parlé des excellents fruits de Metz; ses mirabelles, ses melons et ses pêches jouissent d'une réputation méritée, ainsi que les belles poires du village de *Silvange* (arrondissement de Metz): la consommation de ces fruits ne se restreint pas seulement au département de la Moselle, on en fait des envois dans ceux de la Sarthe, du Rhin, et jusqu'à Mayence.

Le miel est encore une des richesses du pays; s'il n'égale pas celui de Narbonne et du Gatinais, il n'en est pas moins recherché par le commerce; et, quoique cette branche d'économie rurale ait dégénéré, son produit annuel monte encore à plus de vingt-cinq mille kilogrammes. Enfin, pour compléter les trésors de la gastronomie du département, je signalerai le magnifique saumon de la Moselle et de la Sarre, la lamproie et l'alose, et sur-tout les écrevisses délicieuses de cette dernière rivière.

Revenons aux autres productions territoriales: une des plus avantageuses sont, sans contredit, les forêts de l'arrondissement de Sarreguemines et de Bitsche; elles occupent près de la moitié des terres, et sont situées, pour la plupart, sur les collines et les montagnes; le chêne, le hêtre, le coudrier, y étalent à l'envi leurs magnifiques rameaux; l'épine et le cornouiller n'y sont pas moins abondants, et servent à faire des cannes qui s'expédient jusque chez les Espagnols. Les mines y sont également importantes : sans parler de celles de plomb et de cuivre dont le produit incertain ne mérite pas l'exploitation, de celle d'or dont on a trouvé des indices près de *Sarralbe*, j'insisterai sur celles de fer qui se trouvent dans presque toutes les parties du département, dont elles animent l'industrie et qu'elles dédommagent de son infériorité sous d'autres rapports.

Je parlerai aussi de la *tourbe* qui existe en couches horizontales sur le territoire de Long-la-Ville, de Longwy, de Metz, et sur les rives de la Seille; on ne l'exploite pas encore; les mines de houille qui se trouvent en abondance dans toute la contrée ont mérité une plus grande attention; celles de *Grosswald*, de *Puttelange-Créange* et d'*Ostenbach* sont d'un rapport très important; une autre ressource du département, consiste dans les amas considérables de *manganèse oxidé*, qu'offrent les environs de *Tholay* près Thionville, et les belles carrières de pierre de taille de l'arrondissement de Briey, de Longwy, de Thionville, et de Metz, ainsi que celles de pierre à chaux et de pierre à plâtre; d'excellentes terres à poteries, des grès siliceux avec lesquels on fait des creusets résistant à l'ardeur du feu; enfin, le minéralogiste trouvera ici des spaths, des cristallisations de quartz, du marbre lumachel, du zinc, etc.

La Moselle a quelques sources d'eaux minérales, mais que nos docteurs n'ont pas encore mises en vogue; celles de *Belle-Fontaine*, très ferrugineuses, sont salutaires pour les maux d'estomac; et les sources sulfureuses et bitumineuses de *Stulzelbroun* n'ont pas moins de vertus. Il existait une autre source fort curieuse à *Valtzbraun* fréquentée dans le quinzième siècle; le naphte ou pétrole blanc qu'elle chariait se coagulait sur les pierres, et le concours qu'attirait la propriété de ses eaux avait fait dire à *Alix* dans son Histoire des singularités de la Lorraine, imprimée en 1577:

Huc etiam extremi veniunt ad Balnea Naphtæ,
 Naturæque stupent parturientis opus.

Ces eaux recueillies dans un bassin creusé à cet effet dans la cour du château de Bitsche, sont demeurées ensevelies sous ses ruines.

Nous projetâmes, le baron et moi, de nous lever avec l'aurore, pour visiter la promenade de Metz; assise sur un site élevé, elle présente du côté de la rivière un aspect des plus agréables, composé du riant vallon de la Moselle, de ses belles prairies, de vergers et de jardins : On y remarque aussi des maisons de campagne qui rivalisent d'élégance avec celles de la ville; de riches coteaux présentent leurs versants, tapissés de vignes, couronnés de bois et couverts par de jolies habitations qui se groupent, tantôt à leur base, tantôt vers leurs sommets. Mon guide me fit remarquer dans cette promenade une partie neuve. « C'était, me dit-il, l'emplacement des fossés de la citadelle, comblés depuis douze à quinze ans; ce fort fut construit en 1556, par le maréchal de la Vieilleville, pour imposer aux habitants, qui, regrettant leur ancienne indépendance, auraient pu favoriser les entreprises de l'étranger. La construction de la citadelle sur cet emplacement nécessita la démolition de deux cent cinquante maisons, trois abbayes, deux couvents, deux paroisses et une collégiale. Elle était remarquable par la grande profondeur de ses fossés, et par l'extrême épaisseur de ses murs qu'on n'a pu renverser qu'au moyen de la poudre. En 1791, on résolut de détruire toute la partie donnant sur la ville, dans la crainte que le malheureux Louis XVI ne s'y réfugiât, ainsi qu'on crut qu'il en avait formé le projet. Cette destruction entraîna celle d'un quartier à peine naissant, et contribua à l'agrandissement de la promenade devenue digne d'une ville qui renferme dix mille hommes de garnison. »

Nous visitâmes successivement, et avec plaisir, le jardin botanique, la bibliothèque, composée de plus de quatre-vingt mille volumes, le collége royal, la salle de spectacle; mais nous nous détournâmes avec répugnance, du quartier des juifs, rebutant par une affreuse malpropreté; nous nous demandâmes, mon compagnon et moi, par quelle espèce d'apathie, de singularité, cette population presque toute opulente, et qui possède quelques familles aussi respectables que d'autres classes de la société, se laisse aller à un abandon, à un défaut si honteux; il était peut-être excusable, ou du moins concevable, dans les temps où d'odieux préjugés, les avilissant sans cesse et par tous les moyens, finissaient par détruire en eux toute dignité personnelle.

Quoi qu'il en soit, l'établissement des juifs dans la Lorraine remonte, dit-on, au deuxième siècle; ils s'emparèrent entièrement du commerce parmi les belliqueux Gaulois, et par obéissance à un précepte de leur religion, ils n'y mirent pas toujours cette bonne foi si recommandable dans le négoce: suivant une expression consacrée par la finance, afin de faire dégorger la *sangsue* plus facilement, les souverains et les magistrats, non seulement ne leur accordaient pas les droits des autres citoyens, mais prirent soin d'entretenir parmi le peuple, à l'égard de ces malheureux, une haine et un mépris qui se manifestaient dans toutes les occasions. Sur la plupart des ponts de la Moselle et de la Seille, ils payaient l'octroi comme le bétail. Un juif pris pour vol était pendu entre deux chiens. Le chrétien ayant commerce avec une juive était condamné au feu pour crime de *bestialité...* Il paraît toutefois qu'à Metz, ils obtinrent un traitement plus doux: Henri IV, en leur confirmant le droit de résider dans cette ville, leur accorda la publicité du culte, et l'établissement de deux synagogues qui existent encore [1]. En 1775, une imprimerie hébraïque s'établit à Metz, et il est certain que la plupart des rabbins de cette ville, ont toujours été des hommes fort instruits et très recommandables. Espérons donc que la civilisation des juifs de Metz deviendra plus sensible de jour en jour, et qu'elle s'étendra bientôt jusqu'à la propreté de leurs habitations.

En rentrant dans notre hôtel nous trouvâmes le fils du baron et l'un de ses amis, M**, jeune littérateur: Auguste, le fils du baron, me le présenta comme l'homme le plus propre à me donner une idée générale de la province, et, selon son expression, comme le *Plutarque* de Metz.

« Cette cité, nous dit-il, éminemment guerrière par ses mœurs et par ses institutions, place au premier rang les héros qui se sont illustrés par les armes: procédons par ordre de date, et nous trouverons dans le grand siècle, un militaire qui ne dut sa fortune et son élévation qu'à son courage et à son habileté dans l'art de la guerre. Ces exemples si

---

[1] On compte environ trois mille juifs, habitants de Metz, et il en existe encore de nombreuses familles dans les villages environnants.

communs de nos jours, étaient rares alors, mais *Fabert* méritait l'exception à la règle; né en 1599, d'une famille anoblie sous Henri IV[1], il montra, dans toutes les circonstances, le plus grand désintéressement, et refusa le cordon de l'ordre de Saint-Michel, parcequ'il ne pouvait sans mentir, fournir les preuves nécessaires : sa retraite de Mayence est comparée à celle des dix mille par Xénophon, et sa vertu comme sa franchise, étaient égales à sa valeur; sollicité par le cardinal Mazarin de lui servir d'espion dans l'armée, il lui fit cette réponse : *Peut-être faut-il à un ministre des hommes qui le servent de leurs bras ou de leurs rapports, je ne puis être que des premiers.* »

C'est également dans ces murs que naquit *Custines*, général en chef de l'armée du Nord, promu au grade de lieutenant en 1747, à l'âge de sept ans. Il renonça en 1790 aux priviléges de sa caste (il était comte), et fit preuve du patriotisme le plus pur; son dévouement, sa valeur, n'arrêtèrent pas les bourreaux; il perdit la vie sur l'échafaud en 1793, après sa capitulation de Mayence. On raconte de lui un fait assez semblable à celui si souvent cité de Charles XII; *Baraguay-d'Hilliers*, chef d'état-major, lui lisait une dépêche, tandis que des soldats se battaient à peu de distance : une balle siffle et traverse la lettre;

---

[1] Son grand-père était libraire.

Continuez, dit le général, *ce n'est qu'un mot que la balle aura emporté.* C'est encore ici le berceau du vainqueur de Stettin, de l'intrépide *Lasalle* qui, s'enrôla comme simple volontaire au premier appel de la révolution pour gagner par lui-même ses épaulettes. Il mourut dans les plaines de Wagram, couvert d'une gloire impérissable.

Sans nous éloigner beaucoup de Metz, nos souvenirs vont encore trouver des héros; c'est à *Sarre-Louis* que reçut le jour ce maréchal Ney, surnommé *le Brave-des-Braves.* La dernière postérité se souviendra de cette retraite de Russie, à laquelle rien n'est à comparer dans les annales militaires d'aucune nation. Sept mille héros, reste de vingt-cinq mille hommes de l'arrière-garde qu'il commandait, mourants de fatigue, de faim, de froid, tombaient dans le découragement : *Mes amis,* leur criait-il, *la France est devant vous; derrière, une affreuse captivité; abandonnez votre général, il va mourir libre, et vous, Français, vous allez mourir esclaves.* Hélas! pourquoi la mort ne frappa-t-elle pas alors cette tête chargée de tous les lauriers de la gloire!... Mais il est des souvenirs qu'il faut savoir écarter de son esprit, pour ne pas être tenté de briser sa plume, en s'abandonnant aux transports de la plus juste indignation!...

Le village de *Hayange* a vu naître le maréchal *Molitor.* Longwy est la patrie du célèbre *Mercy,* général au service du duc de Bavière, qui combattit si vaillamment Condé et Turenne, et sur la tombe duquel on grava ces mots: *Sta, viator, heroem calcas!* (*Arrête, voyageur, tu foules un héros!*) Enfin la Moselle se glorifie d'avoir donné le jour à *Éblé*, général d'artillerie, mort à Kœnigsberg à son retour de Russie, la veille même du jour où il reçut le brevet de premier inspecteur-général de son arme; au général *Houchard*, décapité en 1793, pour n'avoir pas su profiter du gain de la bataille de Hondscootte, etc.

« Des noms aussi glorieux, reprit M. M**, justifient sans doute le penchant inné des habitants pour l'état militaire; car ici plus qu'ailleurs la gloire qu'on y acquiert est considérée, en quelque sorte, comme la seule digne d'envie. La vue et les entretiens de ces vieux soldats, qui de toutes parts viennent habiter Metz et les campagnes voisines, pour jouir du spectacle de nos marches, de nos évolutions, de nos manœuvres, développent dans tous les jeunes cœurs la passion d'une carrière brillante; et le commerce, l'industrie, les beaux-arts même, ne tiennent plus qu'un rang secondaire à leurs yeux prévenus. L'école Polytechnique est le but où aspirent nos collégiens. Les mineurs et sapeurs du génie, les artilleurs, sont les héros du fils de l'artisan. Toutefois il est juste de reconnaître que, depuis quelques années, les esprits prennent une direction moins belliqueuse. On commence à sentir le prix de ces professions long-temps dédaignées[1]. Les préjugés militaires disparaissent; et si les habitudes, les inclinations militaires, subsistent encore, au moins se modifient-elles de jour en jour.

« Metz, par sa position, par son importance, possède tous les éléments propres à obtenir un commerce florissant. Que l'industrie y déploie ses ressources inépuisables, et bientôt sa prospérité la placera parmi nos premières cités manufacturières. Mais déja la fabrication des draps, des flanelles, des couvertures de laine, des tricots, des estamettes, occupe une partie de la population. Ses chapelleries, estimées même avant la révolution, le disputent à celles des Lyonnais. Les tanneries, les fabriques de papiers peints, de toiles de coton, de sucre de betterave, les ateliers de broderie, les brasseries, les distilleries, les fabriques de poterie en terre, en grès, celles de savon, de briques, envoient leurs produits jusqu'à l'étranger.

---

[1] MM. *Bergery*, officier d'artillerie, *Poncelet*, officier du génie, et *Lemoyne*, ingénieur des ponts-et-chaussées, viennent d'ouvrir un cours gratuit de géométrie et de mécanique appliquées aux arts et métiers, en faveur de la classe industrielle, d'après les leçons publiées par M. Charles Dupin, à qui on doit l'introduction en France d'un enseignement qui fera faire des progrès rapides à notre industrie.

« Hors de Metz, et dans le reste du département, l'on voit également les habitants se prononcer pour la carrière militaire ; cependant il est quelques cantons où toute leur énergie se porte vers les travaux paisibles. Dans l'arrondissement de Saint-Briey, une heureuse émulation a fait abandonner les mauvaises routines, les fausses méthodes. La fabrication des draps s'y soutient et y prospère, quoique le défaut de bergeries[1] force à recourir aux départements voisins pour les matières premières, ce qui diminue beaucoup les bénéfices. *Grandville, Mercy-le-Bas, Pierre-Pont, Fontoy,* et *Moutier,* possèdent aussi quelques manufactures ; plus de trois cent trente métiers, disséminés dans une trentaine de villages, occupent les paysans qui se sont créé ce genre d'industrie, qu'ils suspendent néanmoins aux époques des travaux de la campagne : il sort de toutes ces fabriques peu de draps fins, mais une grande quantité de draps propres à l'habillement des troupes, et des croisés que leur solidité fait préférer à ceux des Anglais.

« Une autre branche de spéculation commune à tout le département, excepté à l'arrondissement de

[1] J'ai signalé plus haut les causes de cet inconvénient, difficile à détruire, parceque dans ce pays il existe une sorte de substitution traditionnelle qui permet rarement qu'on se défasse de l'héritage de ses pères.

Metz, est l'exploitation des substances minérales: les usines prennent de jour en jour un heureux accroissement; elles perfectionnent leurs procédés, et abandonnent les routines nuisibles. Saint-Briey se fait encore remarquer par les forges de *Longuyon*, qui consistent en un haut fourneau, deux gros marteaux, et un martinet; elles produisent un fer nerveux, employé avec succès dans les manufactures d'armes du pays: à peu de distance, on voit le haut fourneau de *Dorlon*, et près de Longwy celui d'*Herserange;* les forges de *Villerupt*, sur le ruisseau d'*Elzette*, ont deux feux d'affinerie : mais c'est sur-tout dans l'arrondissement de Thionville que se trouvent de nombreux établissements en ce genre; il n'est personne qui n'ait entendu parler des célèbres usines de M. de *Vendel*[1], député de la Moselle: c'est à lui qu'appartiennent les belles forges de *Hayange*, où dix-huit cylindres se meuvent à-la-fois; celles de *Moyeuvre-la-Grande*, qui tirent le minerai des coteaux, au pied desquels elles sont bâties, et qui sont les plus anciennes de la Lorraine; celles de *Jamailles*, de *Florange;* et enfin une belle fabrique de fer-blanc, sur le ruisseau de la *Feusche*. Les autres usines de l'arrondissement de Thionville sont : celles d'*Ottange*[2], dont l'origine remonte au dixième

[1] A obtenu les médailles d'or et d'argent à l'exposition publique des produits de l'industrie à Metz, en 1823.

[2] Maîtres de forges (Trotyane et compagnie).

siècle; celles de *Creutwald-la-Houve*[1], celles de *Folck*[2], et de *Remeldoff*[3], méritent aussi d'être citées. Mais l'établissement qui intéresse le plus est celui de *Dilling*, fondé en 1650 sur la *Brems;* ce n'étaient que de simples forges presque disparues par les malheurs de la guerre. En l'an VII (1800) s'éleva, sur leurs ruines, une manufacture qui prit un développement rapide; on y fabrique des faux, des scies de toute espèce, des poêles à frire (façon allemande et française), des crics, des poteries en tout genre, etc.... C'est une branche d'industrie précieuse et nouvelle pour la Lorraine, et même pour la France, puisque jusque-là on tirait de la *Styrie* et du *duché de Berg* la plupart des objets de taillanderie et de quincaillerie; cette manufacture a obtenu une médaille d'or en l'an IX. Les forges de *Hombourg*[4], de *Boerenthal*[5], de *Mousbach*, dans l'arrondissement de Sarguemines, méritent de fixer l'attention: mais les plus importantes sont celles de *Mouterhausen*, à deux lieues sud de Bitsche; leurs produits s'élèvent à plus de cent mille

---

[1] Maître de forges (M. Payssé); médaille de bronze en 1819.

[2] Maître de forges (Antoine Robert); médaille d'argent de première classe en 1823.

[3] Maître de forges (Louis Robert); médaille d'argent en 1823.

[4] Maître de forges (M. Hausen, fils).

[5] Maître de forges (M. Coulaux).

myriagrammes par année, et c'est presque la seule usine qui exporte des fers à l'étranger[1]. On remarque encore beaucoup d'autres fabriques secondaires, parmi lesquelles je citerai celle de canons de fusils de Longuyon, et celle d'alènes et de poinçons de Sierck, qui a obtenu, en l'an IX, une médaille à l'exposition annuelle.

« C'est au dernier siècle seulement que l'art de la verrerie s'est introduit dans le département de la Moselle, et déja on y compte plusieurs établissements importants; le plus ancien est celui de *Meysenthal*, bâti en 1702, lequel produit de la gobeleterie commune, des verres de montres, etc.... Celui de Creutwald-la-Houve, village déja cité pour ses forges, languit une partie de l'année, parcequ'on n'y a pas encore introduit l'usage de la houille, et que le bois y est rare; tandis que celui de *Goetzembruck*[2], à six lieues sud-est de Sarguemines, a pris une telle extension, qu'il est devenu un village considérable. Toutefois la verrerie la plus remarquable est celle de *Muntzhall* ou de *Saint-Louis*, à peu de distance de la dernière: construite en 1767, elle ne fabriqua d'abord que du verre blanc imitant

[1] Maîtres de forges (M. Couturier et compagnie).
[2] MM. Burgunwalter, qui ont obtenu en 1802 la médaille de bronze, et, l'année suivante, celle d'argent de deuxième classe, à l'exposition de Metz

celui de Bohême; en 1783 M. de Beaufort, directeur, parvint à y faire du cristal imitant le *flintglass* des Anglais, et nous donna ainsi la faculté d'avoir de beaux cristaux à un prix modéré. Cet établissement obtint, en 1802, 1806, 1809, et 1810, la médaille d'argent de première classe à l'exposition publique des produits industriels. Enfin dans ce moment une belle verrerie à bouteilles s'élève à *Pépinville*, près Thionville, par les soins de M. *Duquesnoy*. Toutes ces verreries tirent une grande partie de leurs matières premières du Bas-Rhin, de la Meurthe, de la Seine, et de la Saxe, où elles envoient ensuite une grande partie de leurs produits.

« Depuis quelques années, cinq fabriques de poterie donnent encore de nouveaux travaux à nos habitants. Les deux premières ne produisent que de la poterie commune; mais les trois autres, situées à Longwy, à *Vaudrevange*, et à Sarguemines, fournissent de belles faïences anglaises, terre de pipes, et cailloutages. Je dois ici rendre hommage au génie de M. *Utcheyder*[1], propriétaire de la faïencerie de Sarguemines; c'est à ses expériences multipliées que l'on doit cette espèce de porcelaine rouge qui imite, à s'y tromper, celle des vases *étrusques :* elle

[1] A obtenu, en 1801, 1806, 1819, la médaille d'or à l'exposition de Metz, et en 1823, celle d'or et celle d'argent.

joint au mérite de résister au feu celui de prendre facilement les formes les plus élégantes et les plus correctes, ce qui lui assure un débit considérable.

« Je ne vous parlerai pas des papeteries de *Betting*, de *Dilling*, d'*Ars-sur-Moselle*, d'*Équilhard*, et de *Maintbotelle*, la plus considérable de toutes ; mais je dois dire un mot d'une branche de commerce qui vous paraîtra peu importante, et qui cependant est d'une grande ressource pour le canton de Sarguemines ; je veux parler de la fabrication des tabatières de carton : on en exporte plus de cent mille douzaines par année, et on la doit à un meunier de Nassau qui en 1776 en trouva le procédé, demeuré long-temps un secret de sa famille : le grand débit l'ayant forcé de prendre des associés, ce secret se divulgua, et s'étendit bientôt dans tous les environs de Sarguemines. Les paysans y emploient leurs moments de loisir, et sans qu'il y ait ni manufactures, ni ateliers, ni ordre régulier de fabrication, le commerce de ces tabatières vernissées attire annuellement dans ce canton une circulation d'environ cinq cent mille francs.

« Cependant toutes ces manufactures, toutes ces fabriques, disséminées çà et là sur la vaste superficie d'un département, qui se développe dans une longueur de cent cinquante-deux kilomètres sur cinquante-cinq de large, ne prouvent pas que la Moselle soit une contrée industrieuse dans son ensemble, puisque ces fabriques se renferment seulement dans quelques cantons.

« Ici les mœurs suivent les progrès de l'industrie; dans le pays de Bitsche elles sont aussi grossières que le terrain est ingrat et sauvage. A peine trouve-t-on, dans les villages, un individu qui sache lire et écrire; mais cette ignorance profonde, et la rudesse qui en est la conséquence, ne nuisent en rien au bon naturel des paysans: ils sont dociles, et n'ont d'autre méchanceté que leur penchant à dévaster les forêts, qu'ils regardent comme leurs propriétés; la *sauvagerie* de leurs mœurs est le résultat de leur pauvreté: ils n'ont pour demeure que de misérables cabanes, faites en clayonnage et en torchis; pour possession, que quelques portions de terre communale, une vache, et un chétif cheval de labour; pour nourriture, que les pommes de terre et le lait; pour vêtement, que des étoffes grossières qu'ils fabriquent eux-mêmes, ainsi que les sabots qui leur servent de chaussure.

« Il faut quitter la partie *est* de la Moselle, et se rapprocher du centre du département pour voir les mœurs agrestes disparaître: déja sur les bords de la *Sarre* et de la *Nied*, elles deviennent plus douces, et les habitants plus civilisés commencent à sentir le besoin de l'instruction ; cependant, quelle que soit l'impulsion donnée par le siècle aux esprits, le progrès des lumières est lent dans ces contrées : Metz elle-même, qui, par son importance, devrait être le point central du département, sous le rapport des sciences et des lettres, qui déja du temps de Charlemagne, possédait des écoles célèbres fondées par ce prince, Metz, dis-je, n'est pas ce qu'elle devrait être; elle ne mérite plus, il est vrai, le reproche d'être la *marâtre des connaissances*, que lui adressait Agrippa, syndic et orateur du quinzième siècle. Sans compter son école d'artillerie et du génie, elle possède une société des sciences, des arts, et des lettres, une de médecine et d'agriculture, une académie universitaire, un collège royal, une école d'enseignement mutuel, une de dessin, de peinture, de botanique, etc.; mais ici, comme je l'ai fait observer, les inclinations guerrières envahissent tout, et ne laissent que peu ou point de place pour l'amour des connaissances littéraires et scientifiques; toutefois nous trouverons ici de nombreuses et brillantes exceptions dans tous les siècles et dans toutes les parties. *Ancillon* (David), apologiste de Luther, de Zuingle, de Calvin, de Farel; son frère *Joseph*, jurisconsulte profond; son fils, homme aussi érudit que spirituel, historiographe du roi de Prusse, mort à Berlin ainsi que son oncle; *Leduchat*, estimable et savant littérateur à qui l'on doit des commentaires très curieux sur la satire Ménippée; le jésuite *Baltus*, qui a fait une réponse à l'*histoire des Oracles* de Fontenelle; *Jacques Bartus* son frère, notaire, auteur des Annales-de Metz, depuis 1724 jusqu'en 1759; *Cantiuncula*, jurisconsulte célébre, qu'*Érasme*, digne appréciateur du mérite, avait engagé à travailler à la réunion des églises catholique et protestante; *Duhamel*, avocat, qui a composé une espèce de cours littéraire où l'on trouve des préceptes utiles; *Foes*, savant médecin à qui l'on doit une excellente traduction latine des œuvres d'Hippocrate; *Louis* (Antoine), également médecin, qui recula les bornes de la science chirurgicale, et qui fournit d'excellents articles à l'Encyclopédie sur son art; *Montcombre*, littérateur agréable; *Naudé*, savant mathématicien, auteur de plusieurs ouvrages théologiques; *Lançon*, nommé quatre fois échevin de la ville, estimé universellement par son zèle infatigable pour sa patrie; *Pilastre-de-Rosiers*, qui cultiva avec succès la physique, et qui mourut victime de sa seconde ascension *aérostatique*; *Buchoz*, médecin, écrivain laborieux, qui laissa plus de soixante volumes sur la botanique, sans se faire pour cela un nom bien illustre; le savant ministre protestant *Ferry*, qui eut l'honneur de défendre la religion réformée contre Bossuet, dans des conférences célèbres, et qui mérita par sa modération, que l'on gravât au bas de son portrait :

>Tales si multos ferrent hæc sæcula Ferry,
> In ferri sæclis aurea sæcla forent.

Tschoudy, littérateur, poëte et savant agronome, qui a acclimaté et rendu communes, des plantes exotiques inconnues jusqu'alors en France et en Europe, et qui a fourni un grand nombre d'articles à l'Encyclopédie; enfin *Barbé-Marbois*, successivement consul-général aux États-Unis d'Amérique, intendant de Saint-Domingue, ministre des finances, président de la chambre des comptes à Paris, garde des sceaux, lequel a laissé dans tous ces emplois les souvenirs les plus honorables, et à qui l'on doit d'excellents ouvrages politiques : n'oublions pas l'élève et l'émule de madame Dufrénoy, une muse française, madame *Amable Tastu*, connue si favorablement par des poésies qui lui assurent le premier rang parmi ses jeunes contemporaines.

« Les beaux-arts n'ont pas été si favorables aux Messins; cependant ils citent, avec un orgueil légitime, les noms de *Chassel*, habile sculpteur, professeur à l'académie de peinture de Nanci; *Sébastien Leclerc*, graveur célèbre, auteur de bons traités sur la géométrie pratique, sur l'architecture, sur le système du monde, et qui fut décoré par Clément XI du titre de chevalier romain; *Nancret*, disciple de Leclerc, peintre estimé dont plusieurs tableaux décorent les palais des Tuileries et de Saint-Cloud, lequel mourut à Paris en 1672 recteur de l'académie de peinture. Emmanuel *Neré*, architecte de Stanislas, créé chevalier de Saint-Michel par Louis XV, est né à *Sancy* près Briey. »

Sans doute, après des noms si honorables, les plus incrédules seront convaincus que Metz est loin d'être la *marâtre des connaissances;* je ne sais même jusqu'à quel point on peut lui reprocher la tendance belliqueuse de ses habitants, puisqu'ils lui doivent peut-être les vertus qui sont l'apanage du guerrier. Leur histoire politique les montre toujours soumis à leurs engagements, alors même qu'ils nuisent à leurs intérêts. Metz fut la dernière ville qui resta attachée aux Romains: à l'époque orageuse de la ligue, réunie depuis peu de temps à la France, son respect pour la foi des traités lui fit déclarer et soutenir une guerre longue et cruelle contre Charles de Lorraine, l'un des principaux rebelles; et les anciens contrats attestent par leur laconisme la bonne foi que les Messins apportaient dans leurs traités: si la suite des temps, des événements, les révolutions, le séjour des garnisons, composées d'hommes de toutes les contrées, ont fini par altérer ici l'antique loyauté, on la retrouve encore dans quelques anciennes familles : toutefois reconnaissons que, si cette population étrangère a influé peu favorablement sur les mœurs, on peut reconnaître qu'elle a contribué à retirer de bonne heure les Messins d'une crédulité et d'une superstition qui régnent encore autour de leur ville : peu de pays furent plus féconds en sorciers que la Lorraine; on y compte neuf cents arrêts rendus contre eux : au seizième siècle, dans les seuls mois d'août et de septembre 1588, trente-trois sorciers furent brûlés vifs à Metz entre le pont des *Morts* et le *Pontifroy*.

On promenait anciennement dans les rues à la procession de Saint-Marc et à celle des Rogations un mannequin monstrueux, en forme de dragon ailé, avec des écailles vertes, une longue queue, une gueule béante et des griffes sanglantes : ce monstre appellé *Graouilli*, porté solennellement, s'arrêtait devant les boutiques des boulangers et des pâtissiers, qui, ainsi que les autres personnes de bonne volonté, plaçaient sur sa langue des petits pains et des tartelettes qui, comme on le pense bien, étaient le profit des porteurs. On assure que c'était le maire de *Woippy*, village à peu de distance et au nord de Metz, qui était obligé de porter ce ridicule mannequin, que les enfants fouettaient dans la cour de l'abbaye de *Saint-Arnould* le dernier jour des Rogations. Quelle était l'origine de cette cérémonie burlesque? Les uns racontent qu'on l'institua en mémoire d'un serpent énorme réfugié dans les ruines de l'amphithéâtre, qui exerçait de grands ravages dans la ville de Metz, et que parvint à détruire saint Clément, apôtre de cette ville. M. *Lenoir*, administrateur du Musée des monuments français, donne à cet usage et à quelques autres semblables une interprétation qui les rattacherait aux mouvements astronomiques ; le *Graouilli* de Metz, la *Gargouille* de Rouen, le *Dragon* tué par saint Georges, ne sont, suivant lui, que le symbole du dieu des ténèbres (la nuit), anéanti par le dieu de la lumière (le soleil), à l'époque où les jours croissent, et où sa vive splendeur et sa chaleur féconde raniment toute la nature : ce savant ne voit dans tous ces usages bizarres que des allégories chrétiennes, imitées de celles du paganisme : quoi qu'il en soit, même avant la révolution, le peuple messin avait abandonné sans regret cette cérémonie ridicule.

En parlant d'une ville importante, il est difficile de ne pas dire aujourd'hui que le luxe y étend son empire ; il est certain cependant que les Messins conservèrent long-temps un esprit et des mœurs étrangers à ses superfluités, et que même leur rigidité à cet égard leur attira souvent le reproche d'une sordide avarice ; mais on ne pouvait l'appliquer qu'au peuple : car on lit dans les vieilles chroniques qu'au quatorzième siècle les jeunes seigneurs ne portaient que des habillements de soie, de damas, de satin cramoisi, brodés de chiffres amoureux ; que leur tête se parait de turbans en étoffes d'or, garnis de perles, et ornés d'aigrettes de plumes de différentes couleurs ; que leur cou et leurs bras étincelaient de diamants et de rubis. La fatuité et l'inconduite sont presque toujours compagnes d'un luxe excessif, aussi les voyait-on passer les journées à se montrer sur les places publiques, tandis que leurs nuits étaient consacrées aux jeux et à la débauche ; mais leurs folles dépenses et leurs riches ornements étaient le prix du travail des malheureux vassaux, qui restèrent long-temps sans oser se plaindre : réduits enfin au désespoir, ils se révoltèrent et tuèrent un grand nombre de leurs tyrans. Aujourd'hui, si l'on excepte le pauvre artisan, toujours revêtu des livrées de la misère, et le riche capitaliste que ses dépenses placent hors de ligne, toutes les classes se confondent en quelque sorte, par un goût général pour le luxe, pour la mode, et pour ses attributs : subjugué par l'exemple, chacun cède, et la faiblesse générale devient une excuse.

METZ. 513

Dirons-nous qu'à mesure que la simplicité disparaît, la pureté des mœurs s'altère?... C'est une conséquence naturelle, du moins dans les villes de garnison, où la corruption est la suite inévitable de l'oisiveté. Tant que nos jeunes officiers et nos jeunes soldats ne sauront pas occuper utilement les loisirs que leur laisse la paix, leur amabilité naturelle, les talents qui les distinguent pour la plupart, les rendront toujours des séducteurs fort dangereux, principalement pour les dames de Metz, qui partagent, dit-on, l'espèce d'engouement de leurs maris pour l'habit militaire [1].

---

[1] Si l'on croyait s'apercevoir que j'ai donné à la partie historique, dans ce volume, un peu plus de développements que je ne lui en accorde dans les autres volumes de mon voyage, je ferais observer que la Franche-Comté, l'Alsace, et la Lorraine ont, pour ainsi dire, leurs annales à part dans l'Histoire de France, et que ces trois provinces forment ensemble neuf de nos départements, savoir: le *Jura*, le *Doubs*, et la *Haute-Saône*; le *Haut* et le *Bas-Rhin*; les *Vosges*, la *Meurthe*, la *Meuse*, et la *Moselle*.

FIN DU QUATRIÈME VOLUME.

TABLE.

Nº XCIII.	Coup d'œil sur le Jura. La Maison de Jean-Jacques............... page	3
XCIV.	Lons-le-Saulnier....................	24
XCV.	La Gloire en retraite...............	51
XCVI.	Dôle et les Jésuites................	85
XCVII.	Les Commis voyageurs.............	113
XCVIII.	Le Château de Beaujeu.............	145
XCIX.	Patriotisme et Industrie............	171
C.	Mulhausen........................	193
CI.	Strasbourg........................	227
CII.	Le Roi philosophe.................	298
CIII.	Plombières.......................	346
CIV.	Ban-de-La-Roche. Le pasteur Oberlin.	385
CV.	Metz.............................	459

FIN DE LA TABLE.

www.ingramcontent.com/pod-product-compliance
Lightning Source LLC
Chambersburg PA
CBHW051137230426
43670CB00007B/838